国家第六批特色专业建设点——汉语言文学专业建设项目成果

贵州省特色重点学科——中国语言文学建设项目成果

贵州省区域内一流学科——中国语言文学建设（培育）项目成果

贵州省本科高校一流专业——汉语言文学建设（培育）项目成果

伯明翰学派前期媒介研究

1964–1979

孙勇　著

中国社会科学出版社

图书在版编目（CIP）数据

伯明翰学派前期媒介研究：1964－1979／孙勇著．—北京：中国社会科学出版社，2018.1

ISBN 978－7－5161－9979－4

Ⅰ.①伯…　Ⅱ.①孙…　Ⅲ.①文化—学派—研究—英国—1964－1979

Ⅳ.①G156.1

中国版本图书馆 CIP 数据核字（2017）第 042014 号

出　版　人　赵剑英
责任编辑　周晓慧
责任校对　无　介
责任印制　戴　宽

出　　版　中国社会科学出版社
社　　址　北京鼓楼西大街甲 158 号
邮　　编　100720
网　　址　http://www.csspw.cn
发 行 部　010－84083685
门 市 部　010－84029450
经　　销　新华书店及其他书店

印　　刷　北京明恒达印务有限公司
装　　订　廊坊市广阳区广增装订厂
版　　次　2018 年 1 月第 1 版
印　　次　2018 年 1 月第 1 次印刷

开　　本　710×1000　1/16
印　　张　17
插　　页　2
字　　数　263 千字
定　　价　69.00 元

序　言

　　"文化研究"近年来已然成为中国学界最为引人瞩目的一道风景线，经过约20年的运行，在几代学人的积极推动之下，不仅极大地刷新了学科的面貌，而且潜在地形塑了一种新的思维模式。至少在一些人文学科中，凡是欲对新的理论话语有所了解或借用的学者，几乎很难绕此前行，为此也在中国当代的学术史谱系中牢固地确立起了自己的坐标。

　　文化研究作为一种"舶来品"，在中国的流通，最初是从引进英国文化研究的成果开始的，这与文化研究在国际学界逐渐展开的进程也相吻合。从早年的翻译原作到后来的脉络梳理，进而过渡到对其理论的消化以及本地化的运用、改造、创新等，形成了一较为完整的知识生产与循环的链条。在其中，没有一个环节是可以随意遗漏或省略的。

　　提到"脉络梳理"，首先要归功于最早的一批开拓者，关于这一方面的情况，我在赴英国参加"伯明翰大学当代文化研究中心50周年纪念会"所提交的论文中也有一些描述与说明。但绝不仅限于此，全面地看，也与进入新世纪以来大批青年学者在其毕业论文写作时所从事的探索性工作是密切相关的。从某种角度看，由于这些博论书写者所确立的主题往往是更为专门化的，并有充裕的时间投入对之的琐研中，因此完成的著述一般也会包含更为丰富的资料，在对系脉的梳理上也会更加细致，等等，由此而对中国学界借鉴域外经验，及在此基础上推进文化研究的本土化进程提供了重要的助力。

　　孙勇的博士论文也可归入这一类型或行列。自2009年读博以来，想必孙勇也见证了这些年来文化研究的活跃景象，北语的文化研究也与此同步，并更多地致力于将自己的教学和研究与国际文化研究场域连接在一起，这也是后期文化研究的一个主要特点，其中包括了"请进来"与"走出去"两个方面。在"请进来"的规划中，不仅有诸多海外学者跨洋而来，举办不同形式的讲座与对话，而且有隔年举行的"BLCU国际文化研究系列讲坛"，延聘了众多一流的英美等文化研究学者，与中国学人同堂切磋，进行思想上的沟通与碰撞，这使得年轻的学子们得以增长自己的学识，洞开大脑的视阈。"走出去"是指鼓励学生们去海外问学，在一段时间内，陆陆续续地便有多位在读的博士与硕士学位攻读者获得了这样的机会，尤其值得一提的是2014年，我们组团出席了在伯明翰大学举办的CCCS50周年纪念会。孙勇不仅有幸于此间获得一前赴英国谢菲尔德大学访学的机会，并借此而能在伯明翰等大学的图书馆里翻阅旧文，搜索资料，也在2014年夏随我们的师生团再度蹈英，接触到大批CCCS的元勋级大佬，这无疑为之更为具体地了解、探索英国文化研究，揣摩其真实的氛围与场景等提供了不少的便利。

孙勇的博论瞄准的是英国文化研究最为鼎盛期的媒介研究，但又不是对之做单纯的或泛化式的理论描述，而是将之与一个特定机构的成长经历紧密地结合在一起，即其考察的是驻扎于伯明翰大学中的当代文化研究中心（CCCS）的媒介研究，因此，从选题的设置来看，孙勇一开始就为自己设定了一个明确的演绎边界。这一课题的优势是明显的，因为毕竟在当时的情况下，许多从事过媒介研究并为后人广为知晓的学者都曾在这一机构内活动与逐步成长起来。既然作为一个教学与研究机构，那么就会有相对确定的配置，比如成员、小组、教案、讲座、项目、杂志、丛刊等，更重要的是会有一个指导性的理念及围绕此理念制造出的特殊氛围，这些都有形或无形地构成了一个"边界"，而中心有关媒介的讨论及思想的流动状态，都会与这些边界内"要素"的综合作用直接相关。这也是机构研究的特殊性所在，可以想象，没有这样一种机构的概念，许多分析自然就会流于空泛，或是说找不到"地基"。此外，作为对这项研究的一种肯定，也需要特别多提一句，尽管对CCCS中心作为机构的事实，也曾受到国内一些学者的关注，但从我所了解的情况看，只有在孙勇的论文中，才出现了更为详尽的展示，虽然这并不属于该文重点论述的对象。

孙勇论文的重点仍然是中心所从事的媒介批评或媒介研究。正如我们所知，中心的研究一直都是多方面的，涉及"文化"的各个领域（比如从多个"小组"的设立中便可见知），但是可以肯定的是，媒介研究无疑是所有领域研究中的一出"重头戏"。这在很大程度上也与中心建立以来所处的时代情势有着密切的关联，即大众媒介在技术与商业双重力量的推动下，日益渗透到日常生活、政治生活与文化生活的各个方面，成为"意义竞争"的主战场，前所未有地在人类所居的大地上创造了一个以其命名的"帝国"。关于这点，在媒介后来的发展中应当看得更为清楚，但是即便在那一时代，"帝国"的轮廓也已经以一种强势的姿态浮现于世。就此而言，作为具有重大理论与社会抱负的CCCS，是不会轻易地错过这一面对的机遇的，它必须对之有所介入，而且是一种具有深度的介入。而最终的结果也一如其愿，在经过一系列的理论布局及与其他思想的多场论争之后，成功地创建了一套属于自己的解释"体系"（想必CCCS的领导者斯图亚特·霍尔是不太喜欢用这个词语的），并极大地影响了当代媒介研究的进程与格局。而孙勇的课题所触及的，正好是这一理论范式运行的最初状况。

如果要对文化研究的媒介研究做一个总体上的概括，我建议可以使用"媒介文化批判理论"或"媒介文化批判学派"这样的概念，在大的范围内，可以归入"媒介批判理论"之中，而"文化"是其最有特征性的标识。当然，无论怎样称呼之，其最初的运演也就是对其理论基本向度的确定是至关重要的。从孙勇的描述中我们看到，在最初的这个阶段，也就是CCCS早年（1964—1979）所占据的这一历史时期中，对结构主义、符号学与意识形态三大理论的引入与灵活组合，使之获得了一个主要的阐释方向，一方面，总是会有一种主导性的理念贯穿其中，这与它从文化政治的立场上观察一切问题的思维方式是密不可分的；另一方面，这种研究又不像其他的学说那样会聚结为一种固定的阐述模式，而是随着语境和其他理论的加入不断地向前繁衍，为此又"延宕"出关于媒介的受众理论、编码/解码理论、女性主义理论与种族研究理论等。即便以论文所指定的1979年为最后期限，我们也足可见CCCS在当时的理论创造活力。然后是1979年之后，它的这条延宕线经过一段过渡，又没入了后现代的地平线中。

我对CCCS在这一短期内理论进程的简要勾勒，主要还是为了读者可以借此验证孙勇的论文布思的合理性。这一布思概念所指更偏向于一种隐在的条理，并不等同于面上的框架。当然，这篇论文给人留下最为深刻印象的或许还是它所使用的"细描式"的梳理，其中包括线索的细描与文本的细描。比如就线索而言，CCCS 的媒介研究是如何从最初的"业余"式评论转入理论化研究的，从霍加特的"残余"转向一种去人道主义的，哪些人物逐渐参与进来，又逐渐退出行列，议题是如何一个个地滚动式出现、扩展的，思想是如何一步步地前后绾连、缠绕推进的……凡此，在过去的研究中始终未有揭晓的历程，而在其著述中都有详细的刻绘。就文本而言，根据我自己的体会，大多熟悉的主要是一些著名的篇章，但是孙勇却能凭借其敏锐的嗅觉与细勘的热情（这应当属于他的天性的一部分），搜索到大量不为人晓的资料，并从头道来，不计其详地予以介绍与解析。也正是因此，通过这部著作，我们便可以大体掌握 CCCS 在这一阶段媒介研究中的一个相当完备且带有"原样"的面目。

孙勇毕业之后即离开北京，去外地高校任职，有时也会在我们的一些文化研究活动中见到他的身影，除了岗位的变化之外，似乎其他的一切还如同往常。不久来信告之其论文即将出版，并索序于我。故简述如上，以循己责。也盼其能沿着已经开辟的路径，继续前行，做出更多新的成就。

黄卓越

2017 年夏于北京海淀寓所

摘　　要

1963 年，理查德·霍加特受聘为英国伯明翰大学英语系教授，并发表题为"英语学院与当代社会"（*Schools of English and Contemporary Society*）的就职演说。在该演说中，霍加特教授明确提出应该关注的几个研究方向，其中一个即是对大众文化、流行文化以及大众媒介的"批判性评估"（Critical evaluative）。1964 年，理查德·霍加特和斯图亚特·霍尔一起在伯明翰大学创立"当代文化研究中心"（Centre for Contemporary Cultural Studies）（简称"中心"）以后，中心一直沿着霍加特教授所设立的这个目标努力前行。从 1964 年中心成立到 1979 年霍尔离开中心前往开放大学，媒介研究一直是中心的研究重心，中心出版了一些引起广泛关注的重要文本，并且在受众研究、电视暴力研究、广告学研究、意识形态研究以及女性媒介研究等方面对学界产生了重要的影响。本书的研究主要分为以下几个方面。

本书第一章是对中心早期媒介研究的回顾，这段时间界定在 1971 年中心媒介小组成立之前。从 1970 年左右开始，中心以及英国的其他左派研究机构开始大量翻译、引进、吸收欧陆的理论资源。在这个时间点之前，中心的媒介研究很少受到学界的关注，实际上，在这段时期里，中心对媒介的关注非常广泛，研究成果也非常丰富。中心出版的第一篇文献就是对当地电台发展可能性的探讨，中心成立初期接受的前两项研究资助也都和媒介有关，霍加特、霍尔等人也对 BBC、ITV、广播的商业化、报纸、《图片邮报》等进行了广泛和深入的研究。

本书第二章是"政治与意识形态研究"。中心的创始人以及对中心产生过重要影响的文化理论家大多来自于工人阶级家庭，他们对于工业关系、大选以及国家政策有着天然的敏感和深切的关注。早在 1972 年，代替中心"不定期论文"刊行的《文化研究工作报告》就出版了一期媒介专刊。在这一专刊中，中心针对新闻图片的决定性做了鞭辟入里的分析和研究。同时，本章还包括媒介对罢工的报道以及对时事新闻节目的分析等。

本书第三章则是学界很熟悉的话题，即"受众研究"。自霍尔发表《电视话语的编码与解码》以来，中心陆续发表了戴维·莫利的《重新概念化"受众"》等理论性文章以及对"编码/解码"理论加以实践研究，其中包括《每日电视："全国新闻"》《"全国新闻"受众研究》以及《十字路口》等重要文本。"受众理论"在中心的媒介研究中处于非常重要的地位，它对英国莱斯特学派和法兰克福学派的批评以及重新发现"受众"，无论是在媒介研究还是在文化研究领域都是里程碑式的研究成果。

自从1972年一位白人男性在伦敦地铁站附近遇刺身亡以来，中心就开始关注媒介是如何将一个简单的抢劫事件演变为一个道德的、政治的、国家以及社会层面上受到极大关注的"道德恐慌"事件的。从1972年开始，中心对"行凶抢劫""道德恐慌"做了一系列的研究，发表了一系列的论文，并最终于1976年出版了《监控危机》一书，对资本主义媒介的生产机制做了深入而细致的分析。此即本书的第四章"监控危机"。

20世纪70年代，女性主义运动风起云涌，这自然也影响了中心的媒介研究。中心早在70年代初期，就决定对《疗救婚姻》——一份女性杂志进行研究，也形成了文本，可惜的是，在发表的头一天晚上，稿件却不翼而飞了。但是，这并不影响中心对女性媒介研究的重视程度，中心的女性研究者们针对大众媒介中的女性形象、女性气质意识形态、家庭妇女与大众媒介等课题做了一些探索性的研究。这些方面形成了中心极具特色的"女性媒介研究"。

正如中心第三任主任理查德·约翰逊在《到底什么是文化研究?》一文中所说："文化研究现在已经是一场运动或是一个网络……其在学术领域中施加了巨大的影响力，特别是在英语研究、社会学、媒介和传播研究、语言学和历史研究方面。"媒介研究在中心发展的历程中始终占据着非常重要的地位，这既包括一些重要文本的发表，也包括一些重要媒介理论的发现和传播。霍尔于 1979 年离开当代文化研究中心，象征着一个时代的结束，但是这并不意味着中心的媒介研究就此停滞，与之相反，随着霍尔的离开以及中心大量学生的毕业，中心的媒介研究就像一粒粒种子，逐渐走出中心，走出伯明翰，在英国、美国、欧陆甚至全世界播散开来。

关键词：CCCS；文化研究；媒介研究

Abstract

In 1963, Richard Hoggart was invited to be an English professor in University of Birmingham and lectured an inaugural speech named *Schools of English and Contemporary Society* which specified some research subjects including critical evaluative of mass culture, popular culture and mass media. In 1964 professor Richard Hoggart invited Mr. Stuart Hall to cooperate to found the Centre for Contemporary Cultural Studies and carried on to run the centre as professor Richard Hoggart setup in his lecture. From 1964 to 1979, media studies was always the centre of the research in CCCS. In this period, some importat works were published and CCCS exerted a great influence in academic field, especially in audience research, violence research in television, advertisement studies, ideology studies, feminist media studies, and so on. The following is the specific contents.

The first chapter is about the media studies from 1964 to 1971 when the media group was founded. From the last months of 1969, CCCS and other leftist research instituiotns began to translate, introduce and absorb the continental theoretical resources massively. Media studies in this period is not very familiar to the researchers but actually the media studies in this period was extensive and fruitful. The first publication of CCCS is about the possibilities of local radio, the first two sponsored project of CCCS were media related, and professor Hoggart and Mr. Hall did agreat amount of researches about BBC, ITV, commercialization of radio, newspaper and *Picture Post*, etc.

Chapter 2 is about the politics and ideology studies. Most of the founders and leaders of the centre were born in working class families, so they are very sensitive to the industrial relations, general election and policies. In 1972 researchers of CCCS did a thorough analysis to the news photos. And the next is the analysis of the industrial conflict and current affairs programs.

The next chapter is the popular audience research. After the Hall's important text 'Encoding and Decoding in the Television Discourse' is published, CCCS had continually provided theoretical works such as 'Reconceptualising the Audience', the practical works such as *Everyday Television*: *Nationwide*, *The Nationwide Audience*, *Crossroads*, etc. 'Audience Research' is very important in media studies in CCCS and it created a history of audience research either in the critics of Leicester School and Frankfurt School or the rediscovery of audience.

When the event that a male white man was stabbed to death had been reported in the media researchers of centre began to pay close attention to how media transform one robbery event to a 'moral panic' event which was moral concerned, was disturbed in the politics, state and society fields. From 1972, researchers of centre did a series of study and published a series of papers and finally *Policing the Crisis* was published in 1976, which is about the production of capitalist media extensively and thoroughly.

Since 1970 the feminist movement had a great influence on many territories in the world and of course exerted a great influence on the media studies in CCCS. In the first period of the 1970s Stuart Hall and Michael Green decided to do some feminist media studies and they finished a study for the female magazines, *Cure for Marriage*, but unfourtunately the night before the study was scheduled to be reported the manuscript was lost. Although a lot of things happened the related researches were moving forward, mainly about the images of women in the mass media, ideology of adolescent femininity and housewives and mass media, etc.

As the third director of CCCS, Richard Johnson, said in his essay 'What is Cultural Studies anyway?' 'Cultural studies is now a movement or a network. ⋯⋯ It exercises a large influence on academic disciplines, especially on English studies, sociology, media and communication studies, linguistics and history', media studies was in the centre of the works in CCCS which include the founding and spreading of some critical media theories and the publish of some important texts. When Hall left the centre in 1979 the Hall Period is over and a new era is initiated. Along with the leaving of Hall and the graduation of the students, media studies in CCCS just like the seeds, grow up out of the greenhouse and disseminate to the UK, America, the European Continent and the whole world.

Key Words: CCCS; Cultural Studies; Media Studies

目　录

绪　　论

第一节　文化研究中的媒介研究概述

在当今世界，媒介研究已经逐渐取代文学研究的地位，并且在文学研究内部也发生了媒介研究的转向。希利斯·米勒认为："新形态的文学越来越成为混合体。这个混合体是由一系列的媒介发挥作用的，我说的这些媒介除了语言之外，还包括电视、电影、网络、电脑游戏诸如此类的东西，它们可以说是与语言不同的另一类媒介。然后，传统的'文学'和其他的这些形式，它们通过数字化进行互动，形成了一种新形态的'文学'。"[①] 媒介研究的重要性可见一斑。媒介研究可以笼统地分为两大类：技术性研究与批判性研究。其中技术性研究主要是指在美国等国家盛行的实证媒介研究，而批判性研究则包括法兰克福学派、传播政治经济学、文化研究、格拉斯哥媒介研究小组、莱斯特大学大众传播研究中心等机构和学派的研究，其中又以文化研究最为瞩目，对学术界影响最大，因此需要重点纳入研究范围。而对文化研究中的媒介研究，尤其是对伯明翰大学当代文化研究中心（Centre for Contemporary Cultural Studies，简称 CCCS）的媒介研究虽然在各类文化研究书籍以及论文中都有涉及，但是至今尚未有一个系统与全面的解读，甚至可以说，有的文章存在误读 CCCS 媒介研究的情况，因此对 CCCS 媒介研究的流脉、理论特征、文化政治立场等的重新梳理与评价就显得尤为迫切了。

[①]　周玉宁、刘蓓：《我对文学的未来是有安全感的：希利斯·米勒访谈录》，《文艺报》2004 年 6 月 24 日第 2 版。

伯明翰学派前期媒介研究（1964—1979）

英国是文化研究的发源地，"文化研究"（Cultural Studies）这一概念的最终确定，源于1964年在伯明翰大学艺术学院英语系成立的"当代文化研究中心"（简称"中心"）。然而目前学术界所述的"文化研究"，又有更为泛化的指称，从更长的历史发展脉络来看，则一般有"前文化研究时期"（又称"文化研究前史"）与"文化研究时期"的划分。"前文化研究时期"，指的是以马修·阿诺德（Mathew Arnold）、F. R. 利维斯（Frank Raymond Leavis）、Q. D. 利维斯（Queenie Dorothy Leavis）为代表的"文化批判"时期，这些文化保守主义者从精英主义的立场提出了他们关于"文化"的概念，并以之作为对日渐兴起的民众文化（大众文化）批判的准则。20世纪50年代之后，以理查德·霍加特（Richard Hoggart）、雷蒙德·威廉斯（Raymond Williams）、E. P. 汤普森（Edward Palmer Thompson）为代表的早期文化研究者提出了对"文化"概念的新解释，并着手创建新的思想体系，这一时期也可称为是文化研究的草创期或奠基期。霍加特和威廉斯均出自工人阶级家庭，并受过高等教育，战后也都做过一段时间的成人教育工作，对媒介教育有其独到的认识与见解。1964年，理查德·霍加特在伯明翰大学创立文化研究的正式机构"当代文化研究中心"，并以"文化研究"命名之，由此而使得"文化研究"这一概念最终确立，并成为其后辨识这一学派的核心词语。CCCS成立以后，先后在理查德·霍加特、斯图亚特·霍尔（Stuart Hall）的领导下，采用了一种和一般高等教育体系有很大区别的教学模式与研究模式，以积极的姿态介入文化研究各领域的争论与探讨中。CCCS所涉及的研究议题相当广泛，文学、历史、媒介、社会理论、政治与劳工运动、少数族裔与女性主义等都包含在中心的研究范围之内。"媒介研究"一直是中心重点关照的话题领域之一，这一方面与媒介自20世纪上半叶开始对文化与社会产生了越来越广泛的影响有关，另一方面则是因为媒介正日益成为日常生活及各种政治构建的重要场域。

在前文化研究时期，尤其是在20世纪30年代，文化保守主义者们对来势汹汹的媒介文化以及大众文化产生了浓厚的兴趣，只不过，这种关注并不是对媒介的颂扬，而是对其洪水猛兽般的破坏能力表示了深深的忧虑。F. R. 利维斯在《大众文明与少数人文化》中这样说道："在任何时代，具有洞察力的艺术欣赏与文学欣赏依赖于少数人，只有少数人才能做出不经提示的第一手评判……公认的价值是一种以比例很小的黄金为基础的纸币。任何时代，美好生活的可能性都与这种货币的状态有密切的关系。……依靠这些少数人，我们才能获益于过去人类经验的精华，他们保存了传统中最精巧的最容易毁灭的那些内容。依赖他们，一个时代才会有安排得更为美好的生活的固定标准，才能意识到这种价值胜于那种，这个方向不如那个方向可行，那个中心是在那里而不是在这里。在他们的宝库中……是语言，是随着时代变化的习语。美好的生活以这些语言和习语为基础。没有这些语言和习语，精神的特性就会受到阻碍而不连贯。我所说的‘文化’，指的就是对这样的一种语言的使用。”① 在这段话中利维斯认为，只有少数人才能担负起拯救、传承文化的重任，而恰恰是多数人的文明破坏了这种“公认的价值”以及“美好生活”。按照利维斯的说法，这种多数人的文明乃是工业革命、商业化、美国化的产物，其表现形式即是大众文化以及传播媒介。利维斯认为，包括报刊、电影、广播、广告等在内的传播形式存在标准化、美国化、廉价化等严重问题，会大幅降低“有机社会”的生活标准。利维斯特别提到心理学层面的“格雷欣法则”（Psychological Gresham Law）②，即“劣币驱逐良币法则”，在报纸中，尤其是在电影产业中的应用。“格雷欣法则的应用对电影来说是灾难性的，更灾难性的是电影有着强大的影响力。电影提供了当今文明世界中的最主要的娱乐形式。”③ 利维斯进而列举电影的几大罪状：使观众失去辨识能力；催眠式的接受过程；最廉价的情感诉求；更为阴险的是提供了一种与现实生活紧密联系的强迫性的生动的幻觉，造成对“生活标准”（Standard of Living）的严重破坏，等等。而 Q. D. 利维斯在《小说与阅读公众》中也

---

① F. R. Leavis, "Mass Civilization and Minority Culture," in *Education and the University* (Cambridge: Cambridge University Press, 1979), pp. 143-145.

② 格雷欣法则（Gresham's Law）指在实行金银复本位制条件下，金银有一定的兑换比率，当金银的市场比价与法定比价不一致时，市场比价比法定比价高的金属货币（良币）将逐渐减少，而市场比价比法定比价低的金属货币（劣币）将逐渐增加，形成良币退藏，劣币充斥的现象。

③ F. R. Leavis, "Mass Civilization and Minority Culture," in *Education and the University*, p. 149.

同样从文化保守主义的角度出发分析与批判商业媒介的效果，认为大商业（包括电影）不断上升的影响力摧毁了大众广泛阅读的欲望。① 随后，利维斯在与丹尼斯·汤普森（Denys Thompson）合著的《文化与环境》中针对飞速变化的社会，针对校外"大众产品"（mass production）对人们品味的戕害，提出要以系统化的方式，训练学生对文化环境的批判意识。② 要之，在此一阶段，由于利维斯等人的精英主义立场，他们对电影、广告、报纸等媒介是持一种怀疑和批判态度的，认为这种标准化和美国化的大众文明毁坏了少数人的文化，从而希望能借助少数人的智识、文化来引导、规范与教化大众。③

在文化研究创建初期，霍加特与威廉斯上承利维斯学派的怀旧思潮④，批判了当时的商业文化，并且利用利维斯学派的研究方法分析工人阶级文化或者 19 世纪以来的"文化与社会"，但是由于二人的阶级背景、所处时代与利维斯学派有较多差异，所以其媒介研究也就有了新的面向。首先是对被忽视的读者的"重新发现"，即受众研究。《识字的用途》开篇即阐明了本书是关于"过去 30 年到 40 年间工人阶级文化的变化，特别是在大众出版物的刺激之下，而其他形式的娱乐节目也施加了类似的影响，比如说电影、商业广告等"⑤，作者认为，当今文化环境中最引人注目的情况就是"在专家的技术性语言与大众传播机构的低水准之间存在的巨大差异"，所以作者才写作此书，以让"阳春白雪"能够飞入"寻常百姓人家"，即为那些"普通读者"或"智识的门外汉"写作是本书的第一要务。如同霍尔在《理查德·霍加特、〈识

---

① Q. D. Leavis, *Fiction and the Reading Public* （London：Chatto & Windus, 1932）, p. 17.

② F. R. Leavis, Denys Thompson, *Culture and Environment*：*The Training of Critical Awareness* （London：Chatto & Windus, 1950）, pp. 3-5.

③ Q. D. Leavis, *Fiction and the Reading Public* （London：Chatto & Windus, 1932）, p. 271.

④ 虽然霍加特和威廉斯都吸收了利维斯学派的相关思想，但是二者的具体取向却有很大不同。霍加特继承了利维斯怀旧的一面，在《识字的用途》中缅怀逝去的早期工人阶级文化并批评当时堕落的受到美国大众文化影响的工人阶级文化，并将利维斯的"细绎"式文学批评方法加以改造，转而分析工人阶级文化这个社会文本。与霍加特相对，威廉斯虽然也接受了利维斯学派的某些学术思想和分析方法，但在总体上威廉斯还是对技术的进步、社会的前进持一种乐观的态度。

⑤ Richard Hoggart, *Uses of Literacy*：*Changing Patterns in English Mass Culture* （London：Chatto & Windus, 1957）, p. Ⅱ.

字的用途〉及文化转向》中所说："与此相反，《识字的用途》中一个暗含的论点是，工人阶级并非空洞的容器或者是一张白板，中产阶级或者媒介能够按照他们的需要向内灌输或者书写他们想要的。他们不是简单的'虚假意识'或'文化麻醉剂'（Cultural dopes）的产物，他们有他们自身的文化，也许这个文化缺乏文学传统赋予他们的权威性，也并没有什么统一的标准，但是他们的文化却和那些受过教育的阶级的文化一样，紧实、复杂、联系紧密且富含道德感。文化产品的效果不能从为他们生产、让他们消费的内容中'读出'或推论出来，这是因为，为了取得产品的深度效果，他们必须走入一个已经建设完备的文化世界并与之积极沟通。阅读，从这个意义上来说，总是一种文化实践。"① 而威廉斯在《文化与社会》中，同样不认可所谓的效果研究以及法兰克福学派的悲观主义立场，他认为："任何统治机构都试图把'正当的'观念灌输到它所统治的人们心中，但是流亡则没有政府机构。人们的心灵是由他们的整个经验所塑造的，没有这种经验的确认，即使是最巧妙的资料传送，也不能被传播。传播不仅仅是传送，而且还是接受与反应。"② 其次是对支配式传播模式的反对。威廉斯在《文化与社会》中仔细分析了几种支配式的传播模式，认为我们必须认识到"就传播来说，就是要采取一种不同的传送态度，以保证传送具有真正多样化的来源，保证所有的讯息来源都能通过共同的渠道传播。要做到这一点，必须认识到传送永远是一种提供，而且根据这个事实来决定传送的语气：传送不是试图支配，而是试图传播，试图获得接受和反应"③。威廉斯提出这种传播模式的目的是创建一种"共同文化"，或者说是"有机共同体"。威廉斯随后在 1962 年出版的《传播》一书中又继续发展了他的这个观点："一个好的社会应该能够自由感知事物和表达意见，同时能获得想象力以及识别能力的提高——人们所实际看到、知道的和感知到的连

---

① Stuart Hall, "Richard Hoggart, *The Uses of Literacy* and the Cultural Turn," *International Journal of Cultural Studies* 10（1），2007, pp. 39-49.

② ［英］雷蒙德·威廉斯：《文化与社会》，吴松江、张文定译，北京大学出版社 1991 年版，第 391—392 页。

③ 同上书，第 395 页。

接。任何对个人贡献自由的限制，实际上就是对社会资源的限制"①，从而将媒介视为一社会中所有公民的共同资源与对话的平台。最后是提供了一些对传播流程的新的分析视角。威廉斯在1960年发表的《魔术系统》一文中，对广告这一资本主义商业组织机构中的主要组成形式进行了深入剖析，指出："我们在现代工业生产中遇到的最基本的选择就是在消费者和用户之间进行的，作为有组织的魔力系统的现代广告之所以这么重要，就是因为它功能性地模糊了人们的这一选择。"② 威廉斯在20世纪70年代还提出了"流程"以及"流动的私藏"等重要概念，由于并不属于本书所论述的谱系，在这里就不加以详细论述了。纵观这个时期的媒介研究，霍加特与威廉斯一方面承接利维斯，另一方面也带入了对媒介研究的新观点与新方法，从而开辟了文化研究媒介研究的新方向。

1963年，理查德·霍加特应邀前往伯明翰大学担任文学教授一职。1964年，霍加特邀请原《新左派评论》的主编斯图亚特·霍尔来到伯明翰大学，共同创建了当代文化研究中心。中心从成立之初起，在霍加特尤其是在霍尔的带领下，对媒介研究做出了卓越而非凡的努力。比如说，在中心的媒介研究中可以发现大量向《识字的用途》致敬的媒介研究作品，以及对诸如语言学、社会学、符号学、结构马克思主义等欧洲大陆新的理论成果的积极引进，因此必然会比前期研究有所更新，从而极大地推进了前期的研究，形成了丰富的特色。另外一个非常重要的特点则是中心的教育模式与传统的大学教育有很大的不同，霍加特、霍尔等人结合自身在成人教育方面的教学经验，成功地将成人教育的教学模式移植到大学的正规教育当中，这种集体授课、集体讨论、集体研究的学术讨论方式对于中心的媒介研究起到了非常重要的作用，中心的很多媒介研究成果都是多人共同完成的，这样的研究成果也必然打上了深深的机构的烙印；经过对广播商业化、电视暴力、编码解码、监控危机、受众研究以及女性媒介研究等几个维度的开拓，逐渐将媒介研究置于其工作的重心，并进一步拓宽了视角，更新了方法，从而构建了一个可以

① Raymond Williams, *Communications* (Harmondsworth: Penguin, 1962), pp. 124-125.
② Raymond Williams, "The Magic System," *New Left Review* I (4), 1960, p. 28.

明确辨析的伯明翰媒介研究体系。霍尔后来也曾提到："媒介小组是中心研究小组中运作时间最长的小组之一，同时从中心成立伊始，媒介研究就是中心工作和兴趣的焦点所在。"① 总起来看，与前两个阶段的媒介研究（利维斯学派、霍加特与威廉斯）相比，这一阶段的媒介研究主要有以下特点。

一　更广泛的社会学理论的运用

首先，在中心的指导性纲领——霍加特教授的就职演说中，我们就可以看到其对"社会学"研究领域的重视；② 其次，中心在成立之初就开始了对社会学理论的系统学习，在中心初期的主要研究和教学模式——周一理论研讨会的清单上，我们可以发现中心的学习目录中包括了很多社会学名家的代表性作品。比如说，在中心 1965—1966 年第三期年度报告中，我们可以看到，1966 年夏季学期的理论研讨会上出现了大量欧洲社会学家的文本，这里面包括马克斯·韦伯的《新教伦理与资本主义精神》《社会学方法论》，涂尔干的《社会主义与圣西门》《社会学方法规则》，滕尼斯的《社区及其联系》，曼海姆的《知识社会学》《意识形态与乌托邦》等。再如，中心 1967—1968 学年的访问学者即是一位来自美国的社会学教授罗尔夫·迈尔松（Rolf Meyersohn），中心在随后出版的不定期论文中阐述了他对文化研究和社会学研究之间关系的某些看法。③ 而在中心的媒介研究工作中，采用了一种后来被称为"社会分析"的研究方法，中心第三任主任理查德·约翰逊（Richard Johnson）在其《到底什么是文化研究？》的文章中也明确指出，中心的第一套研究方法植根于社会学、人类学或社会—历史，而第二套研究方法则大多派生于文学批评，尤其是文学现代主义和语言学形式主义传统④，也就是我们随后要提到的"符号学/结构主义方法的援入"。

---

① Stuart Hall, "Introduction in Media Studies at the Centre," *Culture*, *Media*, *Language*: *Working Papers in Cultural Studies* 1972-79 (London: Unwin Hyman, 1980), p. 104.

② Richard Hoggart, *Schools of English and Contemporary Society*: *an Inaugural Lecture Delivered in the University of Birmingham on 8ᵗʰ February* 1963 (Birmingham: University of Birmingham Press, 1963), p. 13.

③ Rolf Meyersohn (1969), "Sociology and Cultural Studies: Some Problems," CCCS occasional paper, No. 5.

④ Richard Johnson, 1983, "What is Cultural Studies Anyway?" CCCS stenciled paper, No. 74.

二 符号学/结构主义方法的援入

巴特的符号学以及阿尔都塞、列维—施特劳斯结构主义的引入，在中心的"文化主义"传统中开辟了一条新的"结构主义"的路径，这不仅体现在对其理论的学习和探讨以及对相关著作的翻译以及引介方面，中心成员在具体的媒介研究方面也创造性地应用了符号学/结构主义的研究方法从而建立了一套属于自己的研究模式。比如说，在中心出版的《文化研究工作报告》第 1 期和第 3 期上就分别刊载了中心翻译的巴特以及艾柯的两篇重要的符号学理论文章，而霍尔对《图片邮报》的分析则是符号学/结构主义理论方法创造性应用的杰出典范。正如伊恩·钱伯斯（Iain Chambers）所言："马克思主义、古典社会学、心理分析、结构主义、符号学等欧陆思想学派的特色所在，就是以总体性作为概念基础，寻找能够连接所有复杂、保持批判距离的理性架构，进行事物的解释。"① 可以说，正是这种总体性、结构性的理论视角，为文化研究深入剖析文化与社会提供了强大的理论武器，而且，中心所开创的这种独特的研究模式最终导致了英国大众媒介研究的复兴，涌现了一大批颇负盛名的研究著作，其中包括格拉斯哥大学媒介研究小组的《坏新闻》、彼得·戈尔丁的《新闻制作》以及保罗·哈特曼的《种族主义与大众媒介》等。② 但是由于符号学/结构主义过于抽象、去中心化、去历史化以及过度强调深层结构，使得中心不得不在文化研究的两种范式之外寻找另外一条道路，但是正如霍尔所说，结构主义的活力不仅来自于其对决定性条件以及整体性的强调，还在于其对经验的去中心化，源于它对"意识形态"这一被忽视的范畴的原创性解释。③

三 对媒介生产机制的更深揭露（意识形态）

在霍尔对中心媒介研究的介绍中，他总结了中心媒介研究与主流媒

---

① Iain Chambers, *Popular Culture*: *The Metropolitan Experience* (Oxon: Psycology Press, 1986), p. 206.

② Stuart Hall, "Introduction to the Media Studies at Centre," *Culture*, *Media*, *Language*: *Working Papers in Cultural Studies*, 1972-79 (London: Taylor & Francis, 2005), p. 107.

③ Stuart Hall, "Cultural Studies: Two Paradigms," *Media*, *Culture & Society* 2 (1), 1980, pp. 57-72.

介研究之间的"断裂"，首先是从"直接影响"论转换到"媒介的意识形态角色"框架；其次是从媒介文本是"意义的透明承载者"转向更加关注媒介文本的"语言和意识形态层面的建构"；再次是抛弃传统的"被动无差别的观众"概念，转而关注"更为主动的受众"以及"编码与解码"的进程；最后则是"关注媒介在对主流意识形态定义和再现的流通和保护中的角色"①。在这四点"断裂"当中，有三点均与意识形态的援用相关，而剩下的一点也是在对意识形态理论进行探讨的基础上发展起来的，可见，在中心的媒介研究中意识形态研究是多么重要。这其中，不仅包括与意识形态相关的理论研究，比如除对马克思主义相关论点的讨论、阿尔都塞"意识形态国家机器"以及葛兰西的"文化霸权"理论等的研究和讨论以外，中心还在实践层面对多种形式的媒介生产机制、话语模式、媒介角色等做了深入细致的分析和研究，而且不能不提的是，中心还在与其他机构，比如说莱斯特大学的大众传播研究中心、《银幕》期刊、格拉斯哥大学的媒介研究小组之间的对话中不断深化和发展其在媒介研究层面的意识形态向度。

四　抵抗意识与受众理论的引入

如上所述，中心对"受众"的重新发现是建立在反对"法兰克福学派"、美国传播研究对观众的贬低和忽视的基础之上的，而且实际上，中心"受众理论"也并不仅仅是大家耳熟能详的霍尔《电视话语的编码与解码》一文以及莫利的《"全国新闻"受众研究》。在霍加特1963年的就职演说中我们就可以发现其对受众相关问题的重视，② 在中心早期的电视暴力研究中，我们也能发现中心试图对那种简单的"两步式传播模式"进行批判。在这篇文章中，中心提出了它的研究方法，尽管并未达到后期受众研究的高度，但是其多向度、多边会谈的模式以及揭示隐含在表面信息背后的意涵却是和后期的受众研究的理念相一致的。如上所述，中心在"重新发现意识形态"以后，研究的注意力大

---

①　Stuart Hall, "Introduction to the Media Studies at Centre," *Culture*, *Media*, *Language*: *Working Papers in Cultural Studies*, 1972-79（London: Taylor & Francis, 2005）, pp. 104-105.

②　Richard Hoggart, *Schools of English and Contemporary Society*: *An Inaugural Lecture Delivered in the University of Birmingham on 8ᵗʰ February* 1963（Birmingham: University of Birmingham Press, 1963）, p. 14.

多转向了对媒介的意识形态再生产功能的分析之上，并带动了英国媒介研究的热潮，但是这种研究方法通过文本分析即可确认媒介的影响，也在一定程度上忽视了受众在媒介研究中的重要地位。基于此，霍尔在《电视话语的编码与解码》一文中指出，受众对于信息的接受有三种方式：宰制的、抵抗的以及协商的，并指出无论是完全服从还是完全拒绝都不是受众解码的主要模式，受众也不是同质化的单一模式的观众，相反，受众具有一定的辨识能力以及"相对的自主性"，能够对已经编制好的信息进行重新解码，形成自己对媒介信息的相关看法。① 在此之后，中心开始进入颇具特色的受众研究领域，出版了包括《每日电视："全国新闻"》《"全国新闻"受众研究》《电视话语的编码与解码》以及《十字路口》等在内的一系列重要的著述。

五　女性媒介研究的创建

女性媒介研究在中心一直受到广泛的关注，中心的第一篇博士论文即是对广告中妇女形象的研究，而且中心建立初始即开始了一项针对妇女杂志以及其中的小说《疗救婚姻》的研究，并且已经成稿，蹊跷的是，在即将交付中心集体讨论之际，手稿却不翼而飞了。根据霍尔在一次访谈中所谈到的，中心早在20世纪70年代初期就试图引入女性主义的相关研究，虽然因为某些原因，这项计划未能实施，② 但是也可以看出中心对女性媒介研究的重视程度。中心的女性媒介研究成果丰富，涉猎广泛，除了我们刚才提到的两项研究以外，还包括体育报道中的妇女研究、大众媒介与家庭主妇之间关系的研究、女性杂志中的广告研究、女性气质研究以及妇女钟爱肥皂剧的原因研究，等等。

中心的女性媒介研究也秉承了20世纪70年代初影响甚大的"银幕理论"的一些理念与方法，但经过15年左右的发展（1964—1979），一方面，中心的媒介研究已经走出了一条完全属于自己的道路，在吸纳并超越银幕派女性研究成果的同时，也在方法论与视角方面，扬弃了中心成立之前以利维斯、霍加特为代表的随感式、经验主义、怀旧的媒介

---

① Kuan-Hsing Chen, David Morley, *Stuart Hall*: *Critical Dialogues in Cultural Studies*（Oxon: Routledge, 1996），pp. 498-501.

② Ibid.

研究，通过引进、吸收、改进来自于欧美等地的媒介研究方法、媒介管制理论、意识形态理论、结构主义理论、符号学、社会学、文化霸权理论等，中心建立了一整套更为庞大与严密的论述系统，为国际媒介研究建立了一个新的坐标体系；另一方面，中心确立了一个国际媒介研究的文化政治向度，尤其是对底层政治与日常生活抵抗的关注，克服了过去的精英主义观察媒介的方式，转而关注底层人民的生活，关注底层人民的想法，关注底层人民对媒介的抗争，关注底层人民对媒介的利用，关注底层人民在媒介中所受到的"特别关照"，从而彰显出中心参与政治、不断言说的"有机"品质。

然而，1979 年，霍尔在面对来自于中心内外的压力时有些心力交瘁，尤其在面对来自于中心内部女性主义的一浪高过一浪的批评之时，他感到极其难过，因为他本来是完全支持女性主义的，而且中心从 70 年代早期就已经开始进行了一些女性媒介研究，所以当面对来自中心女性主义者的攻击时，霍尔无力反击也不能反击，最后不得不选择离开这个他殚精竭虑、付出一切、奋斗了 15 年的当代文化研究中心。从 1964 中心创立到 1979 年霍尔离开中心前往开放大学的这段时间，① 是中心媒介研究发展得最富有成效的一个时期，成果丰富且极富影响力，不仅对中心媒介研究的发展，而且对整个国际文化研究的发展都极具贡献。但是因为种种原因，国内外对中心这段时间的研究还比较薄弱，所以作者一方面希望能对文化研究前期的媒介研究发展做一些必要的梳理，使得大家能够更为清晰地了解中心前期的媒介研究状况；另一方面，也希望能为国内文化研究的发展提供一些可资借鉴的原始素材和原初的案例，尽量真实地还原中心早期媒介研究的语境及其理论背景和最终诉求。为了更清晰地了解中心前期媒介研究的发展，有必要对中心前期活动做一个扼要的梳理，借此展示其运作的模式及主要特征，并进而厘清中心前期媒介研究的几个发展阶段。

---

① 斯图亚特·霍尔（Stuart Hall）1964 年 4 月被聘为中心的主任助理和研究员，1967 年被任命为中心副主任，1971 年当中心主任理查德·霍加特教授前往联合国教科文组织工作时，霍尔被任命为执行主任，1973 年霍尔成为中心的第二任主任，1979 年霍尔前往开放大学，担任社会学教授。

第二节　中心媒介研究发展简介（1964—1979）

英国伯明翰大学当代文化研究中心于 1964 年成立。中心的创建人是理查德·霍加特教授。中心成立之初，只有两位职员，一位是中心主任霍加特教授；另外一位则是中心研究员斯图亚特·霍尔先生。在就职演说"英语学院与当代社会"（Schools of English and Contemporary Society）中，霍加特教授为中心规划了三个主要的研究领域：第一个是"历史的和哲学的"，首先应对"文化论争"的历史有更多了解，其次应该对论争中的术语做更深入细致的分析和定义。第二个研究领域是"社会学的"，我们需要仔细思索如下问题：第一，关于作者和艺术家：他们从哪里来？他们是如何成长为作家和艺术家的？第二，对于不同形式的作品以及不同层级的研究方法来说，其观众为何？他们有何种预期？他们的背景知识？今天还有"普通读者"或"智识的门外汉"这样的人吗？第三，意见领袖是通过什么管道发挥他们的影响力的？第四，书面和口头作品是如何制作和分发的？第五，我们对于各种各样的相互联系到底知道多少？第三个研究领域也是最重要的则是"文学批判"。如果你不了解艺术甚或"坏艺术"的运作方式，那么你就不可能对艺术做出深入评价。为此也就需要借助社会学的方法，对艺术作品进行深入分析，并通过研讨会的形式，充分讨论"想象的质量""不同作品的效果"等。① 如果这么说稍嫌抽象的话，那么随后霍加特教授则给出了某些具体的研究项目，比如电影、电视、广播、电视剧、小说、新闻、杂志、连环画、广告、公共关系、流行音乐等。从这些具体研究对象来看，它们就是媒介研究，可见，中心从设立之初就已经对媒介以及媒介的相关问题给予了很多的关注。在中心第三份年度报告中，霍尔这样谈道："大略来说，这样的一个中心可以选择成为想象性工作和传播（举例来说，即大众媒介和流行艺术）的一块学术飞地上的专家，把文

---

① Richard Hoggart, *Schools of English and Contemporary Society: an Inaugural Lecture Delivered in the University of Birmingham on 8th February* 1963（Birmingham: University of Birmingham Press, 1963），pp. 12-15. 该文最初由伯明翰大学于 1963 年出版，后收录在 *Speaking to Each Other*, Vol. 2, *The Use of English*, Vol. XV, 2 and 3 以及 *The American Scholar*, Vol. 33, 2 中。

化和社会背景视为其特定调查的一个疏离的框架；或者把对社会文化的所有鲜明形式作为研究的核心，特别关注生活形式与表现形式和媒介之间关联和交互的方式。后者包含学习阅读、阐释和理解文化形式和表达的内在品质，向内观照社会生活的表达规则，而且使自己服从于他们自己独特的体验顺序，但是，同时仍然要坚守'在整个组织的独特形式之间的关系'——'整体生活方式各要素之间关系的研究'。在后一个方向上，整体来说，我们的研究指引着我们。因此我们的研究领域，我们探索的中心，就是当代社会的文化：表现媒介、艺术和文档、语言和姿势，包藏在神龛和影像中的意义和价值是我们'进入的方式'，我们处理问题的'方法'。从这个角度来说，中心，在特别关注社会中的整体级别的表达传播时，本质上并不是一个大众媒介、大众艺术，或者甚至是当代高雅艺术的研究中心，而是一个'文化研究中心'。"① 但是，从 1964—1979 年这段时期来看，中心在媒介研究方面确实着力甚多。霍尔在 1980 年出版的《媒介、文化、语言：文化研究工作报告 1972—1979》中这样说道："媒介小组是中心研究小组中运行时间最长的一个，而且媒介研究一直以来都是中心的核心研究领域。"②

　　要想了解中心的媒介研究，我们就必须了解中心的运作模式。一方面，中心的机构性特征对其学术研究和理论背景的构建起着非常重要的作用，中心的媒介研究也正是在这一机构性场域中逐渐构筑与发展起来的；另一方面，每一位内部学者的研究也都离不开这一"共生"场域的意义交流与激发。从这个角度来说，我们应该做的就是对作为"机构"集群的中心的运作模式及活动方式等做一勾勒与描述；然后，根据中心媒介研究的发展及其阶段性特征，对中心的媒介研究做一概述。

一　中心的运作及模式特征

　　中心自成立以来，就一直坚持团队作业模式，无论是中心初创期的研讨会，还是项目小组，以及到 70 年代开始设置的小组模式，都坚持发挥集体的才能和智慧，通过充分的集体讨论，更大化地实现研究项目

---

① Centre for Contemporary Cultural Studies, *Centre for Contemporary Cultural Studies Fifth Report 1968-69* (Birmingham: University of Birmingham, 1969), p. 4.

② Stuart Hall, "Introduction to Media Studies at the Centre," *Culture, Media and Language: Working Papers in Cultural Studies* (New York: Routledge, 1996), p. 117.

的设计目标。

中心在成立之初，已经根据自身所设立的目标，计划开展如下研究议题，它们分别是：

（1）奥威尔和30年代。

（2）当地出版社的成长和变化。

（3）流行音乐中的民间歌谣和民间谚语。

（4）小说的层级及其在当代社会的变迁。

（5）家庭艺术及家庭画像。

（6）流行音乐与青少年文化。

（7）体育的意涵及其表现形式。①

虽然这些拟订的议题最终并没有全部实施，但是却开创了一个集体工作的模式。到了1965年，"这种工作形式为我们提供了三种非正式的'小组'：一个是奥威尔和30年代，一个是流行音乐，最后一个是现代小说。"② 而这些项目小组还不定期召开研讨会，一方面向中心成员汇报工作的进展情况，另一方面也提供一个场合供小组成员以及中心成员探讨项目的研究方法、研究方向等。后来这种非正式的小组形式则发展成为中心研讨会的一种："工作研讨会"（Working Seminar）。

研讨会是中心发展之初就已经确定的一种正式的学术活动，在没有招收课程硕士之前，这一直是中心主要的教育模式和研究模式。中心的研讨会分为三种：一是每周二的"普通研究生研讨会"（General Graduate Seminar），主要是为了促进中心成员理论素养的提高，完善中心成员的知识结构等；二是周一下午的"封闭"研讨会，只限中心全职和兼职的中心成员参加，这是一个批判分析的单元，通过成员提交论文、主题或工作报告，使得研究中的问题能够及时得到解决；第三个就是上面提到的"工作研讨会"③。1964—1965学年，中心的"周二研讨会"

---

① Centre for Contemporary Cultural Studies, *Centre for Contemporary Cultural Studies First Report*（Birmingham：University of Birmingham，1964），pp. 6-7.

② Centre for Contemporary Cultural Studies, *Centre for Contemporary Cultural Studies Second Report*（Birmingham：University of Birmingham，1965），p. 7.

③ 除非特别注明，本章引用的资料均来自中心的年度报告（Centre for Contemporary Cultural Studies Annual Report，1964-79）。

共举办 20 次，分别是 1964 年冬季 8 次，主题分别是理查德·霍加特教授的"中心：范围、目标、方法"，雷蒙德·威廉斯先生的"一个共同文化的问题"等；1965 年春季 9 次，分别是戴维·霍尔布鲁克（David Holbrook）的"一些近期心理分析作家"、雷蒙德·德格纳特（Raymond Durgnat）的"大众文化的情感/个人美学"等；1965 年夏季 3 次，分别是爱德华·汤普森（Edward Thompson）的"18 世纪社会的家长制和顺从"，斯图亚特·霍尔的"本学年研讨会：批判性调查"等。

到了 1965—1966 学年，中心则把"封闭的"周一研讨会改成了"工作研讨会"，新增加了一个上午的"选本研讨会"，旨在通过选取某些相近领域的研究文本，完善中心成员的背景知识结构，熟悉其他学科的研究方法和概念。1965 年冬季和 1966 年春季的两个学期，是在雷蒙德·威廉斯的两本书——《文化与社会》以及《漫长的革命》——的指引之下，选读了一些"文化与社会论争"（Culture and Society Debate）的文本。这两个学期形成一个系列，学期开始有对"文化论争"的介绍，而在 1966 年春季学期结束的时候则有一个总结，学期中间选读了科贝特、佩恩、穆勒、阿诺德、利维斯等人的文本；1966 年夏季学期，则对来自欧洲大陆的经典的社会学思想的某些代表性学说做了一些选本阅读，主要有圣西门、孔德、马克斯·韦伯、滕尼斯、曼海姆等人的相关著作。同时，原来的"项目研讨会"更名为"不定期研讨会"，除了供项目组成员不定期交流、汇报以外，还是一个访问教授和大家见面、交流的场所。本学年共举办"普通研讨会"18 次，主题分别是理查德·霍加特教授的"文学与社会"、克莱夫·欧文（Clive Owen）的"女性杂志一瞥"等。

1966—1967 学年，共举办普通研讨会 25 次，主题主要有雷蒙德·威廉斯的"文化与社会研究的进展"，爱德华·汤普森的"18 世纪末叶的时间、工作和休闲"，理查德·霍加特教授的"文学想象和社会研究"等；而这一时期"选本研讨会"的内容则集中在知识社会学以及讨论社会的和符号的交互作用、文化分析的客观性及其检验、文化阐释中"价值"所扮演的角色等内容之上。

1967—1968 学年，普通研讨会共举办 23 次，主题主要有杰伊·布吕姆勒（Jay Blumler）的"政治传媒与选举者理性"，斯图亚特·霍尔的"美国'时刻':嬉皮士",罗伯特·埃斯卡皮(Robert Escarpit)教授的"作为传媒的文学"等。而在本学年的头两个学期,"选本研讨会"则由来访的富布莱特访问学者罗尔夫·迈尔松教授主持,主要内容是"大众传播社会学";1969年夏季学期,中心的"选本研讨会"则主要研习"社会学理论和方法"的相关文本。

1968—1969学年,中心召开的普通研讨会共有22次,其中涉及的主题包括:理查德·霍加特教授的"当代文化研究:一种文学和社会的研究方法",彼得·沃伦(Peter Wollen)的"电影研究的符号学方法",勒妮·戈达尔(Renee Goddard)等"作为一种类型的电视系列片"等。同一时期的"文本研讨会"则讨论文化研究中的两个核心问题:其一,文化理论中的"自我"与"角色"之间的冲突;其二,文化形式决定个人行为吗?或者说,对于社会情境中的个人来说,将文化理解为"共同意义的社会建构"是否更好一些?

根据年度报告的记述,"由于很多中心成员必须负担自己的学习、研究费用,这就使得中心的大多数集体活动安排在了周一和周二进行,以便中心成员能在其他时间兼职教学。直到1969年,中心的基本工作模式是:周一早上是理论研讨会;周一下午是经验分析会;周二下午则是开放的中心研讨会。这种基本模式到现在有了一些调整"①。从1969—1970学年,中心对以往的工作模式做出一些调整,即把以往松散的周一研讨会("选本研讨会"和"工作研讨会")进行了整合,周一上午的研讨会花了两个学期研习结构主义的重要文本,在最后一个学期则是评估文化研究的现状及其发展,该成果发表在《中心工作报告》(Working Papers in Cultural Studies)第一期上。周一下午的研讨会在第一个学期里结合大学电影协会的"西部片放映季"组织中心成员观看、分析西部片,并在第二个学期和第三个学期分析不同载体中的西部片并对大众媒介产业中存在的问题、美国社会和神话、"类型"概念、观众的接受情况进行了讨论。周一下午的"经验分析研讨会"不再是整个研讨会成员一起进行分析,而是分成了4—5人小组进行讨论,虽然这

---

① Centre for Contemporary Cultural Studies, *Centre for Contemporary Cultural Studies Sixth Report* (Birmingham: University of Birmingham, 1971), p. 10.

样的安排更为灵活也比较好调整，但是也带来了一些新的问题。周二研讨会未作大的变动，本学年共举办 19 次，主题分别是菲利普·埃利奥特（Philip Elliot）和格雷厄姆·默多克（Graham Murdock）所作的"越战游行示威的处理"、萨姆·罗迪（Sam Rohdie）所作的"作为一种神话的西部片"以及莱斯利·斯特拉塔（Leslie Stratta）所作的"教室中的语言和传播"等报告。

在 1969—1970 学年，周一研讨会的调整，即理论与实践相结合的一次实验，暴露出中心在理论和方法上的一些问题，也促使中心开始审视文化研究视角的实验性特征和脆弱的特点。1970—1971 学年，中心继续对周一研讨会进行调整，将上午和下午的研讨会都用来阅读、分析文化研究核心文本以便发展出一种新的理解社会的方法。重要文本包括雷蒙德·威廉斯的《漫长的革命》《文化与社会》，理查德·霍加特教授的《识字的用途》，马克斯·韦伯的《社会科学方法论》《新教伦理与资本主义精神》，彼得·伯格的《现实的社会建构》，让·保罗·萨特的《圣热奈》《方法问题》，吕西安·戈德曼的《隐蔽的上帝》，赫伯特·马尔库塞的《单向度的人》《爱欲与文明》，爱德华·汤普森的《英国工人阶级的形成》，彼得·沃伦的《电影研究的符号学方法》，克洛德·列维-施特劳斯的《忧郁的热带》《野性的思维》等。

在 1971—1972 学年，中心的星期一研讨会开始对一种相对连贯的研究经济、社会和政治结构的理论进行探讨，其中包括对意识形态和文化的分析。中心的选择是之前未做过分析的马克思主义。中心计划对《德意志意识形态》《1844 年经济学哲学手稿》《工资、价格和利润》用 9 周，也就是每本书 3 周的时间进行讨论和学习。与此同时，中心出现了一些研究小组，其中包括工作和休闲、亚文化、文学以及大众媒介等。每个小组安排自己的阅读计划，在第一个学期里，媒介小组的阅读列表如下：斯图亚特·霍尔的"异常、媒介和政治"（Deviance，Media and Politics）、乔克·扬（Jock Young）的"大众媒介、毒品和异常"、汉斯·马格努斯·恩岑斯伯格（Hans Magnus Enzensberger）的《意识工业》、格雷厄姆·默多克（Graham Murdock）等人的《示威游行与传播》。同年度普通研究生研讨会共召开 12 次，主要议题有戴夫·珀曼（Dave Perman）的"阿尔都塞"、斯图亚特·霍尔的"阶级意识和意识形态：阿尔都塞和葛兰西"和"新闻中的图片应用"，等等。

在1972—1974两个学年里，普通研讨会的次数大幅下降，两年分别举办6次和4次，余下的时间供"工作进度研讨会"使用，可以想见，经过一段时间的理论储备之后，中心的研究工作进入了一个成果迭出的阶段。普通研讨会的主题主要有戴维·霍普金斯（David Hopkins）的"另类媒介：某些问题"、雷蒙德·威廉斯的"超越文学"等。1972—1974年这段时间里，中心的周一研讨会形式又回到了1969年以前的模式，即周一上午是"理论研讨会"，下午则是"工作研讨会"。1972—1973学年的周一"理论研讨会"主要关注文化与社会结构之间的关系，特别是"经济基础/上层建筑"隐喻。而1973—1974学年的周一"理论研讨会"则成为中心各小组成果的一个发布会，其主要目的有二：一是为了使特定小组的成果能为中心成员所熟知；二是使特定领域的研究能和更一般的理论问题产生关联和发生整合。再就是从1972—1973学年开始，增加了一个小组的不定期研讨会的形式，其具体的形式和时间由小组成员自行安排。

在1974—1975学年里，前两个学期的普通理论研讨会被用来进行课程硕士招收前的准备工作，分别由斯图亚特·霍尔和理查德·约翰逊（Richard Johnson）各做了10个单元的关于"文化理论"和"英语的独特性、合作、霸权：1880—1935，英国"的讲座；最后一个学期则被用来做小组工作的陈述。而本学年由于小组模式运转良好且富有成效，所以研究小组增加到了7个。从这个学年开始，小组研讨会成为中心工作的重心，完全取代周一的"理论研讨会"和"工作研讨会"。本年度"媒介小组"的主要工作是发展出了中心独特的"大众传播的研究方法和研究模式"，以大选新闻和电视节目作为关键考察点。

在1975—1976学年里，普通研讨会主要对马克思的研究方法进行了阅读和讨论，其主要文本为《哲学的贫困》《〈政治经济学批判〉导言》《资本论》的前言和后记等。本学年共有研究小组9个，其中媒介研究小组则继前一学年研究"广角镜"节目以后，开始对"全国"——一档"民粹主义"电视节目进行深入研究。阅读材料则主要包括《文化研究工作报告》第三期，中心油印刊物第4、5、8、11期，罗兰·巴特（Roland Barthes）《符号学原理》，皮埃尔·布尔迪厄（Pierre Bourdieu）

"文化再生产和社会再生产"，瓦伦汀·尼古拉耶维奇·沃洛西诺夫（Valentin Nikolaevich Voloshinov）《马克思主义与语言哲学》等。

在 1977—1978 学年，传统的普通研讨会由课程硕士的课程所取代。本年度共有 8 个小组，其中媒介小组的研究重心从"时政节目"转向"流行小说"和"电视系列剧"，已经开始对《加冕街》的主题和话语结构进行分析。与此同时，与"银幕"理论有关的、关于电视中的意识形态和话语的论争仍在继续，随后提交了一份小组报告。

从中心的年度报告中我们可以看到，由于霍加特的思想在一段时期之后已经有落伍之嫌，学生对之的意见比较大，他在中心的地位也受到了挑战，而且从 1967 年开始，他在中心的教学科研活动也不再是其工作的重心。1968 年霍尔担任中心副主任，开始全面负责中心的教学和科研活动，霍加特则开始频繁地往来于伯明翰和巴黎之间，开始了其在联合国教科文组织的管理工作，且于 1971 年正式离开中心，前往联合国工作。同年，霍尔被任命为中心的执行主任。从中心创立到 1968 年是霍加特在中心全面主持工作的一段时间，可是，由于社会的飞速变化以及相关理论的不断更新，霍加特的那种"后利维斯主义"的文化研究模式已经很难适应中心的发展需要，从 1968 年开始，中心在霍尔的带领之下，开始深入研究、译介、学习欧陆的结构主义理论（当然，并不止于此），从而开创了一个新的研究阶段。从以上的介绍和研习的内容中，我们可以看到：（1）中心的理论视野十分广阔，这其中既包括上自利维斯、霍加特、威廉斯、汤普森等"文化主义"的论著，也包括韦伯、涂尔干等人的社会学著作，同时还有罗兰·巴特、列维—施特劳斯、路易斯·阿尔都塞等人的符号学、结构主义著作，同时也包括彼得·沃伦、安德烈·巴赞等人的电影学研究成果等；（2）对当代的社会与文化问题投入了多方面的关注，并将知识研究与批评介入很好地结合在一起，在学院的区域内开辟了一个"第三空间"；（3）媒介研究已经被大规模地纳入整个工作计划中，比如说，早期对广播、报纸的研究，中期对电影、图片新闻的研究以及后期对电视的研究，等等。

伯明翰大学当代文化研究中心的这种集体工作模式，可以说是开古今学术研究之先河，在此之前，学术界几无集体研究模式，所见大多为个人研究或几个人合作对某一专题进行研究。这种模式的创制和中心创始人理查德·霍加特和斯图亚特·霍尔的成人教育背景是分不开的。霍加特在 1946—1959 年，一直在赫尔大学校外部从事成人教育工作并且一直和"奖学金男孩"项目保持密切联系。而霍尔则于 1961—1964 年在伦敦大学切尔西学院从事继续教育工作。[①] 像中心这样大规模地进行集体讨论、集体分析、集体研究并进而结出丰硕的集体成果的模式十分罕见。中心学生夏洛特·布伦斯顿说过："这是一个在伯明翰大学当代文化研究中心学习的女性都承认的事实，那就是，在 20 世纪 70 年代，没有女性学生完成博士学业。"[②] 这确实是集体研究模式的一个缺憾，即集体研究的工作模式限制了个人的发展和个性的成长，但是，这毕竟是这种集体工作模式的一个侧面。实际上，我们知道，中心正是在这种集体工作模式的推动下，创新了一种新的跨学科研究方法、开发出一种新的文化研究视野、培育出文化研究火热的激情和强大的生命力，从而使得文化研究受到学界的广泛关注并进而使得文化研究在全世界范围内播散，结出了丰硕的研究成果。同样，这种模式对中国学界也产生了一定的影响，就像黄卓越教授所说的那样："从某种意义上看，作为一种新的尝试，霍尔在伯明翰当代文化研究中心（CCCS）所组建起来的集体共生的教学与研究模式几乎是无法复制的，然而这一学院政治的理念与实验方式却随着 CCCS 影响的扩散而启发了一代包括中国学者在内的知识分子，在一定范围内改造了知识生产的方式，激活了大学面向当代社会的介入与批判活力。"[③] 以上是对中心集体工作模式的一个简单介绍，下面是对中心媒介研究发展的概述。

二　中心媒介研究发展的三个阶段（1964—1979）

中心媒介研究的发展，从初期对传统的承继和修炼内功，到中期对欧陆理论的吸收和应用，再到后期对理论的反思以及对各种思想理论的综合应用；基于此，大致可以将中心媒介研究的发展分为三个阶段，即文化主义阶段（1964—1968）；结构主义与意识形态研究阶段（1968—

①　James Procter, *Stuart Hall* (London: Routledge, 2004), p. 6.

②　Charlotte Brunsdon, "A Thief in the Night: Stories of Feminism in the 1970s at CCCS," *Stuart Hall: Critical Dialogues in Cultural Studies* (London: Routledge, 1996), p. 275.

③　黄卓越：《向霍尔致敬——也为斯图亚特·霍尔八十寿辰贺》，《读书》2012 年第 11 期，第 110—119 页。

1973）；葛兰西及多种理论的运用阶段（1973—1979）。值得注意的是，在这三个阶段中媒介研究的理论建构与媒介研究的实例探讨是同时进行、互相促进的。

（一）文化主义阶段（1964—1968）

在中心的初期发展阶段，从中心的年度报告以及相关参考资料里可知，这一时期的中心工作主要还是侧重在理论基础的构建之上，并以博采众家之长为主。就目前所掌握的资料来看，1964 年 7 月 3 日，理查德·霍加特和斯图亚特·霍尔发表在《观众》（Spectator）第 7097 期上的《反对商业化：我们能和 BBC 一起做些什么?》（Against Commercials：What Shall We Do with the BBC?），是中心媒介研究的开山之作。该文沿着霍加特、霍尔对大众媒介的持续关注，探讨了广播商业化对英国社会、文化、媒介可能带来的影响。霍加特、霍尔对当地电台的商业化并不认可，他们认为，如果沿着 M1 高速公路，从一个郡到另一个郡，如果听到的都是大同小异的商业化广播，那将是非常无趣的；而如果当你到了纽卡斯尔，听到的是纽卡斯尔电台，到了布里斯托尔，听到的是布里斯托尔电台，而且这些电台广播听起来充满激情而且客观、多样化，那将会是一件非常美好的事情。霍加特、霍尔最后也寄语那些大企业家们，如果他们真想成为当地生活和文化的守护者，那么当地电台的非商业化是他们最好的选择。① 作为后续，1965 年初，中心邀请英国广播公司（BBC）的几位高级官员以及两位教育专家一起参加了中心举办的为期一天的关于"本地广播的发展"（Possibilities of Local Sound Broadcasting）的会议，会议报告未公开发行。同年 1 月 29 日，霍尔在《伯明翰邮报》（Birmingham Post）上发表了一篇《大众文化的意义》（The Meaning of Mass Culture）的书评。从中可以看到中心对大众文化的态度，即中心并不是采取利维斯集团的那种精英主义立场，对之嫌恶、排斥、逃避，而是希望能够"让大众传播和大众娱乐的世界按照自己的方式运行"，当然，充分的理解和辨识力的培养也被看作是很必要的。②

---

① Richard Hoggart, Stuart Hall, "Against Commercials：What Shall We Do with the BBC?" Spectator, 7097, 3 July, 1964, p. 11.

② Stuart Hall, "The Meaning of Mass Culture," Birmingham Post, 29 January, 1965.

伯明翰学派前期媒介研究(1964—1979)

中心成立之初，来自大学体系之外的赞助对于维持中心的正常运作非常重要。这里面最重要的当然是来自企鹅出版社的资助（1964—1976）①，从而使得中心能够在伯明翰大学独立运作多年而不受大学体制的约束。中心在1974年被正式接纳进入伯明翰大学的体制之内，从而在财政上不再那么局促，但是，随之而来的则是来自于校方对研究项目的监督和限制。在这些来自校外的赞助当中还有一些小笔的赞助，比如说古尔本基安基金（Gulbenkian Foundation）为期一年的研究项目"电视提供商及大众之间的关系"（The Relations Between the Television Providers and the Public）提供了赞助。该项目由中心外聘研究员雷切尔·鲍威尔（Rachel Powell）负责，主要目标是考察观众能如何有效地影响媒介的使用以及在电视领域中公众意见的有效表达。从这里面已经可以看到后来中心引以为傲的"受众研究"的影子，当然，该项目的侧重点还是为电视提供商提供观众的意见反馈，有些类似于美国媒介研究中的"效果研究"。可惜的是，笔者未能在伯明翰大学图书馆中觅得此项目材料的相关踪迹，最终研究结果究竟是何种面向也就不得而知了。

中心成立初期的另外一个为期3年的媒介研究项目则是由"约瑟夫·朗特里纪念信托基金"（Joseph Rowntree Memorial Trust）资助的，项目名称为"报纸及其偏向"（Press and Attitudes），研究的是新闻在反映、调和、形成观众的态度方面所起的作用。这个项目试图测试这样一种假说，即当社会发生急剧变化的时候，新闻往往会扮演一个至关重要的"社会教育者"的角色。在此之前，几乎没有针对相关出版物的影响力所作的详细研究，而且对观众态度如何表达、调和甚至改变也知之甚少。这个项目是中心第一个跨学科的研究项目，从研究方法上说，既有批判分析方法的应用，也包括"效果测量"方法的运用。项目执行人是资深研究员安东尼·史密斯（Anthony Smith），项目开始时间为

---

① 企鹅出版社对中心的资助，第一阶段，从1964年到1971年，共7年时间，每年2400英镑；第二阶段为1971年到1976年，为期5年，赞助金额与第一阶段相同。Centre for Contemporary Cultural Studies, *Centre for Contemporary Cultural Studies Annual Report First Report*, 1964, p. 13. Centre for Contemporary Cultural Studies, *Centre for Contemporary Cultural Studies Annual Report Sixth Report*, 1971, p. 8.

1965 年 11 月，并最终于 1968 年顺利结项，并且于 1975 年经过修订以后以《纸上的声音》(*Paper Voices*) 为名出版发行。

1967 年，理查德·梅比 (Richard Mabey) 编辑的《阶级》(*Class*) 一书收录了霍尔的"阶级与大众媒介"(Class and the Mass Media)。在这篇文章中，霍尔指出，阶级这个概念不是一个物品而是社会关系的组合，而媒介则在以下三个方面与阶级相交：大众传播既是一种商业化的组织模式，也是一种阶级的组织模式；大众媒介的读者和观众；媒介反映与调和阶级概念，阶级是一种媒介话语和策略。霍尔认为，尽管社会已经发生了很大改变，但是在媒介对待阶级的态度方面，却实在没有太多的变化，只是"从一套简化系统转到另外一套简化系统"罢了，[1] 由此也显示出中心在这一方面试图另辟蹊径的思想痕迹。

在 1967 年 4 月英国社会学协会 (British Sociology Association，BSA) 的年度会议上，斯图亚特·霍尔提交了一篇名为"休闲，娱乐及大众传播"(Leisure，Entertainment and Mass Communication) 的论文。在这篇文章中，霍尔勾勒出大众传播与"休闲文化"(culture of leisure) 的关系，希望能唤起大家对媒介影响力的关注，不仅是在休闲形式上，而且还体现在休闲模式、休闲环境以及休闲价值等方面，而霍尔最终的关注点则落在了媒介与休闲是如何相互作用、相互影响这个面向上的。[2] 这篇文章开启了中心对休闲文化、轻娱乐 (Light Entertainment) 的关注，后期的作品包括《汤姆·琼斯的意义》《阿兰·威克的奇妙世界》《轻娱乐》《明星》等。

粗略算来，1964—1968 年是理查德·霍加特教授亲自执掌中心运营的一段时期，这一时期的研究工作也都打上了深深的霍加特印记，而不定期论文 (Occasional Papers) 是其中最突出的。从 1965 年第一期的问世到 1968 年停刊，不定期论文总共出版了七期。其中第一期的文章是由后来主持古尔本基安基金项目的瑞秋·鲍威尔 (Rachel Powell) 撰写的《当地电台的可能性》(*Possibilities of Local Radio*)，虽然这并不是为

---

① Stuart Hall, "Class and the Mass Media," *Class: A Symposium* (London: Anthony Blond, 1967), pp. 93-114.

② Stuart Hall, "Leisure, Entertainment and Mass Communications," *Leisure and Society*, Prague, No. 2, 1970, pp. 28-47.

中心撰写的专门性文章，而且，当时瑞秋·鲍威尔也没有进入中心工作，但是在霍加特和霍尔撰写的前言中，还是高度评价了鲍威尔的这篇文章。中心总体上认可其论点，认为其研究深入细致，提供了小型社区内广播应用的想象性图景，而且不像那种不切合实际、松散的商业化考量，其建议是值得认真考虑的。① 这篇文章以及前面述及的中心关于电台的文章，涉及的都是英国广播事业发展中的重要方面。在美国文化及其广播模式席卷全球的时候，英国独立发展出了一套商业和公益结合的传播系统，虽然谈不上完美，但是其价值、理念确实值得目前深陷美国模式的其他国家加以借鉴和思考，而该文中的思考模式和对广播电视系统发展所提出的建设性意见对中心后期的媒介研究产生了不可估量的影响。

1966 年 12 月，中心出版了第二期不定期论文，题目为"两份文化研究工作报告"（*Two Working Papers in Cultural Studies*），同样，该文作者艾伦·沙特尔沃思（Alan Shuttleworth）并不是中心固定成员，但是他在就读伯明翰大学社会学硕士期间和中心保持着紧密的联系，并且对中心文本研讨会以及研究项目的发展提供了很多宝贵的意见。该文由两部分组成，但是按照作者的说法，都可以归入威廉斯所谓"文化与社会论争"（Culture and Society Debate）的大框架里，第一部分是对 F. R. 利维斯文化批评领域相关研究的介绍，第二部分是对马克斯·韦伯"文化科学"方法论及其对中心实践的指导性意义的介绍。文章分析了二者对文化领域的独到贡献，并对中心的研究方法提出了切实可行的建议，其建议已经整合到了中心年度报告第三期中。②

"不定期论文"的第七期是埃德加·莫兰（Edgar Morin）的《大众传播研究新趋势》（*New Trends in the Study of Mass Communication*），这是 1968 年 11 月 9 号到 13 号联合国教科文组织在蒙特利尔召开的关于"当代社会电影、广播、电视中的文化价值"圆桌会议上的一篇论文，也是中心不定期论文中的最后一篇。文章首先对"传播社会

---

① Rachel Powell, *Possibilities of Local Radio* (London: Goodwin Press, 1965), pp. 1-22.

② Alan Shuttleworth, *Two Working Papers in Cultural Studies* (London: Goodwin Press, 1966), pp. 1-47.

学和文化社会学"以及"大众文化和时代精神"做了一些简单的介绍,随后展开了对大众传播研究中的新趋势讨论:"亚伯拉罕·莫尔的'文化社会动力学'""麦克卢汉的传播理论"以及"符号系统(语言学、结构主义、符号学)"。在文章的最后,作者认为,正是通过将大众传播局限在信息之中而且废弃了拉扎斯菲尔德的"谁""为谁",这种结构主义的、符号学的、语言学的思想将大众传播推回到了其自身的轨迹之中,那就是"传播和文化"①。埃德加·莫兰是法国高等研究实践学院(l'Ecole Pratique des Hautes Etudes, EPHE)大众传播研究中心的主任,同时也是电影《夏日纪事》的导演之一。值得一提的是,法国高等研究实践学院是法国结构主义、符号学的大本营,罗兰·巴特、列维—施特劳斯等结构主义、符号学大家都曾在高等研究实践学院工作过。从某种意义上来说,这篇文章承上启下,既宣告了中心"霍加特时代"的终结,也开启了中心媒介研究的"结构主义"时期。

(二)结构主义与意识形态研究阶段(1968—1973)

如上所述,我们知道中心开创了一种集体工作模式,集体的研讨会形式,而到了1967年底,中心研讨会的读本中包括了人类学的结构主义研究方法这样的著作,具体有列维—施特劳斯的《结构人类学》(*Structural Anthropology*)、埃德蒙·利奇(Edmund Leach)的《神话的结构研究与图腾崇拜》(*The Structural Study of Myth and Totemism*)以及格雷戈里·贝特森(Gregory Bateson)的《纳文:围绕一个新几内亚部落的一项仪式所展开的民族志实验》(*Naven: A Survey of the Problems Suggested by a Composite Picture of the Culture of a New Guinea Tribe drawn from Three Points of View*);进而在1968年研究生研讨会上有了关于结构主义的专题讨论,具体包括约翰·辛克莱教授(John Sinclair)的"语言学与文化研究"(Linguistics and Cultural Studies)、彼得·沃伦的"电影研究的符号学方法"(Semiology Approach to the Study of Cinema);而到了1969—1970学年,基于对结构主义尚未进行深入讨论且结构主义

---

① Edgar Morin, *New Trends in the Study of Mass Communication* (Birmingham: Swift Print, 1968), pp. 1-37.

对当代文化分析非常重要这样一个共识，中心专门安排了每学期星期一上午为文本研讨会（Text Seminar），专门钻研结构主义领域中的重要文本，具体包括列维—施特劳斯的《结构人类学》《野性的思维》（*The Savage Mind*），埃德蒙·利奇的《神话的结构研究与图腾崇拜》，罗兰·巴特的《符号学原理》（*Elements of Semiology*）、《图像修辞学》（*Rhetoric of the Image*）以及从《流行体系》（*System de la Mode*）、《神话修辞术》（*Mythologiques*）、《批评文集》（*Essaies Critiques*）等书中翻译的篇章，索绪尔的《通用语言学教程》，彼得·沃伦的《电影符号学》（*Semiology of the Cinema*）、《电影符号学导论》（*Signs and Meaning in the Cinema*）等。中心希望通过对结构主义、符号学相关著作的学习，将之应用到文化分析的实践当中。由此可以看到，这段时期，中心开始有意识地尝试使用一种与"文化主义"范式有很大区别的"结构主义"分析模式来指导中心的文化分析工作。

　　这段时间媒介研究的一个重要面向是中心在1969—1970学年专门组织了针对美国"西部片"的研究和讨论。"西部片是一个现代流行艺术中最有特色的形式之一。作为中心的一个研究主题，它给我们提供了一个焦点和机会去深入审视过去数年来的实践和理论问题。特别是研究'高雅'和'低俗'艺术、'文学和社会'、'文学和历史'、'实践批评对文化阅读'以及两个核心概念，类型和神话。电影西部片也提供了一个机会去研究媒介中的而不是文学中的流行样式，当然，也可能转到电视西方研究，漫画和漫画连载中的西方研究以及广告和流行中的西方主题研究等方面。有相当多的讨论类型的解释性作品，可以让我们能够从多种多样的角度出发去审视文学和电影批评的样本，以及评估阐释者对源于社会学、心理学和神话研究的概念的应用。"[1] 在1969—1970学年的第一个学期里，中心所做的工作是对核心文本的阅读以及对经典西部片的观看，而在第二和第三学期，则是从经验层面审查在不同媒介中的西部片：漫画、流行小说、电视系列片和电影，理论性地探讨大众媒介工业问题、美国历史和神话、类型概念以及观众的反应等。可惜的

---

[1]　Centre for Contemporary Cultural Studies，*Centre for Contemporary Cultural Studies Sixth Report*（Birmingham：University of Birmingham，1971），p. 11.

是，由于某些原因，相关研究成果未能出版，导致中心媒介研究中非常重要的一个面向无法得到呈现，不能不说是非常令人遗憾的。

1970 年 6 月 18 号的《新社会》刊登了霍尔的《同一个世界及其自身》（A World at One with Oneself），探讨的是暴力问题在非印刷媒介中的呈现问题。在对暴力问题做了简要回溯以后，霍尔开始主要探讨了"同一个世界"节目模式在英国的发展，这是一种新闻杂志式的新型节目，自开播以来受到了来自各方的广泛关注。霍尔在文中没有从大家熟悉的术语，比如说"覆盖率"或者"偏见/客观"入手，而是从这种新的节目形式的定义入手，提出了如下问题："如何进行充分报道？""这种报道是客观公正的还是带有偏见的？"并进而对"新闻制作过程的结构"以及"新闻记者的调停者角色"做了简单介绍。那么在节目中那种"不知不觉的偏见"又是如何形成的呢？霍尔从三个角度进行了阐述，即"一致性"（多方的共识达成一致）、"容忍"（偏差较小，可以接受）以及"冲突"（分歧较大，相互角力）。虽然霍尔主要是从编码的角度出发进行相关讨论的，但是我们却可以将之视为后来著名的"编码与解码"理论的雏形。霍尔继续论述道，关于媒介角色最有效的问题既不是卡拉汉的"是媒介导致暴力吗？"也不是韦奇伍德·本所说的"是政治最重要以至于对广播业者来说只有政治了吗？"而是更进一步，"媒介能够帮助我们理解这个真实世界发生的重大事件吗？""媒介是帮助我们澄清事实还是使我们更加迷惑？"霍尔显然认为，媒介的发展远远落后于时代的发展。在新闻和外国时事节目中，深度挖掘是不被允许的，某些新闻从业者甚至还断言："大英公众对外国新闻并不感兴趣。"新闻机构通过构筑前景事件不断满足新闻受众的喜好，这些表面的肤浅的大量事件使得新闻节目看起来毫无生气，但正是这种"新闻流"（flow）填补了媒介中的"意识形态鸿沟"（ideological gap），而且是以一种系统化的扭曲的方式进行的。①

1971 年 2 月 19 日，霍尔在《剑桥评论》上发表了一篇书评《媒介和信息:〈图片邮报〉的生与死》（Media and Message:Life and Death of *Picture Post*），对《图片邮报》从创办到停业的这段时期（1938—1957）

---

① Stuart Hall, "A World at One with Oneself," *New Society*, 6, 1970, pp. 1056-58.

做了一些概要式的回顾，认为虽然《图片邮报》的情感结构从严格意义上来讲既不是社会主义的也不是革命的，但是《图片邮报》运作的这段时期确实可以称之为是一段重要时期，其停业也宣告了社会民主时代的终结。

1971 年 3 月，霍尔在一篇提交给英国社会学协会组织的"社会控制、偏差和不同意见"的会议论文"偏差、政治和媒介"（Deviancy, Politics and the Media）中，认为媒介扮演的角色虽然并不是一成不变的，但是其内在的逻辑结构以及指导原则却是相对稳固的，它们常常带有强烈的预判去处理各类事件，倾向于带着某种推断去组织材料并形成某种论点。[①] 1971 年，中心收获了其学术教育的丰硕成果，两位研究生凭借其对小说和广告的研究获得了博士学位，这两篇博士论文分别是罗杰·金（Roger King）的《流行小说研究：汉克·詹森》（A Study of Popular Fiction：The Novels of Hank Janson）、特雷弗·米勒姆（Trevor Millum）的《广告语言和女性角色》（The Language of Advertising and the Feminine Role）。其中米勒姆的论文后来更名为《女性形象：女性杂志中的广告》（Images of Woman：Advertising in Women's Magazines）于 1975 年出版。本书将会在后面章节里对之做详细介绍，这里不再赘述。

从 1971 年开始，中心以《文化研究工作报告》（Working Papers in Cultural Studies）代替霍加特时期的不定期论文（Occasional Papers）。与不定期论文相比，毫无疑问，《文化研究工作报告》的规模要大得多，中心对它也投入了很多，无论是智识上的还是资金方面的。中心期望《文化研究工作报告》能够成为一个文化研究的学术刊物，定期刊登参考目录、评论文章、尚未公开发行的翻译作品等，使得中心的研究能够为外界所熟知。1971 年春季，《文化研究工作报告》第一期刊印，其中共收入 7 篇文章，包括罗兰·巴特的重要文本译文《形象修辞学》、特雷弗·米勒姆的《非言辞传播参考目录》、保罗·威利斯（Paul Willis）的《什么是新闻》（What is News?）以及理查德·戴尔（Richard Dyer）的《汤姆·琼斯的意义》（The Meaning of Tom Jones）等。其中保罗·威利斯的《什么是新闻》开篇就对所谓"新闻"的自然性提出了质疑，认为

---

① Stuart Hall, 1974, "Deviancy, Politics and the Media," CCCS stenciled paper, No. 11.

新闻传播在经历了传播媒介技术的飞速发展以后，人们似乎已经忘了去追问新闻的筛选是基于什么样的原则进行的？为什么选择某种新闻呈现给受众？为什么呈现给受众的新闻是这种视角？威利斯认为，对这些问题的忽视，或者说，由于这些问题在新闻制作过程中是可以自我消除的，人们倾向于认为，某种具体的新闻就是那种总体的客观的新闻，这些新闻反映着整个客观世界，而如果新闻有偏见的话或者经过某种扭曲的话会很容易被辨识出来。而事实上，只要是新闻，就必然会经过某种价值或原则的筛选，就必然是某种偏见的具体呈现。随后，威利斯对当前新闻研究的发展做了简要介绍，并认为当前的理论框架对诸如"什么是新闻"这样问题的追问远远不够。在对《伯明翰晚间邮报》刊登的伯明翰大学静坐抗议事件的报道进行分析之后，威利斯认为，所谓的新闻都是经过价值选择的产物，新闻中的"世界"并不是真实的世界而是根据一定的价值理念建构出来的，是和制作者的价值理念和谐一致的。但是，由于受到学术素养和环境的影响，威利斯当时对受众的积极性并没有给予充分重视，而且还认为受众并没有机会接触或者去处理新闻事件而只能是被动地接受新闻视角，被动地接受世界图景。[①] 在这一期的《文化研究工作报告》中还值得一提的是，巴特的《形象修辞学》是首次被翻译成英文，它对广告的研究和视觉形象的分析对中心这段时期的研究走向起了很大的推动作用。另外，理查德·戴尔的《汤姆·琼斯的意义》则是对娱乐产业、娱乐明星的研究。

　　第二期《文化研究工作报告》于 1972 年春季出版，在这一期中与媒介有关的是霍尔的《〈图片邮报〉的社会之眼》（Social Eye of The *Picture Post*）。这篇文章是霍尔《〈图片邮报〉的生与死》的扩展版本。与原初版本相比，有了较大的改动，首先是在内容方面大大地丰富了（共计 50 页，而这期工作报告总共 150 页左右，几乎占了三分之一的篇幅）；其次是在对《图片邮报》的分析当中不仅融入了对"文化与社会"的分析，而且还使用了巴特、巴赞、本雅明等人的理论分析方法。全文共分六个部分：第一部分是"《图片邮报》的观看之道"，其中，霍尔援引了巴

---

① Paul Willis, "What is News?" *Working Papers in Cultural Studies* 1 （Nottingham：Partisan Press，1971），pp. 9-36.

特、麦茨、帕索里尼等人对图像的重要性、符号系统等的理论表述，并进而对《图片邮报》的文化重要性进行分析，认为它是对日常生活的记录；第二部分是"历史时刻"，分别记述了"全民战争""全民动员"以及"政治结局"；第三部分为"英国记录形式"，霍尔引用了威廉斯关于"大众文化"的评述，认为"大众文化是两种非常不同的因素的混合，一方面是其对自身独立性的坚守，通常是和政治激进主义、对现有社会体制的抵抗、社会变革运动联系在一起的；另一方面则是对主流社会秩序的改造，发现解脱、满意以及消遣之道"；第四部分是"战争与'英国革命'"，认为战争导致了社会深层的变革，也给《图片邮报》开辟了一个新的言说空间；第五部分和第六部分则分别是"局限"与"结束"。与原初文章一致，霍尔在最后认为，"社会民主时代已经终结"①。

1972年秋季，《文化研究工作报告》出了一期媒介研究专刊，本期共7篇文章，这里面除了来自纽约帝国州立学院的斯图亚特·尤恩（Stuart Ewen）的《查理·曼森及其家庭》（Charlie Manson & Family）和翁贝托·艾柯（Umberto Eco）的《电视信息符号学调查》（Towards A Semiotic Inquiry of Television Message）以外，有三篇来自媒介小组的研讨会及其讨论，分别是斯图亚特·霍尔的《新闻图片的决定性意义》（The Determinations of News Photographs）、瑞秋·鲍威尔的《新闻图片的形式及其变化》（Types and Variations of News Photographs）、布琳·琼斯（Bryn Jones）的《事件的终结：温莎公爵与报纸头版》，另有一篇同样来自媒介小组成员罗莎琳德·布伦特（Rosalind Brunt）的《威克的奇观世界》（The Spectacular World of Whicker），最后则是玛丽娜·德·卡马戈（Marina de Camargo）的《信息的意识形态分析：文献目录》（Ideological Analysis of the Message：A Bibliography）。如果我们把霍尔的《新闻图片的决定性意义》和其前期对《图片邮报》的分析做个比对，可以发现霍尔对符号学的应用已经相当纯熟，而且在霍尔对中心的媒介研究的介绍中，也特意提到了这期专刊以及罗兰·巴特对中心研究工作的深远影

---

① Stuart Hall，"Social Eye of The *Picture Post*，"*Working Papers in Cultural Studies* 2（Nottingham：Russel，1972），pp. 71-120.

响。在这篇文章中，霍尔着力分析以下三个方面：一是新闻图片传播的多层意涵；二是新闻图片在新闻产制过程中所起的作用；三是新闻图片与核心意识形态主题关联的方式。霍尔通过对具体新闻图片的分析，结合巴特的符号学理论以及阿尔都塞的意识形态理论，认为意识形态是通过"自然化""去深度""平面化""去历史维度"以及"神话化"等一系列方式附着在新闻图片之上的。① 布琳·琼斯的文章是对霍尔相关研究的一个例证和补充，与罗莎琳德·布伦特的文章一样，都是个案研究。

正如霍尔在《文化研究：两种范式》中所说，学术研究既无所谓绝对的开端，也无所谓没有中断的连续，② 笔者对中心媒介研究的分期也只是一个大致的、在一定判断条件下做出的决断，但是单就中心媒介研究的发展来看，这段时间中心的研究成果非常丰富，既有报纸、广播、《图片邮报》的研究，也包括中心唯一的一次电影研究，并且初步涉及受众问题，当然，这段时间最为突出的还是符号学、结构主义以及意识形态概念的引入和消化。另外，还值得一提的是，在这段时期里，中心与其他左派思想资源和战略阵地的交流也日渐频繁，除了与莱斯特大学大众传媒研究中心的交流和对话以外，中心与《银幕》的对话和交流也是其中非常重要的一环。从中心发展的脉络来看，1969 年引入巴特的符号学理论，而到了 1972 年，第一份纯正意义上应用符号学理论、意识形态理论进行学术研究的文章才刚刚出现在大众视野当中。但是，我们显然不能想当然地认为一个时期的终结就是一个范式的终结，从中心发展的概况来看，中心在成立之初就大量研读多学科的经典著作，这其中既包括传统的"文化与社会"论争，也包括结构主义人类学的各种经典，其跨学科的品质一以贯之。正如霍尔所言，尽管中心研究背景复杂且多样，但还是有一个主导的范式，那么，如果我们说前期中心的发展脉络是以"文化主义"为主的话，那么到了 1969—1973 年，则是结构主义符号学占据了主导地

---

① Stuart Hall, "The Determinations of News Photographs," *Working Papers in Cultural Studies* 3 (Nottingham: Russel, 1972), pp. 53-88.

② Stuart Hall, "Cultural Studies: Two Paradigm," *Media, Culture & Society* 2 (1), 1980, pp. 57-72.

位，中心借助符号学、语言学、马克思主义结构主义等有力武器，分析报刊、电影电视，并使之去魅，还原其真实面目。但是，突然有一天，就像霍尔在接受一次访谈中所说的那样，就在中心兴致勃勃地在结构主义的道路上欢快奔跑的时候，却突然被葛兰西绊了一下，于是，就停了下来。①

三 转向葛兰西及多种理论的运用阶段（1973—1979）

这段时期是中心媒介研究蓬勃发展也是研究成果最丰盛，新理论、新范式吸收、消化、产出的一个新阶段。这段时期除了《文化研究工作报告》继续发行以外，前期的一些科研成果也开始正式出版，而且在1974—1975学年，中心开始将大量学术研究成果以"油印不定期论文"（Stencilled Occasional Paper）的形式发行，这样一来，中心的研究成果就不再受正式出版的限制，中心的出版形式也就更加丰富和多样，由此我们也能更加清晰地直接面向中心研究的原始素材，能更加直观地了解中心发展的动态。从1978年开始，中心与哈钦森出版社合作，开始出版CCCS系列图书，这其中包括著名的《女人有话说》（*Women Take Issue*）、《论意识形态》（*On Ideology*）、《通过仪式进行抵抗》（*Resistance Through Rituals*）等。② 其他重要的研究成果还包括斯图亚特·霍尔、约翰·克拉克（John Clark）、查尔斯·克里彻（Charles Critcher）等人编著的《监控危机："抢劫"，国家以及法律与秩序》（*Policing the Crisis*："*Mugging*"，*State and Law and Order*），同时还出现了一批著作及论文。

1973年11月，霍尔在莱斯特大学大众传播研究中心（Centre for Mass Communication Research）组织的关于"电视语言批判阅读训练"（Training in the Critical Reading of Television Language）的会议上提交了一篇论文，题目为"电视话语中的编码与解码"（Encoding and Deco-

---

① Stuart Hall, "The Toad in the Garden: Thatcherism among the Theorists," in Cary Nelson and Lawrence Grossberg eds., *Marxism and the Interpretation of Culture* (Urbana and Chicago: University of Illinois Press, 1988), p. 69.

② 这里需要说明的是，《通过仪式进行抵抗》即是《文化研究工作报告》第7/8期合集（WPCS 7/8）的哈钦森版本，《论意识形态》是《文化研究工作报告》第10期（WPCS 10）里的文章，《女人有话说》是《文化研究工作报告》第11期（WPCS 11）里的文章。

ding in the Television Discourse）。在这份后来引领中心媒介分析、受众研究的重要文献中，霍尔创造性地应用马克思政治经济学理论来描述电视话语的循环以及再生产过程，并且反驳了法兰克福学派关于受众的被动观念，提出积极受众论的理念。在这篇文章中，霍尔交替使用符号学、意识形态以及文化霸权理论，当然，他在文章开头也提到了文化分析的重要性，可以说，这篇文章是中心媒介研究的集大成之作，他提出的理论构想至今仍对解释当代文化现象很有帮助。

1973 年底，理查德·霍加特正式去职，继续其在联合国教科文组织的工作（1970—1975）。在经过伯明翰大学严苛的学术评估之后，霍尔被认为有能力接替霍加特的主任职务并带领中心继续保持良好的运行状态。当查看中心的学术轨迹的时候，我们会发现其研究成果随着中心核心成员的移动而发生着改变，在霍加特任职联合国教科文组织的这段时期里，中心经常参加联合国教科文组织的一些会议并承担一些项目，这其中既有对流行音乐的研究（保罗·威利斯对伯明翰一群青年人生活样式和文化中流行音乐角色的研究），也有关于"种族和当地新闻"的研究；还包括"英国电视中文化节目的创新与衰败"（Innovation and Decline in Cultural Programming on British Television）。后者本是 1971 年 11 月霍尔提交给联合国教科文组织的，但是由于其并未公开发行，中心在 1975 年 7 月以油印论文的形式刊出了其中的第四部分——"作为媒介的电视及其与文化的关系"（Television as a Medium and Its Relation to Culture）。整个报告分为四个部分，第一部分是对现有覆盖形式的调查，第二部分是对文化节目传送形式特征的界定，第三部分阐述了社会和机构背景，而第四部分就是油印论文第 34 期（Stencilled Occasional Paper 34），是对电视话语特质的阐释。在这篇霍尔较早的文章中，霍尔所使用的理论资源（麦克卢汉、萨特、本雅明）虽然与之后所使用的理论有较大区别，但是其关注的核心点并没有发生太多的变化。而且，比对霍尔本人的"编码与解码"和"事件的'结构性传播'"（The 'Structured Communication' of Events）、戴维·莫利（David Morley）的《工业冲突和大众媒介》（Industrial Conflict and The Mass Media）、《重新概念化媒介观众：迈向观众人类学》（Reconceptualising the Media Audience：Towards An Ethnography of Audiences）以及罗伊·彼得斯的《电视中的体育报道》（Television Coverage of Sport），虽然他们的具体关注点有所不同，但是他们对文化、社会、文化与社会之间关系的关注却贯穿始终。

《文化研究工作报告》的源起和核心内容都和中心的"亚小组系统"（the system of sub-groups）密切相关，从1971年开始中心成立了一批结构松散的研究小组，采用中心前期的研讨会模式，根据相关主题进行学习和讨论，最后形成一个类似于工作报告的论文。1976年春季出版的《文化研究工作报告》第九期，就是1974—1975学年各小组工作报告的一个汇总，其中媒介小组提交的报告是"电视时事节目的'团结'"（The 'Unity' of Current Affairs Television）。这篇由斯图亚特·霍尔、伊恩·康奈尔（Ian Connell）、利迪亚·柯蒂（Lidia Curti）撰写的文章，对电视时事节目研究的三种流行话语（共谋、置换、自由放任）进行了挑战。作者认为，这三种理论过于简单，并没有解释清楚电视时事节目中的复杂性，而且电视时事节目并不只提供一种话语供观众解读，与之相反，时事节目为观众提供了一整套话语，只不过其中某些话语具有优先级而已。另外，电视和国家的关系并不是那种简单的自主或依靠的关系，而是既自主又依靠的，换句话说，电视制作是"相对自主性的"（relatively autonomous）。[1] 我们需要注意的是，中心的媒介研究并不是"媒介小组"的研究，事实是，一方面，媒介小组在媒介研究中起到了核心的作用，但另一方面，其他小组也参与媒介研究，比如说女性研究小组、亚文化研究小组等，这表明媒介研究其实也是中心较为普遍关注的一个问题，但却不限于媒介小组。

1979年也许是中心成立以来最辉煌的时期，这时，在中心注册的学生共计78名，其中既包括全日制的学生也有非全日制的学生，既包括博士和硕士，也包括论文硕士和授课硕士，同时还有一部分是完成注册挂靠在中心的学生。与此同时，中心与学术界的各种交流也非常频繁，仅1978—1979学年，就有大大小小的会议22次。中心的学术研究

---

① Stuart Hall, Ian Connell and Lidia Curti, "The 'Unity' of Current Affairs Television," *Working Papers in Cultural Studies* 9（Nottingham: Russell, 1976）, pp. 51-94.

到这个阶段（1973—1979）也达到了新的高度，创新的集体工作模式的成效在这段时期里得到了充分显现。在这个阶段，中心共出版图书 9 种，不定期论文 10 期，工作论文 10 期，油印刊物 55 册，中心的发展可以说是空前繁荣。具体到媒介研究层面，一方面，中心对来自欧陆以及美国的各种理论的充分吸收和应用，逐步走出了前一阶段对结构主义过度依赖的发展模式，转而吸收各家之长，尤其是在意识形态研究领域，充分吸收和应用葛兰西的霸权理论、国家理论以及有机知识分子理念；另一方面，中心的受众研究、性别研究逐步展开和发展起来，为今后相关研究的传播和进一步提升打下了坚实的基础，同时也带动了英国媒介研究以及国际媒介研究的复兴。但是，也许是受到新的学术思潮的冲击（既来自内部也来自外部），也许是不堪忍受来自中心运营的巨大压力，也许是为了顺应中心发展的需要，斯图亚特·霍尔，中心创立和创新的关键人物，却选择在这个时候离开中心，前往开放大学（Open University）接受社会学教授一职。霍尔的离开，标志着一个时代的结束，标志着中心前期媒介研究的结束，一个时代在这一年画上了一个句号，但这并不是中心媒介研究的句号，更不是文化研究中媒介研究的句号，我们也不应该将霍尔的离开看作是中心媒介研究发展必然停滞的一个标记，事实上，霍尔离开后的中心媒介研究依然在按其必然的逻辑向前推进，取得了举世瞩目的成就。而霍尔的策略性外移，也几乎与文化研究向全英其他高校的扩散同时发生，以致使 CCCS 的媒介研究泛化至更为广泛的区域，为更多的学术研究机构所了解、熟悉、接纳与推行。

第三节　国内外研究综述

一　国外相关研究综述

国外关于中心媒介研究的资料主要有以下几类。

（一）文化研究导论以及教科书

国内引进、翻译的《文化研究导论》（*Introducing Cultural Studies*），是由英国索尔福德大学的一批学者编著的教科书，书中除了对"编码/解码"的介绍以及偶尔提到的《"全国观众"研究》《监控危机》以外，很难觅得对中心早期媒介研究的相关叙述。在 2008 年出版的该书第二版中，甚至删除了关于"编码/解码"的段落。[①] 西蒙·杜林（Simon During）的《文化研究：批判性导论》（*Cultural Studies：An Critical Introduction*）专门用了一章的篇幅介绍中心关于电视研究的情况，它在电视研究的把握上是比较准确的。确实，几乎与中心成立同时，英国的电视广播事业开始飞速发展，电视节目成为人们主要的娱乐和休闲模式。与此同时，中心也逐渐将研究的中心放在电视上面，但遗憾的是，在杜林的这本书里面，我们看不到中心除了"编码/解码"以及"受众研究"以外的其他研究成果，女性媒介研究也只占据了不多的篇幅，且多为中心后期的媒介研究成果。[②] 还有各种其他版本的"文化研究导论"，由于涉及中心早期媒介研究的内容不多或是偶有提及，相关内容在书中所占比例较低，所以在这里就不多介绍了。

另外一本在国内早有译本的是英国桑德兰大学约翰·斯道雷（John Storey）所著的《文化理论与通俗文化导论》（*Cultural Theory and Popular Culture：An Introduction*）。这本书对中心的起源以及后续的发展介绍得较为细致、准确，但是在中心早期媒介研究方面，却几乎未置一词，着墨较多的女性媒介研究也多属后期媒介研究发展的成果，比如说，洪美恩（Ien Ang）的《观看达拉斯》（*Watching Dallas*）、美国学者贾尼斯·拉德威（Janice Radway）的《阅读罗曼司》（*Reading the Romance*）、中心研究生贾尼斯·温希普（Janice Winship）在20世纪80年代出版的《妇女杂志探幽》（*Inside Women's Magazines*）等。[③] 在各种导论类的书籍中，特纳的《英国文化研究导论》（*British Cultural Studies：An Introduction*）是最贴近中心媒介研究的书籍，他在书中较为详细地论述了霍尔的"编码/解码"理论以及莫利、布朗斯顿（Charlotte Brunsdon）、霍布森（Dorothy Hobson）等人的受众研究成果，但可惜的是，在"政治与意识形态"单元，他未能深入中心媒介研究的实际，比如对中心在新闻制作、媒介与国家之间的"团结"、媒介的意义体系等方面所作的探

---

① Brian Longhurst, Greg Smith, Gaynor Bagnall, Garry Crawford and Elaine Baldwin, *Introducing Cultural Studies* (Second Edition, Essex：Pearson, 2008).

② Simon During, *Cultural Studies：A Critical Introduction* (Oxon：Psychology Press, 2005).

③ John Storey, *Cultural Theory and Popular Culture：An Introduction*, Fifth Edition (London：Pearson, 2008).

索均阙如，虽然该书论及了中心女性主义的崛起，但是却将其注意力主要投放在了《女人有话说》和《远离中心》这两本书中，几乎未能涉及中心早期的女性媒介研究，应该是比较遗憾的。[①]　而在克里斯·巴克（Chris Barker）较具影响力的《文化研究：理论与实践》（*Cultural Studies：Theory and Practice*）当中，作者在开篇即表明本书的重心在语言层面，以致我们看到其对中心媒介研究的介绍只列入"编码/解码"以及受众研究也就不足为奇了。[②]

（二）媒介研究类书籍

在《媒介研究：文本、机构和受众》（*Media Studies：Texts，Institutions and Audiences*）一书中，作者虽然是以文本、机构、受众三者为题，但是对中心媒介研究的分析确实仅着眼于"受众"。该书具体分析了"编码/解码"、《"全国观众"受众》以及遭到大家忽视的霍布森的《家庭妇女与大众媒介》，但是他对中心媒介研究的其他面向的忽视仍然是其主要问题之一。[③]《媒介与受众》（*Media and Audiences*）一书同样是在对"编码/解码"进行分析的基础上简要涉及了中心的受众研究，而且论述也稍嫌薄弱。[④]　以"媒介研究"为名的书籍较多，但涉及中心前期媒介研究的却很少且大多只提到了中心前期受众研究的相关内容且论述篇幅有限。

尼克·史蒂文森（Nick Stevenson）的《理解媒介文化》（*Understanding Media Cultures：Social Theory and Mass Communication*）从马克思主义与大众传播的角度分析了斯图亚特·霍尔在媒介研究方面的特质和缺憾。作者认为，霍尔对文本、符号、意识形态的重视同时也是其研究的短板之所在，并指出，尽管他意识到了要将媒介研究的诸多方面做一整合，但却似乎有心无力，使之成了悬而未决的待完成的事业。另外，作者还论述了在"编码/解码"基础上展开的中心受众研究的发展，与

---

① Graeme Turner, *British Cultural Studies：An Introduction*, Third Edition（London：Routledge，2005）.

② Chris Barker, *Cultural Studies：Theory and Practice*（London：Sage，2000）.

③ Lisa Taylor, Andrew Willis, *Media Studies：Texts，Institutions and Audiences*（Oxford：Blackwell Rage，2000）.

④ Karen Ross, Virginia Nightingale, *Media and Audiences*（Maidenhead：Open University Press，2003）.

"积极受众"理论相比，作者似乎更愿意采纳特里·伊格尔顿（Terry Eagleton）的观点，即电视"与其说是一种意识形态方面的机器，倒不如说其是社会控制的一种手段"①。

荷兰学者凡·祖伦（Van Zoonen）所著的《女性主义媒介研究》（Feminist Media Studies）注意到了"文化研究"对女性主义媒介研究所带来的深刻影响力，并且以霍尔的"编码/解码"理论作为其观照女性主义媒介研究发展的框架。具体到中心前期的媒介研究，该书论述了麦克罗比对女性杂志《杰姬》的分析，以及中心莫利、布朗斯顿以及霍布森等人的受众研究成果。②

（三）电视研究专题

尼古拉斯·阿伯克龙比（Nicholas Abercrombie）的《电视与社会》（Television and Society）重点分析了电视中的文本、电视制作以及电视观众，其中在受众部分则重点介绍了《十字路口》，并述及《"全国观众"受众》以及《家庭电视》等文本。③ 在《电视：媒介学生指南》（Television：A Media Student's Guide）中，作者较详细地论述了《十字路口》在女性研究以及人类学研究方面所做出的贡献，另外，对霍尔的"编码/解码"及其"意识形态"媒介分析也有所涉及。④ 而在约翰·塔洛克（John Tulloch）的《观看电视受众：文化理论与方法》（Watching Television Audiences：Cultural Theories and Methods）一书中，作者并未落入对中心受众研究的泛泛介绍的俗套之中，而是重点选取了莫利的《〈全国观众〉受众》作为研究文本，在充分肯定莫利对受众研究所做出的卓越贡献的同时，也对理论研究方法提出了质疑，指出其或出于理想，或出于猎奇的目的而刻意选择调查数据的可能。⑤ 饱含赞誉以及饱受争议的《电视文化》（Television Culture）一书，从"主体"（subject）的角度切入，探讨中心与《银幕》理论之间的理论对话，认为中心的受众研究是对《银幕》

---

① Nick Stevenson, *Understanding Media Cultures：Social Theory and Mass Communication*, 2nd Edition（London：Sage, 2002）.

② Liesbet van Zoonen, *Feminist Media Studies*（London：Sage, 1994）.

③ Nicholas Abercrombie, *Television and Society*（London：Wiley, 1996）.

④ David McQueen, *Television：A Media Student's Guide*（London：Arnold, 1998）.

⑤ John Tulloch, *Watching Television Audiences：Cultural Theories and Methods*（London：Arnold, 2000）.

理论忽视主体能动性的一个矫正。在对莫利的《"全国观众"受众》以及霍布森的分析基础之上，该书对特里·洛弗尔（Terry Lovell）的《加冕街》的分析也填补了相关研究的一个空白，可惜的是相关论述不够细致。①

（四）期刊论文

中心媒介研究的出现，对西方，尤其是以美国为代表的实证主义、行政主义媒介研究带来了极大的冲击。1983年，学界著名期刊《传播期刊》（*Journal of Communication*）专门开辟专刊"领域中的喧嚣"（Ferment in the Field）讨论以中心媒介研究为代表的"批判性媒介研究"。该刊共收录论文35篇，其中威尔伯·施拉姆（Wilbur Schramm）以贝雷尔森在1959年的宣言为例，高度赞誉了批判媒介研究的崛起，并不是一个现存领域的扩展，而是一个新的学科的出现；伊莱休·卡兹（Elihu Katz）提到了人文与社会学的回归，以及对符号学和社会学的注入，使得媒介研究在方法、概念、理论等方面都取得了很大的进步；在威廉姆·梅洛迪（William Melody）的论文中，作者盛赞批判性媒介研究在政治、经济方面所投入的关注，并认为在美国学界再没有可供避风（躲避政治、权利议题）的港湾，等等。这一专辑对批判性研究的关注是多方面的，也是富有成效的，但是在美国学者惊呼狼来了、一个新的范式产生了的时候，该专辑带来的同样是来自英国本土的媒介研究学者，虽然并没有中心媒介研究学者的出现，但是也可以明显分辨出英美媒介研究所关注面向的不同。詹姆斯·哈洛兰（James Holloran）认为："没有必要为大众传播研究中出现的'多角度折衷主义'感到遗憾；实际上，我们应该大力提倡折衷主义而不是为之找什么借口。"而尼古拉斯·加纳姆（Nicholas Garnham）则认为："为了避免在具体分析中陷入无社会和无历史的理论陷阱之中并进而导致唯心主义，媒介研究必须'重新建立其与社会学大陆，特别是历史唯物主义之间的联系。'"②

这里需要说明的是，由于本书是以伯明翰学派的媒介研究（1964—1979）为研究对象，上述的评述均是以一个机构（CCCS）、一

① John Fiske, *Television Culture* (London: Routledge, 2002).

② "Ferment in the Field," *Journal of Communication*, Volume 33, Issue 3, 1983, pp. 4-362.

个时期（1964—1979）的视角来观照上述研究成果的，从这个角度来说，其研究可能稍嫌不足。事实上，上述研究成果也只是角度不同，即并未将重点落在中心前期媒介研究之上，实际上，这些研究是各有特色、各有贡献的。只是就本书所涉的主题而言，它们并未将之作为重心，所以才会有这些问题。国内的相关研究成果也是如此，就不再一一说明了。

二 国内相关研究综述

国内对于相关研究成果的翻译性介绍最早可见于北京理工大学出版社 1989 年出版的《越轨青年文化比较》。该书主要"探讨了西方越轨青年的文化、亚文化以及青少年犯罪等问题。……书中对西方越轨青年群体，如崩克、嬉皮士、秃头、无赖、青年颓废和放纵以及吸毒者等等都分别做了比较和介绍"。该书第三章专章介绍了"英国工人阶级青年文化研究"，尤其对"当代文化研究中心"的相关研究成果做了相应的介绍，其中和本书有关的内容简单介绍如下：对媒介与道德恐慌之间的关系做了简单介绍，"据大众传播媒介报道，行凶抢劫是'非英国'青年的一部分、是黑人移民的产物、恐吓的一部分、是'危险阶级'聚集在英帝国的幽暗处"。[①] 另外则对音乐形式、消费、抵抗以及大众传播媒介与意识形态的控制做了简单介绍。该书虽为有关青年亚文化的专著，但其中所涉及的青年亚文化与媒介之间错综复杂的关系，可以说开了国内对"当代文化研究中心"（CCCS）的媒介研究进行介绍、引进的先河。[②]

国内的其他相关研究大致可以分为以下几类。

（一）文化研究导论及相关研究

陆杨、王毅主编的《文化研究导论》以及陆杨主编的《文化研究概论》是中文世界最早的文化研究导论类书籍，其中《文化研究导论》更是

[①] 布雷克：《越轨青年文化比较》，岳西宽等译，北京理工大学出版社 1989 年版，第 93 页。

[②] 有趣的是，继该书出版 3 年后，也就是到了 1992 年的时候，还有学者根据该书作者的相关著作进行了编译工作，题名为"'多彩'的忧虑——英国的青少年犯罪与亚文化研究"，发表在《社会》杂志 1992 年第三期上。单从资源获取的难易度上考虑，这篇论文对 CCCS 媒介研究的发展，还是有开创性意义的。张乔：《"多彩"的忧虑——英国的青少年犯罪与亚文化研究》，《社会》1992 年第 3 期。

获得了学界的广泛赞誉，但是二者对中心前期媒介研究的介绍也都仅止于"编码/解码"理论以及相关的受众研究上面。杨击在其 2002 年博士论文的基础上出版了《传播·文化·社会：英国大众传播理论透视》一书，借用书中"序二"黄旦教授的话，"我国的传播学者们……至于英国的文化研究和传播思想，所知之少怕是有过之而无不及。武断点说，中国大部分传播学者能说出点一二的，恐怕也就是费斯克"，① 从这个角度出发，该书为我们奉献了一场英国大众传播理论的盛宴，其对霍尔的发现、对中心媒介研究专注意识形态理论的发现以及对接受理论的分析，都反映了该书在中心媒介研究方面的过人之处，但是这本书的可惜之处就在于，其未能给我们提供一张中心媒介研究的全景图以及"细密略嫌不够"，不能不说是一个遗憾。位迎苏在其博士论文基础上出版的《伯明翰学派的受众理论研究》一书，对伯明翰学派的受众理论做了宏观的分析，集中在中心媒介研究过程中的一个侧面上，有重要的学术价值，可惜的是缺乏具体的研究成果分析。② 另外，国内尚有两本对霍尔本人的专著，分别是胡芝莹的《霍尔》以及武桂杰的《霍尔与文化研究》，二者均由研究生论文修改成书。其中胡芝莹的《霍尔》为其硕士研究生毕业论文，在书中，专门有一章为"霍尔的媒介研究"；③ 武桂杰的《霍尔与文化研究》中也有一章为"霍尔的阅读政治学"，并有一节涉及"异常与媒介"的问题。④ 二者均对霍尔的"编码/解码"理论做了一些理论上的探讨，可惜的是仅仅以霍尔在 CCCS 的时期作为限定，二者也未能给出霍尔媒介研究的全貌，或者说仅仅以"编码/解码"作为其媒介研究的全部应该说并不合适。

（二）相关研究论文

国内对中心的媒介研究涉猎较少，其面向主要集中在霍尔的"编码/解码"理论以及莫利的受众研究上面，中心谱系内的媒介研究基本上没有相关的研究成果面世。国内对 CCCS 谱系内的媒介研究的分析基

① 杨击：《传播·文化·社会：英国大众传播理论透视》，复旦大学出版社 2006 年版，序二第 2 页。

② 位迎苏：《伯明翰学派的受众理论研究》，中国传媒大学出版社 2011 年版。

③ 胡芝莹：《霍尔》，生智文化事业有限公司 2001 年版。

④ 武桂杰：《霍尔与文化研究》，中央编译出版社 2009 年版。

本上可以按照这样分类：一是在更为广泛的英国传播与媒介研究史、文化研究，或欧美媒介研究的大格局上介绍、评点，从而也涉及 CCCS 的媒介研究；二是具体到 CCCS 时期有些话题与人物的研究，这些研究虽然比第一项更为深入得多，但不是以 CCCS 的媒介研究运作为框架的。

第一方面的研究包括以下研究成果。首先是张颐武在《现代传播：北京广播学院学报》1996 年第 2 期上发表的《文化研究与大众传播》，该文述及文化研究的起源、发展、理论来源以及霍尔的"编码/解码"理论以及费斯克对电视的研究，尤其是对"借用文化研究的巨大成果，对中国文化进行新的理论阐释"，是作者一以贯之的理论构想。王宁在《现代传播：北京广播学院学报》1997 年第 6 期上发表《文化研究语境下的传媒现象分析》一文，该文虽未提供具体媒介研究理论成果，但还是对 CCCS 的媒介研究做了提纲挈领的精要介绍，尤其是对使用文化研究相关理论对中国当代传媒现象进行研究做了大胆的尝试。赵斌女士发表在《新视界》2001 年第 5 期及第 6 期上的《英国的传媒与文化研究（上、下）》，提供了英国传媒与文化研究的宏观视野，但是对 CCCS 媒介研究的论述较为简略，主要还是针对霍尔的"编码/解码"理论、"意识形态批判"及其理论来源做了一些比较简要的介绍。史安斌在《当代传播》2003 年第 6 期上发表了《大众传播与文化研究》，作者试图从理论视角厘清大众传播与文化研究之间对立与融合的历史渊源，廓清媒体、文化和传播三者之间关系的模糊认识，他对文化研究中的媒介研究涉及很少，简单介绍了受众研究的发展，但是他对受众研究发展脉络的看法还是有值得商榷的地方的。蔡琪、谢莹在《国际新闻界》2004 年第 3 期上发表的《文化研究视野中的传媒研究》，概述了文化研究的兴起与发展、文化研究学派把传媒作为主要研究对象的原因以及研究传媒的方法。孔令华在《新闻与传播研究》2005 年第 1 期上发表了《论媒介文化研究的两条路径——法兰克福学派和英国文化研究学派媒介文化观差异之比较》，比较了两种媒介文化理论的异同，认为二者的差异主要在于"研究视角与旨趣的不同""截然不同的受众观""悲观派与乐观派的分野""具体方法论差异"，等等。梅琼林在《北方论丛》2005 年第 5 期上发表的《文化研究视野下的传播研究》，概括了文化研究的历史发展、理论渊源、研究方法。宋双峰发表在《今传媒》2006 年第 5 期上的《英国媒介批评思想概述》，简要评述了霍尔的"编码/解码"理论、费斯克的电视研究以及莫利的民族志研究等。杨华在《新闻界》2005 年第 6 期上发表的《英国文化研究学派的媒介文化理论述略》，论及了威廉斯的传播理论及霍尔的"意识形态"分析、"编码/解码""受众理论"以及"监控危机"。汪振军在《新闻爱好者》（理论版）2008 年第 3 期上发表了"走向媒介文化研究"，指在国内关于媒介文化研究有两种取向：一种是对当前媒介文化的研究，另一种是文化研究中的媒介研究，此文简要介绍了英国文化研究的媒介文化理论。需要说明的是，这里所列出的论文，并不是对"CCCS 媒介研究"进行系统研究的论文，大部分还是属于介绍性的文章。在这些论文里，有的范围很宽，"CCCS 媒介研究"只是其中很小的一部分；有的则只涉及"CCCS 媒介研究"中的一些观点；有的则是从"媒介研究"发展史的角度对"CCCS 媒介研究"做了简单的介绍，等等。这些论文在初期引进文化研究的媒介研究中功不可没，虽然囿于当时的语境，有的论文仅是介绍性的，但是其筚路蓝缕之功却是不容否定的。

　　除了上述总括性的论文外，还有很多文章是从"CCCS 媒介研究"的一个点或者一个方面对其进行分析的，下面择其要者进行介绍：郭镇之在《现代传播：北京广播学院学报》1994 年第 3 期上发表了《传播学受众研究 接受分析》，作者开篇就引用了费斯克对受众研究的分类，后又介绍文化研究在受众研究方面的理论方法，虽较为简略，但实为国内对文化研究中受众研究分析之先驱。崔朝阳在《国际新闻界》1998 年第 1 期上发表的《结构的、行为的和文化的——受众研究的三种传统》，是对麦奎尔受众研究三分法的解读，他将文化研究归入"文化的"受众研究传统，简要介绍了霍尔的"编码/解码"理论。金元浦在《读书》1999 年第 7 期上发表的《谁在出售商品阅听人?》，对文化研究中的受众研究的积极向度做了简单介绍。单波在《新闻与传播评论》2001 年第 1 期上发表的《在主体间交往的意义上建构受众观念——兼评西方受众理论》及其在《国外社会科学》2002 年第 1 期上发表的《评西方受众理论》，对霍尔的"编码/解码"理论及费斯克的积极受众论做了简要评析。时统宇在《现代传播》2002 年第 2 期上发表的《从法兰克福到伯明翰——电视批评理论的西方思想资源再析》，在对受众研究的论述方面与上文较为类似，对霍尔的"编码/解码"理论以及费斯克的积极受众论做了简要介绍。胡明宇在《当代传播》2002 年第 4 期上发表了《受众解读与媒介文本——文化研究派对受众的研究》，作者指出："如果说文化研究的中心是大众文化，那么大众文化研究的中心就是传媒，其中首当其冲的是电视。"他对霍尔"编码/解码"理论的阐述以及对莫利受众研究实践的解读比较到位，可惜的是未能继续深入和扩大其研究范围。蔡琪、谢莹在《新闻大学》2004 年第 2 期上发表了《英国文化研究学派与受众研究》，该文对英国文化研究谱系内的受众研究做了相当详细的介绍和分析，不仅有霍尔和莫利的相关研究，还论及了拉德威、洪美恩以及费斯克的相关研究，并提及霍布森对妇女观看电视的研究，可惜的是对早期的一些重要文本和实践研究涉猎不足；谢莹 2005 年的硕士毕业论文《论受众研究的"质化"传统》是在其基础之上的扩展。侯斌英在《新疆大学学报》（哲学人文社会科学版）2006 年第 5 期上发表的《文化研究视野下受众研究的嬗变》，对文化研究视野下的受众研究做了较为细致的剖析。

除了以上研究视角之外，国内对戴维·莫利的受众研究关注较多且研究成果较为丰富。其中较为重要的研究包括陈新民在《科学·经济·社会》2004 年第 2 期上发表的《解读戴维·莫利民族志受众研究》，史安斌在《国际新闻界》2004 年第 3 期上发表的《〈电视、受众与文化研究〉译后记》，北京语言大学吴明靖的硕士毕业论文《戴维·莫利与媒介研究》，西北大学程洁的硕士毕业论文《论戴维·莫利民族志受众理论及其在我国学界与业界的研究现状和启示意义》，中南大学刘敏的硕士毕业论文《基于戴维·莫利受众理论的手机电视受众分析》，新疆大学张艳的硕士毕业论文《戴维·莫利的电视文化理论》等。

（三）北京语言大学（BLCU）的团队研究

在国内的文化研究领域中，团队研究已成为一个较为突出的现象，如在首都师范大学文学院、北京语言大学人文学院等均形成了集群体的力量进行组合研究的模式。如就对中心媒介研究的引介、梳理与探索来看，在北京语言大学（BLCU）黄卓越教授的带领下，在近年来召开的多次"BLCU 国际文化研究讲坛"上，即有三届不同程度地涉及 CCCC

的媒介研究，如 2009 年召开的"全球媒介与文化研究"，2010 年的"受众理论与文化研究的新语境"，2012 年的"媒介与性别研究"，许多当年 CCCS 中心的主要成员如戴维·莫利、夏洛特·布朗斯顿等均受邀赴会，传递了大量中心媒介研究的信息。BLCU 的一批博士与硕士论文也多少涉及中心媒介研究的一些情况，其中与此问题相关联的有：黄望的《〈银幕〉理论与英国文化研究》，吴鸿的《迪克·赫布迪奇及其通俗文化研究》，李媛婧的《道德恐慌与社会控制》，刘瑞雪的《"凝视"理论：从被动到主动——70—80 年代英国女性主义媒介批评》，肖剑的《安吉拉·默克罗比与伯明翰文化研究》等。这些论文多从某一专题出发，进行深耕细耙式的研究，比如说李媛婧的论文对中心媒介研究中一个未受到中国学界重视的侧面，"道德恐慌和社会控制"做了细致和深入的剖析；黄望的论文则从另一个角度，即英国文化研究与《银幕》理论之间的对话切入，对中心媒介研究理论的发展做了精彩的阐述；刘瑞雪的论文则从两个关键文本入手分析了中心女性主义媒介研究对《银幕》理论的继承和超越，等等。

综观国内外的既有研究情况，我们可以发现，CCCS 中心前期的媒介研究总体来说成果还是非常丰硕的，且不少媒介研究内部的子类研究论说详细，分析深入，对 CCCS 中心的总体研究贡献巨大、影响深远，时至今日，也是了解与阐析伯明翰学派文化研究不可多得的珍贵资料。比如，深入分析中心内部以霍尔"编码/解码"理论为基础的受众研究，对中心女性媒介研究和偏差研究（deviance）所作的大量分析……这些研究以"媒介"为中心切入，涵盖元素广泛多元，阐发缜密精当，具有极高的史料价值与学术意义。但令人颇感遗憾的是，无论是本土还是海外，都尚未发现从 CCCS 中心这一机构入手，对中心前期的媒介研究情况进行全面充分的梳理、分析的相关研究。毋庸置疑，中心前期的媒介研究对整个中心乃至英国文化研究来说，都是至关重要的一环。正如美国的文化研究学者本·阿格（Ben Agger）所言："尽管现在文化研究的阐释五花八门，但是作为一个术语本身还得归功于伯明翰团队，只有从这个文化研究的原初发源地出发，认真细致地对其原始材料进行深入细致的分析，才能更深入地了解文化研究的发展脉络及其理论走向。"① 如果想明晰、深入地了解中心媒介研究的发展情况，从一个更加宏观的学术史思想流变向度来审视 CCCS 中心的媒介研究情况，以及媒介研究对当时及后来的整个文化研究所产生的意义与价值何在，产生了什么样的作用与影响，从机构角度入手对中心前期媒介研究进行分析和论述就显得至关重要，因为从线性历史维度来看，这是 CCCS 中心媒介研究的起点；在学术史思想运作与嬗变的场域内，这是文化研究的一个有机组成部分。正是基于上述的理论语境与研究视域，我们将本书的言说重心放在整个机制的媒介研究的发展和理论贡献之上。

---

① ［美］本·阿格：《作为批评理论的文化研究》，河南大学出版社 2010 年版，第 96 页。

第一章　当代文化研究中心早期媒介研究（1964—1971）

　　1964 年，注定是一个崭新年代的开端。是年春天，理查德·霍加特教授在伯明翰大学成立当代文化研究中心（简称"中心"），一个新的时代由此开启。4 月，中心邀请斯图亚特·霍尔担任全职研究员。当年 10 月，中心作为大学英语学院的一部分正式开始运作。对于中心的成立，外界给予了广泛而热情的关注。中心收到了超过 40 份非常认真的申请报告，并最终接纳了十几人进入中心学习，其中既有全日制的学生，也有非全日制的。按照中心年度报告的说法，这些学生都有着良好的学术背景，且都想在文化研究的某些方面发展一些个人的兴趣，而且关键的一点还在于，这些学生觉得，在现有的大学教育体系内很难进行他们认为重要的学术研究，所以他们很高兴能有这么一个机会到中心学习。[1]

　　诚如霍尔在《文化研究：两种范式》中所言："在严肃的、批判性的智识研究工作中，既没有'绝对的开端'，也很少有不间断的连续进程。"霍尔批评了那种思想史上所钟爱的不受干扰的传统思想的理念，也反对阿尔都塞主义者们一度非常偏爱的"认识论断裂"的绝对论。霍尔发现，"重要的是有意义的断裂，在这里，旧的思想界限被打破，旧的星云被替换，新旧元素在一套不一样的前提和主题的统摄之下被重新组合"[2]。具体到中心媒介研究的发展，同样也是如此。

---

[1]　Centre for Contemporary Cultural Studies, First Report, University of Birmingham, 1964.

[2]　Stuart Hall, "Cultural Studies: Two Paradigms," *Meida*, *Culture and Society*, London: Sage, 1980 (2), pp. 57-82.

伯明翰学派前期媒介研究(1964—1979)

虽然 1964 年中心的成立是一个绝对的新的事件,但是,这并不意味着与旧有媒介研究的完全决裂,也不意味着中心的媒介研究能够脱离整个英国媒介研究或欧美媒介研究的传统而独立存在。正如笔者在绪论中所说,中心媒介研究的发展实际上与利维斯、威廉斯、霍加特以及霍尔等人的前期研究密不可分,中心的媒介研究工作的开展实际上也是建立在前任研究的基础之上的,同时也和当时英国社会的大环境息息相关。霍尔在《文化研究:两种范式》中谈到中心发展的两种范式——文化主义和结构主义的时候,认为仅仅靠这两种范式是不足以支撑中心研究的发展的,[①] 但是,我们看到,在中心媒介研究的发展初期,正是文化主义范式引领着中心媒介研究工作展开的。

第一节　中心媒介研究的先声

1964 年 7 月 3 日,距离霍尔到伯明翰大学就任研究员不到 4 个月的时间,斯图亚特·霍尔与中心主任理查德·霍加特合作,在《观察家》上发表了一篇题为"反对广告:我们能和 BBC 做些什么"(Against Commercial:What can we do with BBC)的文章,该文对当地电台可能会插播广告发出了中心强有力的回音。这里需要简单交代一下的是,由于英国公共广播电视的特性,收听广播和收看电视是需要缴纳一定的费用的,也就是收听执照或者收看执照,这么做的好处是你收看和收听的节目是没有广告的,而其他独立运营的广播和电视节目,则允许插播广告,也就是所谓的"插播广告的"电台或电视台(commercial radio,commercial television)。这个费用具体到广播上,一个家庭一年是 5 先令[②],于是主张插播广告人士的重要论断之一就是插播广告以后当地广播将不再收费。而作者认为,这样的论断是错误的,首先,这笔费用并

---

① Stuart Hall, "Cultural Studies:Two Paradigms," *Meida, Culture and Society*, London:Sage, 1980 (2), pp. 57-82.

② 在1971 年未实行币值十进制之前,1 英镑等于 20 先令,1 先令等于 12 便士(旧);实行新的币值以后,1 英镑等于 100 便士(新),1 先令等于 5 便士(新),并于 1990 年以后取消了先令这一币种。Richard Hoggart and Stuart Hall, "Against Commercial:What Shall We Do with BBC?" *Spectator*, No. 7097, 3 July, 1964, p. 11.

不高，而且也并不是每人每年收取 5 先令，而是每个家庭收取 5 先令；其次，即使按照最保守的运营费用来计算，每星期每人需要缴纳的费用也仅仅是半个便士，也就是说，每年每人所要缴纳的费用也不过 1 先令而已。同时，作者认为，一个负责任、有担当的当地广播电台，首先必须是非常热心于当地事务并提供一个当地事务研讨的论坛；其次必须时刻从当地社会、人文、地理环境出发对当地、国家以及国际事件发表其本土化的意见和建议，并进而影响那些狂妄自大的伦敦媒介。而所谓的依靠广告从而达到"免费"的目的，在作者看来，其作用恰好相反，由于广告业主的逐利本性，你不可能要求他们会自然而然地成为当地利益的守护者；与之相反，他们要求以及期待的受众是潜在的消费者，他们会教育这些受众从而达到他们的商业目的。至于有人说，这些大企业会成为当地的道德卫士，这自然也是一种荒谬之说，作者认为，这些大企业主们就像小红帽故事中伪装成祖母的大灰狼，当地的利益绝不是大灰狼所关心的。作者举例说道，如果你在 M1 高速公路上行驶，听到的都是千篇一律的当地电台，自然是非常无趣的，而当地电台的标准也许是激情、客观以及多样性。这是笔者所能找到的中心成立以来最早的媒介评述文章，也许和本书相关主题的关联性并不是很大，因为毕竟这篇文章不算是正式的媒介研究论文，基本上也未涉及多少相关的媒介理论，但是，考虑到这可能是中心第一篇正式的文章，且又论及媒介、广告、商业化等议题，而且考虑到中心一贯的参与式研究立场，这应该也是中心理论与实践相结合的众多研究中的最早作品，所以，以这篇文章作为中心媒介研究的开山之作，恐怕并不为过。[①]

延续霍加特与霍尔对广播发展问题的思考，中心的第一期工作报告正式出版。[②] 该期工作报告以"当地广播的可能性"（Possibilities for

---

① 这里要感谢的是未曾谋面的安·格蕾（Ann Gray）教授，感谢她在伯明翰大学当代文化研究中心读书期间为搜集中心原始报刊资料所作的辛勤工作，该资料现特藏于伯明翰大学坎特伯雷特藏图书馆。

② 中心在 1979 年以前出版了两个版本的"工作报告"，第一个版本是 1965 年到 1968 年出版的"不定期论文"（Occasional Papers），共出版了 7 期，其内容既包括对媒介的考察，比如说第 1 期和第 7 期分别是《本地广播的可能性》（The Possibilities of Local Radio）、《传播研究的新趋势》（New Trends in Study of Communication），也包括中心主任理查德·霍加特的两篇

Local Radio）为题，批判性地考察了当时广泛讨论的关于当地广播发展的各种提议，并对当地广播在社区生活和教育方面如何发挥积极作用提出了一些建设性的看法。在当时关于当地广播如何发展的讨论当中，作者首先考察了几种流行的结构模式，第一种是"乔丹纪事"（Jordan's Register）在考察了超过 300 家电台后得出的结论，即当地节目，除了当地新闻以外，最大的播出时长应该限定在一个小时以内；第二种是由一个叫做"当地电台委员会"（Local Radio Association）的组织提出的，他们认为，当地电台应该与当地事务发生紧密联系，应该紧扣当地社区所关心的议题，只有这样，才能更大限度地发挥广告的效能，才能更有效地为广告业主创造价值；而"曼克斯电台"则提出了另外一种方案，即每天播放 8—9 小时的录制音乐，并且认为，如果电台每 8 小时播放超过 45 分钟的当地新闻素材，就会失去对广告业主的吸引力。作者认为，在这些广播商业化的鼓吹当中，看起来似乎商业化的广播业应该是受人尊敬的，他们也在极力说服政府制定相应的政策，以使得他们能够实施其商业化之策，能够尽快说服广告业主在其商业电台中投放广告，但是作者倒是十分担心，如果当地广播电台商业化以后，变成一个音乐播放台、一个娱乐台、一个广告台，就只能剩下很少的当地新闻了。在议会关于广播商业化的辩论中，有议员建议商业电台应该多向 BBC 的地区性广播系统学习，而作者则进一步指出，如果按照商业化广播业者的理念进行发展的话，那么所有的责任就全落到 BBC 肩上，商业化广

重要论文和其他研究者对于社会、文化以及文化研究的思考，其中第 1 期的作者瑞秋·鲍威尔还是中心承接的"古尔本基安项目"（Gulbenkian Project）的研究员，该项目主要研究受众对电视的态度以及他们的反馈对电视的影响；第二个版本的"工作报告"是我们大家所熟悉的（1980 出版的《文化，媒介，语言：文化研究工作报告 1972—1979》）应该是将中心的这种工作报告介绍给全世界，影响最大的论文集），从 1971 年到 1977 年共出版了 10 期，其中第 3 期是"媒介专刊"，第 7/8 期合集为《通过仪式进行抵抗：战后英国青年文化》（*Resistance Through Rituals: Youth Cultures in Post-War Britain*），第 10 期是《论意识形态》（*On Ideology*）。第二个版本的"工作报告"的第 1 期明确表示"工作报告"是之前中心"不定期论文"的替代出版物。1972 年开始出版的"不定期油印论文"（Stencilled Occasional Papers）则是中心文化研究出版物的另一形态。另外，中心与哈钦森大学图书馆合作出版了当代文化研究中心系列丛书，其中包括 1978 年出版的《女人有话说》（*Women Take Issue*）、《论意识形态》（原为《文化研究工作报告》第 10 期），1979 年出版的《工人阶级文化：历史与理论》（*Working Class Culture: Studies in History and Theory*）等。

播只需要付出很少就能得到很多，这样很不公平。作者随后提出"商业电台错在哪儿"这样的问题，并对之从听众、主持人、广告商、电台业主等几个方面做了分析，认为在这样的模式之下只有广告商和电台业主能从中获利，主持人可能获得高薪，也可能收入较低，而听众并不能从中获得自己所需要的娱乐以及便利条件，且几百个模式雷同的地方电台还不如一个国家级的电台更有效、更便利。在回答"商业新闻错在哪儿"这个问题时，作者认为，当地电台一旦商业化，商业因素必然是业者首要考虑的因素，广告在其中所占的比重不容小觑，一旦新闻商业化了以后，那么当地的受众很快就会丧失鲜活的电台和独立的新闻，发展到后来只可能是三种结果：一是商业电台和非当地报纸；二是垄断性的电台和报纸合二为一的商业化公司，其经营的目标是利益最大化；三是独立经营的电台和报纸，从属于大型传播机构。这样带来的后果是食品质量、价格无人监管，当地就业前景无人关心，当地属性在这些商业化的机构看来是最后才需要考虑的事情。但是，一个社区最需要的不是一个商业化的广播机构，而是真正扎根在社区，扎根在当地事务中的电台。作者举例说，当地电台的经理，从其专业素养来说必然涉及其管理能力、经营能力、宣传能力等，但是对社区来说一个合格的经理则必然是当地的、对社区事务熟悉和热爱的。作者认为，一个好的电台，如果能脱离商业化的讨论，那么其必须在社会方面、文化方面、教育方面、政治方面都能为当地的发展提供帮助。作者接下来从几个具体的层面阐述了对当地电台的理解：第一，当地电台必须能够在教育领域发挥它的重要作用，既可以是成人教育，也可以是深入学校的学生教育；第二，在受众与电台之间，应该建立起一个长效的机制，使得受众的反馈能够得到电台的积极响应，在此基础上成立"电台之友"小组，其成员应由热心传播以及专业人士、政府职员等各方面人员所组成，对电台的运作以及广播提出自己的建议和讨论、交流；第三，在医院、养老等方面，电台也要发挥自己的积极作用，使得社区和当地群众认识到我们社会还有这些病患、孤独的人们需要关心；第四，电台还应该在传播教育以及传播训练方面发挥自己的作用，一方面训练人们理解媒介的能力，另一方面则发展他们自己动手的能力，做一些简单的传播活动；第五，经过上述构造之后，作者发现，广播不仅能够跨越代沟，而且能够成为社区中不同人群之间联系的纽带，同时，当地电台还能够成为政治事务讨论的一个平台；第六，作者建议地方电台采用 BBC 模式，而不是商业化的方式来建构，并建议给予 BBC 以足够的支持以使其公共传播模式能够继续下去。瑞秋·鲍威尔的这篇文章与上述霍尔与霍加特的文章比较类似，都属于反对电台商业化的一方，瑞秋的文章在问题的深度和广度方面都比较深入，但是，就像霍尔与霍加特所说，这篇文章的特点就在于它的"创新的业余性"（creative amateurism），使得这篇文章既超越了狭隘的地方主义，同时也避免了那种金钱支持下的专业立场。①

　　中心"不定期论文"（Occasional Paper）从 1965 年到 1968 年总共出版了 7 期，第 1 期是上述瑞秋·鲍威尔关于电台商业化的"业余"陈述，而 1968 年的最后一期我们同样迎来的是一篇"外来者"（outsider）的论述，这篇文章就是当时担任法国巴黎大众传播研究中心主任的埃德加·莫兰（Edgar Morin）提交给联合国教科文组织在蒙特利尔召开的关于"电影、电视和广播中的文化价值"圆桌会议的《大众传播研究中的新趋势》（New Trends in the Study of Mass Communication）。在这篇文章中，作者以拉斯韦尔的"5W 理论"作为文章的一条引线，巧妙地将媒介发展的历史串联在这条暗线之上，并对大众传播研究的新趋势做了细致的阐释和分析，为中心的媒介研究做了理论上的铺垫和准备。我们并未在这篇文章中发现中心所做的注释或前言，但是，当我们仔细审视这篇文章以及中心随后的媒介研究相关论文，还是能够发现埃德加·莫兰对大众传播、媒介、文化，尤其是污名化的"大众文化"（mass culture）的思考与中心的理念是一致的，或者说是同步的。在 2008 年重版的《时代精神》（L'espirit du temps）编者序言中，编者坦承其一开始并不了解这本书，第一次听到这本书的名字还是在一篇布尔迪厄的著名文章之中，虽然这篇文章把《时代的精神》一书早早地从社会学文献中排除出去了，但是，当编者真正接触到这本书的时候，却发现其对大众文化和传播的阐释是实际的、有效的和具有前瞻性的，而且作者认为，这本书可以被"视为使得可能重建在法国社会学和晚近的

---

　　① Rachel Powell (1965), "Possibilities of Local Radio," CCCS Occasional Paper, No. 1.

'文化研究'之间长久中断的理论联系的线索的书"。笔者以为,这篇文章或更能作为二者紧密联系的强有力证明。[①] 首先,作者对"大众文化"(mass culture)的态度是积极的、正面的,既不刻意拔高,也不有意贬低,而是正视大众文化(既包括 popular culture,也包括 mass culture)在社会、经济发展中的重要性,并客观、理性地分析了其利弊;其次,作者分析了当前流行的媒介研究,无论是主流的美国实证主义研究,还是法兰克福学派的"文化工业"理论,都不能正确解决媒介研究中存在的问题,过度强调媒介欺骗的虚假意识或过度着力于效果研究,使得其研究的对象、理论、方法均过于陈旧和单调,难以取得实质性的进展;第三,作者和中心的研究学者一样,都强调不能孤立地研究文化和媒介问题,相反,不论是文化还是媒介,都应该放置在社会、历史的语境中去考察,而且,文化、媒介本身也是一个体系,它们也都和其他体系之间存在着各种各样的联系。由此可见,莫兰确实和中心的理论发展存在着某种"中断的联系",而且当我们查阅第 5 期"当代文化研究中心年度报告"(Annual Report:1968—1969)时,也确实可以看到中心与莫兰任主任的大众传播研究中心的联系,当然,中心与多个国家和地区的媒介研究中心都建立了良好和密切的联系,在此就不再赘述了。[②]

回到本书的主旨,在当时的语境之下,莫兰又给我们展示了什么样的新的趋势呢?首先,作者将 1960 年以来的媒介研究新趋势归纳为两大类,分别是结构语言学和控制论。而具体到不同的发展脉络,作者则重点考察了文化社会动力学、古滕贝格星云以及语言学、结构主义和符号学。文化社会动力学对于文化研究学者来说是一个陌生的面向,就是在当时,这也是一个新鲜事物。作者论述道,对于法国来说,直到 1967 年亚伯拉罕·莫尔斯的《文化社会动力学》(*Socio-dynamique de la Culture*)出版,控制论作为一种研究方法,才第一次进入文化和大众媒介领域。莫尔斯认为,文化和社会都是一个动力的场域,在其中大众媒

① 埃德加·莫兰:《时代精神》,陈一壮译,北京大学出版社 2011 年版,前言第 1—10 页。

② Centre for Contemporary Cultural Studies, Fifth Report, University of Birmingham, 1969.

伯明翰学派前期媒介研究（1964—1979）

介起着关键的作用，使得文化的宏观环境与文化的微观环境能够通过一系列的生产、制造、消费活动形成一个动态的、闭合的循环体系。莫兰认为，这种体系确实有它独到之处，指出了文化系统在社会中确实是一个积极的力量，但是莫尔斯并未能够说明这种行动的本质，部分是因为莫尔斯未能意识到社会系统的本质实际上是具有多元多形态的。麦克卢汉的媒介研究在当时引起了很大的争议，其中之一就是他将大众媒介分为"冷""热"两种，"冷媒介"包括电话、电视、卡通等，是指那些信息缺乏而需要高度参与的媒介，"热媒介"则包括广播、电影、图片等，是指富含信息而参与度较低的媒介。作者认为，麦克卢汉的"冷、热媒介"理论显然是只顾及了媒介的技术感知层面，如果将媒介与社会现象链接在一起，则会再次凸显人类学维度，而麦克卢汉将现代社会与"新部落主义"（neo-tribalism）联系在一起，只不过是一种新的复古风而已。文章的重点落在了索绪尔语言学对媒介理论的新的发展之上。作者从列维—施特劳斯的亲族概念说起，一直到罗兰·巴特的符号学、麦茨的电影符号学，可以说是贯穿了整个 60 年代媒介发展的历史，但是，由于这些在中心的相关论述中多次出现，在此不再赘述。作者最后强调指出，从结构主义、符号学、语言学的这个脉络展开对媒介的讨论，可以说是将大众传播研究拉回到了其自身的轨道，研究针对的是媒介和文化的形式系统，但是，由于其过度强调文化的智识方面，而且又排除了文化和媒介中的偶然性和历史层面，最终导致其走向了无结构性。同时，作者认为，对于媒介研究领域来说，有效的研究方法应该是从人类学角度来加以讨论的。① 这篇文章虽然来自中心外，来自法国媒介研究的同行，但是既然其作为中心"不定期论文"的一期出版，那么可以确定的是，中心对其内容是认可的。既然中心对其研究持赞成态度，那么我们也就可以发现中心至少从这个时刻开始，就已经非常关注欧陆语言学、符号学、结构主义、人类学等新兴学科的发展及其理论贡献。

在 1970 年的《休闲，娱乐与大众传播》（Leisure，Entertainment and

---

① Edgar Morin（1968），"New Trends in the Study of Mass Communications," CCCS Occasional Paper，No. 7.

Mass Communication）① 中，霍尔试图描绘出一种非常粗略的范式，以为日后能更富有成效地研究大众媒介与"休闲文化"之间的关系提供启示。就像作者所说的那样，这篇论文探讨的主要是媒介和休闲在所谓的娱乐"中间地带"（middle ground）之间是如何互相影响的，这可以分为六个方面：媒介对休闲方式的影响；媒介对休闲模式的影响；媒介对休闲环境的影响；媒介对休闲价值的影响；媒介对文化范畴本身的影响，等等。虽然看起来都是讨论媒介对社会中其他方面的影响的，但是很显然，媒介也并不能逃脱休闲娱乐对它的深刻影响，文中霍尔引用BBC"今晚"节目创始人、"全景"节目制作人阿拉斯代尔·米尔恩的话说："我要说的是，娱乐对于《今晚》来说，就像纪律之于学校校长那样重要。无论老师所教授的课程是多么令人迷醉，他首先要保证的就是教室中的纪律，只有这样，他才能获得他所期望的良好效果。对我们来说也是一样的。除非你能使你的观众得到满足，否则你就不能贯彻你自己的意图。"② 从另一项调查中也可以发现同样的趋势，霍尔在文中提到，一份近期的关于报纸的调查发现，人们越来越喜欢通过阅读周日报纸的方式来打发时间而不是阅读新闻，同样地，在每日新闻报纸以及杂志中类似这样的周日报纸化的趋势（娱乐化）也越来越明显，虽然进度比较慢。作为对拉斯韦尔媒介功能理论的修正，霍尔认为，早期拉斯韦尔关于媒介功能的理论主要是功能性的，涉及环境监督、环境不同部分之间的相互关系以及文化继承的传播，而现在则有必要加上对娱乐的或直接或间接的影响以及相关娱乐节目的提供。文中比较有理论价值的是，霍尔对早期的"5W 模式""运动/说服模式"以及"使用和满足模式"提出了自己的批评意见。霍尔认为，"5W 模式"的优势在于其将传播过程限定在一定的时间和空间之内，这种方式可以更好地观察媒介的效果、态度或行为变化；其劣势则在于，如果媒介的主要功能是娱乐的话，这种运动/说服模式则会失去其分析的功效。对于"使用和满足模式"来说，也同样如此，不能有效地分析以娱乐为主的媒介。艾

---

① Stuart Hall, "Leisure, Entertainment and Mass Communication," *Society and Leisure*, No. 2, 1970, pp. 28-31.

② Ibid., p. 30.

伦·沙特尔沃斯在一篇未刊论文中这么说过，对于像《至死不渝》这样非常成功的连续剧进行分析是很困难的，因为如果你假定这个连续剧是一场运动的话，那么，那些非常明显的内容可能说的是这个意思，但是，其内在信息所传达的则是相反的内容。

在对非印刷媒介（主要是广播和电视）的研究（1970 年霍尔发表的《四海一家》一文）①中，霍尔发现，新闻类节目的报道呈现出增长的趋势，其中，最引人注目的就是广播节目中的"世界一家"（World at One）模式。"世界一家"是 BBC 的一档新闻时事类广播节目，1965 年开播，后来随着大量旗舰街记者的加盟，逐渐发展出了一种全新的新闻杂志式的电视新闻节目样式，其收听人数在开播年末就达到了 200 万。到了 1975 年该栏目鼎盛时期，听众人数则达到了 400 万。就是现在，该栏目的收听人数也仍然保持在 350 万左右。②霍尔形容说，热心听众绝不会离开超过半个小时。但是，这种新闻就是新闻从业人员所说的"新闻就是真实世界中发生的具有新闻价值的人物和事件"吗？霍尔认为，用所谓的"偏见/客观"或者"覆盖率"之类的术语来定义新闻是不恰当的，相反，应该说新闻是一种产品，一种人类建构，或者借用西奥多·阿多诺的术语，新闻是"文化产品"系统的主要产品之一。记者和编辑们认为，他们是从大量的潜在的新闻素材中挑选出一部分以组成每天的"新闻"的。霍尔敏锐地注意到，这种情况貌似客观公正，但是实际上其内在暗含着一种言说过的或者不能言说的重要性原则，所以说，这种新闻选择过程实际上是建立在关于观众的推论知识、关于这个社会的推论假设以及一种专业编码或意识形态之上的。由此我们可以推断出，新闻并不是一系列互不关联的事物，实际上，新闻故事是经过编码和分类的，是参考了重要的社会背景的，是根据其表现、状态、意义而安排版面和高低座次的。如果仅仅从表面上来看，这些广播新闻并未显露出某种有意识的倾向或偏见，但是在霍尔看来，在其传播的结构中，在其机构性的倾向中，在其未经检查的态度中，都流露出一种维持

---

① Stuart Hall, "A World at One with Itself," *New Society*, No. 403, 18 June 1970, pp. 1056-1058.

② http：//en. wikipedia. org/wiki/The_ World_ at_ One.

现状的倾向，或称之为"无心的偏见"（unwitting bias）。这种"无心的偏见"很难精确定位或证明，而且记者或编辑们也都力图证明他们制作的节目是客观的和公正的，基于观众的多样性，他们也会尽量避免一些带有歧视或蔑视意味的词语，但是，作者发现，我们还是能够从其总体的机构性精神气质中发现其总会在有意或无意之间偏向某个方面。比如说"世界一家"的第一位主播威廉姆·哈德卡斯尔在报道美国反越战示威游行的时候这么说过："所谓的越战终止委员会"。霍尔不无揶揄地说："哈德卡斯尔先生的客观性自然是不容置疑的，但是，等等，也许'世界一家'哪一天又会说'所谓的英国工业联合会''所谓的工会会议'，或者是'所谓的中央情报局'"。这个称谓暴露了"所谓的"客观背后其实隐藏着某种广播媒介之外的共识，即政治文化的核心价值所在，也就是"对于利益的诉求必须合法且不能诉诸公开冲突"①。一旦你逾越了这个界限，那么你要么被归入"政治上好斗"的一派，诸如民权运动人士、学生、黑人权力运动人士等；要么被归入"对社会不满"的范畴，比如光头党、嬉皮士、足球流氓等。这个界限，换一种说法，在界限两边的一是"暴力"（violence），另外一个则是"法律与秩序"（law and order）。而为了要弄清这样的问题，仅仅求助于媒介的解释显然是不够的，我们只有通过政治，才能回答这样的问题："媒介能够帮助我们理解这些真实世界中发生的真实事件吗？""媒介是在向我们阐明这些事件还是故意使我们迷惑？"从事件的深度阐释来说，广播新闻在这方面做得显然不够，它一方面自说自话，认为"英国人对国外事务不感兴趣"，并大幅削减外国的时事政治报道，另一方面则自主填平了多样化听众之间的差别，以整个民族作为潜在的听众，还有就是扁平化、前景化的肤浅报告在广播新闻中也层出不穷。在对特立尼达暴乱的报道中，既不能提供对事件的详细报道以及对背景的详尽分析，同时，两位可信的观察员则一个表示"难以理解"，另外一个则表示这是一场"悲剧"。同样地，在节目中，诸如"首相""辞职""紧急状态""小股破坏分子在街上游荡""暴力/法律和秩序"等语汇不断

---

① Paul Hirst, "Some Problems of Explaining Student Militancy," BAS Conference, Durham, 1970.

涌现。最后，作者认为，一个接一个事件都能说明，这种日常意识形态所塑造和支撑的所谓客观的技术/专业路线，制作了这种经过系统化规制的神秘产品：广播新闻，"四海一家"。霍尔的这篇文章对中心媒介研究的发展来说非常重要，一是开启了后来在中心比较流行的新闻研究；二是对媒介"生产"所做的细致的、独特的机制性分析（也包括意识形态），为后来成为中心媒介研究中的"显学"——意识形态研究——提供了最初的样本（比如后来的危机分析等采取的也是这一思路）。

第二节　纸上的声音

在发展初期，中心一方面加强自身的学术以及理论储备，这体现在对西方理论经典的阅读、讲授、讨论、翻译、引进上；另一方面，中心也与英国本土以及欧美学界保持着紧密的联系，积极参加、举办各类研讨活动，广泛参与社会讨论等。这些都使得中心的声望不断提升，也正因为这个原因，中心收到了来自两个基金会的赞助以进行相关的学术研究。非常有意思的是，中心初期（从中心成立到 20 世纪 70 年代初期）所承接的学术项目，包括前面述及的以及后面将要加以论述的"电视暴力"研究，都直接与媒介研究相关。1965 年，中心受"电视观众委员会"（Television Viewers' Council）的委托，由古尔本基安基金（Gulbenkian Foundation）提供资金支持，预期对电视和社会之间的关系展开一定的考察和研究。① 该研究最终聘请前面已经述及的瑞秋·鲍威尔担任该项目的研究员，预期一年完成。该研究按照"电视观众委员会"的本意，应该是为英国本土电视广播机构提供意见和建议，并根据观众意见做出一定的调整，有些类似于在美国和学界大行其道的"效果研究"，这显然和中心一以贯之的研究旨趣有着巨大的差异，我们可以从中心年度报告中看到，中心的目标并不是提供参考和建议，而是考察"大众媒介中正式和非正式的社会控制"。因为该研究涉及的主要是受众以及反馈，所以在此不再赘述，具体的论述放在"受众研究"章节

① Centre for Contemporary Cultural Studies, Second Report, University of Birmingham, 1965.

里面加以探讨。中心在同一年承接的第二个研究项目为"报纸及其偏向"(The Press and Attitudes),是一个三年期的研究项目,由约瑟夫·朗特里纪念信托基金(Joseph Rowntree Memorial Trust)提供资金支持。该项目是由安东尼·史密斯(Anthony Smith)、伊丽莎白·伊米尔齐(Elizabeth Immirzi)以及特雷弗·布莱克韦尔(Trevor Blackwell)三位研究员合作完成的,于1968年底顺利交稿,并重新命名为"流行报纸与社会变化:1935—1965"(The Popular Press and Social Change:1935-1965)。按照中心第五期年度报告的介绍,这个项目主要包括三个研究领域:流行报纸(主要是《每日镜报》和《每日快报》)与中期选举;流行报纸与20世纪50年代中期"丰裕"社会;在这30年里"人类利益故事"的本质变化。[①] 该报告在结项以后会经过修改和打印,于1970年提交给朗特里信托基金,但是由于各种原因,我们未能找到这份原始资料。幸运的是,研究报告的主要负责人之一的安东尼·史密斯在1975年经过了一些改写和修订,将主要由他负责的部分抽离出来,重新命名为《纸上的声音:1935—1965年流行报纸与社会变化》(*Paper Voices*:*The Popular Press and Social Change*, *1935-65*),并交付美国的一家出版社出版,由此,我们现在才能得见这个重要的中心研究成果。

和中心的其他几个研究项目一致的是(尤其是下面要重点讨论的"电视暴力"项目),本项目的初衷之一也是为中心践行的文化研究探索和发展其研究方法。霍尔撰写的序言,开篇明义,说道:"这个项目主要有两个目标:一是考察流行报纸是如何向其读者阐释社会变化的,另外一个则是为总体的文化研究领域探索和发展出一套细密的分析方法。"[②] 按照作者的设想,报纸在所有时间段以内,尤其是在社会发生快速转变的过程中,扮演的是一个社会教育者的角色。根据相关统计,在英国,全国性报纸每天的发行量约为1400万份,星期天报纸的发行量则为每天1600多万份,在10个成年人当中6个人有经常看报的习惯[③],而且可以预测的是,一份报纸可能不止一位读者,虽然从近期的

---

① Centre for Contemporary Cultural Studies, Fifth Report, University of Birmingham, 1969.

② A. C. H. Smith, Elizabeth Immirzi, Trevor Blackwell, *Paper Voices*: *The Popular Press and Social Change*, *1935-65* (New Jersey: Rowman and Littlefield, 1975), p.11.

③ 杨孔鑫:《谁改变了舰队街? 英国报业的变迁》,正中书局1996年版,第1页。

统计数字来看，全国性报纸的发行量回落到了 845 万份[1]，但是我们依然可以看出报纸在英国社会和生活中的巨大影响力。报纸通过对人物和事件的持续报道和评述，实际上反映了一个社会生活样式的改变，更重要的是，通过选择、强调、处理和呈现，出版物解释了社会转变是如何发生、发展的，让中心的研究者们更感兴趣的正是这种对事件和人物的主动、积极的阐释过程。我们知道，报纸作为全世界发行量最大、读者最多的新闻载体，拥有很多特质，比如说出版周期短、时效性强，成本低、广告多、价格便宜，读者面宽、影响广泛等。[2] 具体到英国的环境，霍尔指出："日报强调的就是即时性、标题性和戏剧性，这使得日报具有一种完全的非连续的特点。"[3] 其中"时效性强"或者是"即时性"这个特点在诸多的研究文章、学术专著中都被当作一种不假思索的常识性的知识继承了下来，但是，在霍尔等人看来，所谓的"即时性"也好，"时效性"也罢，只不过是一种表象而已，其实在内底里，对于报纸来说，新闻压根儿就不是绝对新鲜的和开放的，实际上对于报纸来说，在其长期的实践当中，存在着一种强烈的传统价值和日常结构。正是这种内在架构支配、决定着新闻是由哪些内容所组成，如何获取这些内容，如何呈现出这些内容以及最热门的故事是哪些，等等。[4] 也就是说，从表面上来看，报纸每天都呈现着五花八门、五彩缤纷、各式各样的新闻故事，头条、热点、专题、读者来信等都在不断交织更替当中，但是，隐藏在这些不断变化的文字背后的，其实是一套已经存在的结构、已经存在的准则、已经存在的标准，它们在一段时期内是基本不变的，或者说是变化不大的。我们都有这样的经验，在近处观赏大江大河美景的同时，在一般情况下都会被其表面的静谧和宁静所吸引，殊不知在其沉静的江面之下其实是波涛汹涌的。报纸给我们的印象则恰恰与此相反，呈现给我们的是静谧江面之下的激流，而将表面的沉静秘

---

① 数据来源于英国报刊发行统计局（Audit Bureau of Circulations Limited），简称 ABC，间接引用自《卫报》，http://www.theguardian.com/media/table/2013/feb/08/abcs-national-newspapers。

② 谢金文：《新闻与传播通论》，复旦大学出版社 2006 年版，第 170 页。

③ A. C. H. Smith, Elizabeth Immirzi, Trevor Blackwell, *Paper Voices: The Popular Press and Social Change, 1935-65* (New Jersey: Rowman and Littlefield, 1975), p. 11.

④ Ibid., p. 12.

而不宣。对于作者来说，这正是他们研究的目标所在。也就是说，作者应该对以下问题给出其答案，即当社会发生重大变革的时候，在报纸呈献给读者的关于社会变化的报道中到底隐含着什么样的价值体系？在报纸连贯一致的阐释背后有着一种什么样的核心价值？这种核心价值会随着时间的迁移而改变吗？如果是，那么又是因为什么而发生变化的呢？[①]

为了回答这些问题，首先要确定研究的具体对象，要从英国的报纸中找出有代表性的报纸。作者选择的标准不是"品质"，而是"流行性"，也就是说，其发行量要大，接触面要广，受众更多，这样的样本才能够提供更为清晰的结构样式。由于本书的研究范围限定在1936—1965年这30年间，这段时间发行量最大的报纸是《每日快报》(Daily Express)和《每日镜报》，而且这两家报纸在政党、政治、样式、个性方面也有很强烈的对比，所以作者最终选定这两家日报作为研究对象，时间限定在1935—1965年这30年当中，重点关注的事件则是1945年、1955年、1964年的中期选举。在这段时期里整个世界都发生了很大的变化，英国也是如此。20世纪中叶的很多重大事件都发生在这个时期，社会大环境也发生了很大的变化，具体到英国，则是从20世纪30年代的经济萧条到40年代的战争危机，然后是50年代的"丰裕社会"，再到60年代的"放任社会"，整个社会发生了剧烈的变化，这使得作者有足够的宽度和广度去深入考察报纸对社会变化是如何阐释的。由于相关的材料过多，尽管其研究方法是细绎式的，但是作者坦诚，不可能做到对资料的穷尽，与之相反，作者采取了切分法，即选取了政治和社会两条主线对相关的材料进行剖析。首先是"政治"主题，其主要聚焦点是中期大选的相关报道，当然并不是关注所谓的偏见，而是试图解释其在明显政治态度背后的隐含假设，并同时追问：报纸假设其读者的政治意识有什么改变？在谈及政治问题的时候报纸的言说方式有哪些变化？报纸是如何施加政治影响的？等等。其次是"社会"主线，具体考察的是报纸对社会变化的相关报道。战后报纸对生活方式、社会改变

---

① A. C. H. Smith, Elizabeth Immirzi, Trevor Blackwell, *Paper Voices: The Popular Press and Social Change, 1935-65* (New Jersey: Rowman and Littlefield, 1975), p. 12.

有一个在作者看来很有争议、很有欺骗性的描述方式，"丰裕社会"。实际上，整个社会的发展以及改变是复杂的和多元的，用一个简单的贴标签的方式去处理对社会变化的报道与描述是不合理的，当然对于报纸来说则是简单和方便的。在这里，作者所要关注的问题是：在这两份报纸中呈现出来的社会是什么样的？报纸是如何定义和阐释社会变化的？媒介是如何调和互相交锋的社会模式的？通过这些考察，作者希望能为文化研究以及后面的研究者，开拓出一条更加全面、复杂、精细的媒介研究之路。

和同时期以及之后中心的很多文章一样，作者同样也批判了专注于影响、偏见、效果的流行媒介研究方式。贝雷尔森是内容分析的鼻祖，但是他的内容分析方法却是一种量化的分析方式。贝雷尔森在《传播研究中的内容分析》(*Content Analysis in Communication Research*) 一书中这样说过："内容分析一般限定在传播研究中的明显内容中，一般不对可能表达的隐含意义进行分析……严格地来说，内容分析关注的是'说了什么'，而不是'为什么这样说'。"[1] 相对于表面、肤浅的内容分析，作者采用的则是文学批评、语言学、文体学分析方法相结合的一种研究方法。关于为什么要抛弃流行的量化"内容分析"方法转而走向多种方法相结合的新型分析方法，作者认为，量化"内容分析"方法在实践中的应用已经证明其只是对显在的、明显的内容进行了分析，而对内在的意义、话语的组织形式等则往往视而不见，这样做的结果自然是不能得到他们自认为的"客观"结论；与之相反的是，文化研究分析方法则对穿透表象、直达本质从而把握文本的潜藏意义很有帮助，而这些语言和隐含义的复杂性和精密性在内容分析中为了追求所谓的"正确性"而被有意忽略了；虽然二者都经过了长期认真而细致的准备，但是"内容分析"方法则主要将注意力集中在那种主要的、直观的文本之上，并倾向于对之做一些直观的分类和编码工作，但是由于这些基础工作选取对象的不同，所以其结果并不可靠，而文化研究方法则

---

[1] Bernard Berelson, *Content Analysis in Communication Research* (Free Press, 1952). Cf. A. C. H. Smith, Elizabeth Immirzi, Trevor Blackwell, *Paper Voices：The Popular Press and Social Change, 1935-65* (New Jersey：Rowman and Littlefield, 1975), p. 14.

是在初期阅读的工作基础之上，选取一些有代表性的样本并揭示出在其背后隐藏着的意义价值体系，因此其可信度较高。此外，这两种分析方法虽然同样都注重"重复"效用，但可惜的是"内容分析"法所注重的是范畴、数量方面的重复，而文化研究分析方法则关注隐含在不同的段落和文本之中不断重复出现的同样的诉求、同样的注释。总之，"我们所关注和在意的，恰恰是在贝雷尔森范式中被忽视的，即'为什么这样说'"①。具体到该文的研究语境中，也就是说，以一段较长时间的报纸为样本，揭示出在明显内容之下所隐含的那些未曾注意到的、那些可能是无意识的参考框架。而作者坚持的一个假说，即一旦这种隐含的架构暴露出来以后，我们就能很清楚地看到其对新闻的事件、特性、写作等施加的一个形成性的力量，而在重要的历史时期，这种新闻的深层结构，即"是什么形成了新闻"还会发生持续的变化。也就是说，文化研究的研究方法首先是要研究外在的显明的内容和修辞，其次则必须超越和穿透这种表象性的研究，找到其社会成因，借用艾柯的说法，即"修辞与意识形态之间的交互往还的关系"②。作者同时也强调，在进行类似研究的时候，必须尽可能多地给读者提供足够的样本资料，这样读者就能够推断出一个特定的阐释是如何得出的，同时也能提供一些反面的例证和反面的阐释供读者进行查验。

在后面具体的案例研究中，作者对1945年《每日快报》对英国大选的报道做了详尽的分析。从中我们可以看到，在1945年6月16日到7月5日英国大选期间《每日快报》的主题中，工党领导人哈罗德·拉斯基（Harold Laski）的相关报道占了22%，保守党竞选人丘吉尔的竞选报道占了20%。仅仅从主题占比上来看，对竞选双方的报道比率大致相同、不分伯仲，而且对工党的报道还稍微多了一些。但是，我们从当时担任编辑的阿瑟·克里斯琴森（Arthur Christiansen）的回忆中却能发现其中的一些不同："当时有这么一个规矩，如果你还想在《每日快报》当编辑的话，那么你就不能刊登任何对丘吉尔的批评之词，哪怕是影射

---

① A. C. H. Smith, Elizabeth Immirzi, Trevor Blackwell, *Paper Voices*: *The Popular Press and Social Change*, *1935-65*（New Jersey: Rowman and Littlefield, 1975）, p. 16.

② Umberto Eco, "Rhetoric and Ideology in Eugene Sue's 'Les Mysteres de Paris'," in *International Social Science Journal*, Vol. XIX, No. 4, 1967.

也不行。历史研究者将会在其中发现很多对丘吉尔同僚的批评，但是你不会发现任何针对丘吉尔的批评言辞。"① 这还仅仅是在主题层面，如果深入挖掘，我们就会发现，实际上对丘吉尔的报道远不止这些，关于他的其他活动、发言的报道也占一定的比例，而在具体的报道样式方面，对拉斯基的相关报道，文字部分占比为95.45%，图像部分占比仅为4.55%，而对丘吉尔的相关报道，图像部分则高达32.5%。我们知道，《每日快报》是一份每天四页的小报，在版面如此紧张的情况下却为丘吉尔安排了如此多的版面，自然可以看出《每日快报》对丘吉尔的重视程度远在拉斯基之上。同时，在对英国大选主要人物进行报道的同时，《每日快报》的老板比弗布鲁克也不甘寂寞，经常在报纸上刊发他对大选的看法以及别人对其看法的评论甚至攻击文章。比弗布鲁克的发言非常有倾向性，即支持保守党，反对工党，当然，其立场并未与保守党党部保持一致，而是带有一些个人色彩。克里斯琴森在其著作中写下了一段话，我们可以从中看出《每日快报》在这次大选中究竟扮演的是一种什么样的角色。克里斯琴森是这样说的："比弗布鲁克爵士从他的顶楼房间给我来电话告诉了我最终的结果。就像我告诉他的，我好像被打败了一样。我一直相信《每日快报》能够使得选举向保守党胜选的方向转变，我也一直认为我们的报纸宣传机器是不可战胜的……我被伤得如此之深……我发誓以后再也不会发生这种事情。"② 在反托利党的报纸中，比弗布鲁克总是作为丘吉尔的密友出现，作者认为，这也就给读者一种印象，仿佛《每日快报》就是丘吉尔的传声筒，我们从上述克里斯琴森的叙述中也能发现这一点。有意思的是，最终保守党获得的选票竟然和《每日快报》的读者数非常接近，保守党获得的最终选票是9960809张，而《每日快报》的读者人数是9900000，当然，这只是一个有意思的巧合而已，不能说所有投票支持保守党的选民都是《每日快报》的读者，也不能说所有的《每日快报》读者都支持保守党，但是，《每日快报》确实在1945年大选过程中发挥了非常重要的作用，虽然说

---

① Arthur Christiansen, *Headlines All My Life*, Heinmann, 1961. Cf. A. C. H. Smith, Elizabeth Immirzi, Trevor Blackwell, *Paper Vvoices：The Popular Press and Social Change, 1935-65*（New Jersey：Rowman and Littlefield, 1975）, p. 25.

② Ibid. , p. 27.

不是决定性的，但是也确实产生了很大的影响。

在 BBC 的一篇讨论丘吉尔为什么在 1945 年大选中失利的文章中，作者谈到了由丘吉尔和比弗布鲁克共同导演的"拉斯基事件"。在大选进行的过程中，丘吉尔邀请了工党的领导人克莱门特·艾德礼参加了他主持的外交政策研讨会，随后拉斯基发表声明称艾德礼并不能代表工党对其后的外交政策做出承诺，《每日快报》在之后的报道中就把拉斯基描述为一个阴险小人[①]，当然，最终工党应对出色，而且最后的大选结果也并未受到相关事件的影响。[②] 从一开始，《每日快报》对这两位竞选人就是区别对待的，丘吉尔是以一个英雄的面貌出现的，而拉斯基则是作为一个恶棍，是丘吉尔的对立面。我们从《每日快报》谨慎选取的字词和事件中就可以一窥究竟，比如说，在对拉斯基竞选活动的报道中，以"王座上的拉斯基"为题，意为拉斯基正在试图攫取大英帝国至高无上的极端权力，而实际上，对于"王座"的讨论源自选战之前拉斯基对日益上升的对王权的忠诚度的评述。他认为："从长期来看，王权和社会主义民主是很难和谐共存的。"[③] 而丘吉尔在"拉斯基事件"中则被塑造成一个大公无私、气魄非凡的政党领袖形象，"来吧，别只是一个沉默的观察者"，在给艾德礼的信件中丘吉尔这样说道。作者发现，战后英国民众的政治意识空前高涨，而《每日快报》却并未意识到这一点，相反，《每日快报》仍然认为，将枯燥乏味的政治议题变得"有意思"就能吸引大众的目光和影响选民对大选的自我判断，这实际上是一厢情愿的，《每日快报》对于大选的影响可以说是很微弱，更滑稽的是，在大选结束以后的一次会议中，托利党人更是指责比弗布鲁克由于雇用左翼编辑而背叛了保守党的伟大事业。[④]

与《每日快报》藏着、掖着的宣传策略不同的是，《每日镜报》在报纸中直接呼吁它的读者在竞选中投工党一票。有些人因此将工党的胜利

---

① http：//www.bbc.co.uk/history/worldwars/wwtwo/election_ 01.shtml.

② A. C. H. Smith, Elizabeth Immirzi, Trevor Blackwell, *Paper Vvoices：The Popular Press and Social Change*，*1935-65*（New Jersey：Rowman and Littlefield, 1975），p. 51.

③ Ibid.，p. 38.

④ Ibid.，pp. 60-61.

归功于《每日镜报》出色的宣传和号召，但是，作者认为，大量的实验证明，报纸并不能改变选举者的思想，与之相反的是，报纸只能强化选举者的选举意图，或者争取某些摇摆不定的选民。根据记载，《每日镜报》1945 年的发行量平均每天只有 240 万份，但是其读者数却达到了1100 万人，而且其中包括了 90% 以上的军职人员，且在公务人员中拥有很高的阅读率。根据相关统计，有 30.3% 的男性公务员和 32.4% 的女性公务员阅读《每日镜报》，与之相对的是，有 26.5% 的男性公务员和 13.6% 的女性公务员阅读《每日快报》，由此可见，这两大报纸在公务员系统拥有很大的影响力。① 作者还发现，1945 年大选开始之前，整个英国社会实际上是笼罩在一种激进民众主义的氛围之中，根据上述"加强"理论以及《每日镜报》的高阅读率，以及 1937—1945 年《每日镜报》的发展情况，作者有理由认为，《每日镜报》与当时的整个社会氛围保持了高度一致，这不仅体现在《每日镜报》加强了那些视其为他们的代言人的读者的选举倾向方面，而且还体现在《每日镜报》这种民众主义倾向对那些摇摆者以及新读者的吸引力上面，也就是说，《每日镜报》不仅在其中扮演了强化剂的角色，而且还成功吸引了新的读者和摇摆者。《每日镜报》在处理与读者关系的问题上充分体现出其与社会所保持的高度的一致性，《每日镜报》在 1945 年给予"读者来信"和读者自身经历的故事以很大的篇幅，7 月 4 日，关于选举的报道有 65% 是由读者提供的，而在整个选举期间，从 6 月 13 日到 7 月 5 日，读者提供的选举报道素材则占到了选举报道栏目接近 30% 的比例。《每日镜报》另外一个非常突出的特征就是对读者的直接关照，比如说，它对贫困读者的直率的警告，督促他们赶快回到工作岗位上去，这使得《每日镜报》获得了一种民主的、反专制的形象，真正关注人民的生活，理解人民的苦痛，用一种自然的、"真实的"语言直接和读者进行交谈，真正融入读者之中，这也就直接导致了"为他选举"运动的诞生。"为他选举"（Vote for Him）运动原本是一封读者来信中的内容，虽然其真实性

---

① P. Kimble, *Newspaper Reading in the Third Year of the War* (G. Allen & Unwin, Limited, 1942). Cf. A. C. H. Smith, Elizabeth Immirzi, Trevor Blackwell, *Paper Vvoices: The Popular Press and Social Change, 1935-65* (New Jersey: Rowman and Littlefield, 1975), p. 62.

受到了一定的质疑，但是，这项运动却取得了极大的成功。在信中，作者呼吁那些在军中服役且尚未注册或未授权代理投票的军人的妻子们，投票给她们的丈夫所支持的竞选者。然而，后来这项运动受到了一定的质疑，认为这些妻子们滥用了她们的丈夫对她们的信任，虽然军队对工党的信任度更高一些。

与读者保持高度一致，是《每日镜报》与《每日快报》差异最明显的区别之一，从民意调查里就可以看出，《每日镜报》与读者之间在很多问题上都保持着高度的一致。与《每日快报》不同的是，作者认为，《每日镜报》在1937年更换了很多编辑以后，整个报纸的风格发生了很大的变化，回到了《每日镜报》与军人以及女性之间紧密的联系上，作者特意将分析样本回溯到1937年，并从1937年开始，一直到1944年，选取每年5月和6月的报纸作为分析样本，同时选取了一份军队报纸《早安》作为辅助样本，从而回答《每日镜报》能在读者中保持这么大影响力的原因，也就是说，从1937年开始，《每日镜报》就已经开始做出改变。到了1945年，这种投入则产生了效益，即报纸所支持的一方，工党获得大选的胜利。相关的例证较多，出于篇幅原因，就以一个比较具有典型的例子来说明《每日镜报》的投入和产出问题吧。1938年，《每日镜报》呼吁尽快成立一个强有力的政府，尽快武装起来，尽快建立一个与法国的联动机制，"需要最睿智的头脑来引领我们"。1939年，《每日镜报》则极力反对张伯伦政府中的"老人统治"以及"慕尼黑糊涂蛋"，并呼吁丘吉尔重新组建一个新的政府。同年9月，随着对德国宣战，《每日镜报》说道："1939年，我们再也不能像1914年那样继续忍受这些傻瓜占据高位了。那些傻瓜们必须离开。"《每日镜报》还把"军部"称为"博物馆部"。当1940年丘吉尔当选以后，《每日镜报》则是这样说的："丘吉尔先生，你不必担心大不列颠的子民们，这片土地上的人们不缺乏勇气……你需要做的就是领导。"如果把《镜报》的相关报道和努力比作战争的话，那么从1937年到1944年《每日镜报》至少打了两场战役，一场是和希特勒的战争，另外一场则是和"高位傻瓜们"的战斗。1945年，当他们呼吁普通民众选举工党领导人的时候，这场战争对他们而言已经不再陌生，他们早已经过了实战的检验。如果说在前两场战役中《每日镜报》只是通过腹语术的方式言说，以人民之名，让人民认为他们只是凑巧听到了他们的心声，那么到了后期，在1945年选战考试之后，《每日镜报》则能够直白地将其想法说给读者，同时，读者也能接受这种想法并对之产生认同。作者认为，这两份最流行的小报本身也是一个非常强烈的对比，《每日镜报》将其定位为普通民众中的一员，对读者有着护民官一样的忠贞和热情，对政府部门则是毫不留情的批评；《每日快报》则将其凌驾于辩论或者社会之上，其第一人称复数只是在对最高统治者言说的时候才加以使用，它以国家之名表达其想法，以郊区读者作为其理想受众，因为他们一直在被动地等待，等待被"规则"所统治，也非常了解一个国家的伟大意味着什么（《每日快报》如此设想）①；《每日快报》将选举过程视为共同祝愿英雄们的胜利过程，而《每日镜报》的读者，我们，已经是社会的主人了。②

有这么一种看法，20世纪50年代西方资本主义国家普遍进入了一个被称为"丰裕社会"的时代，其具体现象表现在工人阶级逐渐消解，白领和半手工的工作逐渐增加，以及福利国家的出现等方面，一个无阶级的社会将会出现，而"资产阶级化"则使得人们逐渐远离政治。但是作者认为，尽管社会逐渐变得富足，但是贫穷依然在很大的范围内存在着，手工业者的比率仅仅从70%降到60%，是远远不能支撑"丰裕社会"的定义的。在一本研究丰裕工人的专著中，作者是这样说的："对于当代工人阶级政治的理解，首要的是，它是否与工人小组的结构有联系，而不是看他的收入和财产。"③ 工人阶级选民会经常性地对比两党在阶级利益方面的巨大差异，而保守主义者则很少会提及"阶级"这个词，相反，他们经常讨论的是"国家利益"、爱国主义、继续追求财富的能力以及领导人的个人品质，等等，与之相对的则是工党狭隘的"地方主义利益"。在对英国国家医疗服务体系（National Health Services）的报道中，不出意外的是，《每日快报》和《每日镜报》除了在督促民众更加努力工作以减轻国家负担的号召方面保持了难得的一致以外，

---

① A. C. H. Smith, Elizabeth Immirzi, Trevor Blackwell, *Paper Vvoices: The Popular Press and Social Change*, 1935-65 (New Jersey: Rowman and Littlefield, 1975), p. 73.

② Ibid. , p. 76.

③ John H. Goldthorpe, David Lockwood, Frank Bechhofer, *The Affluent Worker: Political Attitudes and Behaviour* (CUP Archive, 1968), p. 82.

在其他的地方还继续沿着1945年设定的分歧路线前进。1948年7月5日，《每日镜报》大幅报道国家医疗服务体系的实施，"这一天终于来了！多年以来，改革者们都试图给老年人、穷人和病人提供保障，这其中的大部分都已经完成……你想要社会保障，从今天开始，你有社会保障了！"与《每日镜报》积极乐观的欢迎态度不同的是，《每日快报》对国家医疗服务体系则抱持一种怀疑、观望的态度。"从现在开始医生和人们开始进行一项巨大的社会实验项目，国家医疗服务体系正式开始实施。祝愿它能成功。公众应该对医生的付出心怀感恩。医生的个人技能、知识以及天赋正在被国家化。"① 从中我们可以看到《每日快报》对医生所做的牺牲的同情，对国家医疗服务体系勉为其难的祝福，以及对相关技能国家化，也就是普遍化所感到的遗憾，却丝毫不提在此之前病人们所做的牺牲。尤其值得注意的是，《每日快报》在临近的专题文章中以"午夜——全部免费"为题，使用社会主义的"免费"一词作为双关语，从而成功地将一个社会主义的美好愿景转换成了对于未来无止境的贪婪和自私的渴望。

　　1951年，保守党重新执政，由于战后的重建工作非常成功，以及相应政策的实施，社会财富不断积累，人民生活水平不断提高，但是《每日快报》却将这样的成就完全归功于才刚刚取得执政地位的保守党政府，《每日快报》的词汇和路线并未发生太大的变化。与之形成对应的是，《每日镜报》在这一时期的报道和之前关于战时的报道却有着很大的不同，也许是觉得在这个时候再谈阶级和贫困已经有些不合时宜了，总之，《每日镜报》在这个时期开始逐渐滑向《每日快报》的播报逻辑，对比二者对"中产阶级"的评述，可以说已经达到了惊人的一致。"有这么一些人，他们从来都不罢工。有这么一些人，他们总是通过自身的努力以让自己的生活能够得到提升，他们通常都能取得成功；他们总是能够给予他们的孩子相对他们自己而言更好的机会。但是，这些人却被杀人的税负扫荡了。"② 在1955年大选期间，《每日镜报》的前后不

---

　　① A. C. H. Smith, Elizabeth Immirzi, Trevor Blackwell, *Paper Vvoices：The Popular Press and Social Change*, *1935-65*（New Jersey：Rowman and Littlefield, 1975）, p. 148.

　　② Ibid. , p. 149.

一，以及《每日快报》对丰裕社会的满满信心，表现得更加明显。在对麦克米兰参加选举的报道中，《每日快报》评述道，"英国人民从未如此之好过"；威廉姆·巴基则替选民发出这样的"心声"，"谁会在社会财富不断增长的进程中更换他们的政府呢?"由于战后当选的工党政府处在战后重建和恢复的艰难时期，所以他们实施的政策难免比较严格，这些也成为《每日快报》的攻击目标，他们认为，"社会主义就是喜欢搞配给制"①。《每日镜报》在1955年大选中的表现，与其说是和《每日快报》相似，倒不如说与10年前的报告有着强烈的反差。1945年，《每日镜报》的一个突出特征就是其对读者评述的重视，到了1955年大选，这个数字居然从30%滑落到了3%；1945年那种命令式的要求，到了1955年却变成了一种奇怪的请求："女士们，去吧，男士们，去吧，就在这一天，去投票吧。"② 1945年取得巨大成功的"为他投票"运动，到了1955年，却蜕变成了"年轻时代"运动以及"驯服托利党人"运动，一个是呼唤年轻人参与到政治活动中来，另一个则是在已经预测到失利以后的无奈之举，由此可见，1945年，斗志昂扬的《每日镜报》已经彻底消沉。20世纪60年代早期，仍然是保守党政府执政，《每日快报》和《每日镜报》的态度也并未发生多大的变化。比如说在回顾1951年以来英国所取得的辉煌成就的时候，《每日快报》欢欣鼓舞地将这段时间称为"美妙的岁月"，而《每日镜报》则对之提出了疑问，并将"丰裕社会"称为"丰裕欠债者的国家"；在对教育改革以及综合学校的问题上，二者也存在着较大的分歧，《每日镜报》盛赞这次改革是一次"伟大的变革"，而《每日快报》则仅仅在报纸上一个不起眼的角落里做了一番总结。

转眼到了1964年大选，这一年大选的主题是"经济发展"。对战的双方，工党的候选人哈罗德·威尔逊（Harold Wilson）是一位杰出的经济学家，保守党的候选人亚历克·道格拉斯—霍姆（Alec Douglas-Home）是一位出色的外交专家，担任过外交部部长，但是却对经济问题知之甚少；在对待"欧洲共同体"和"英联邦"的问题上，双方分

---

① A. C. H. Smith, Elizabeth Immirzi, Trevor Blackwell, *Paper Vvoices*: *The Popular Press and Social Change*, *1935-65*（New Jersey: Rowman and Littlefield, 1975）, pp. 149-151.

② Ibid. , p. 154.

歧严重，保守党倾向于加入欧共体，而工党则对之持怀疑的态度。《每日快报》在这次大选中似乎并不受竞选的任何一方青睐，也不像前几次大选那样坚定地站在保守党的一边，而且对于两边的竞选者都同样对待。在《每日快报》的大选报道中主要关注的是双方竞选者的活动，这一次，对于工党的候选人威尔逊，虽然有时也像以前一样取笑他的弱点，但是总体上对工党候选人还是以尊重为主，而在处理保守党的相关政治人物的问题上，《每日快报》则保持了以往那种热切的态度，但是同样也对他们有所质疑。从《每日快报》关于这次大选的报道来看，它对于选举的议题并未涉及关键问题而感到厌烦，一方面是竞选双方精彩纷呈的表演，另一方面则是《每日快报》的抱怨："在这次选举中太多的时间、太多的字词都用在无关紧要的琐事上面了。"而同年10月7日的头版头条更是以"《每日快报》与选举"为题，表达了《每日快报》对于"选举"的官方看法，"我们是一个独立、无阶级的报纸。……《每日快报》有更大的责任去报道那些对于选举至关重要的问题而不是无意义的争斗……"在随后的社论中，更是以"他们想赢得这次选举的意愿是多么强烈啊"为题，对工党竞选人威尔逊提出警告，指出保守党已经被逼到了墙角，马上就要反扑了。比奇科默写给《每日快报》的信更能说明当时《每日快报》对1964年大选的态度："我几个月前所作的预言现在看来是非常准确的。托利党承诺一个快乐和富足的国家，在生产和经济方面快速增长；同时，社会主义者们承诺一个富足和快乐的国家，在经济和生产方面快速增长。每一个政党都是用了一个具有魔力的词汇'现代化'对那些无动于衷的人们施加魔法。这些演员们的拙劣表演就是放在一个小镇上的业余剧团中演出也会让人感到丢脸。"①

　　《每日镜报》在选举之初并未全部投入进来，而只是发了一些摘要性的文章，直到9月28日以"谁在拿镇静剂？——工党进入选举"为题发表了一篇头条，才宣告其正式进入选举的报道之中。和《每日快报》只给出了版面的6%报道选举不同的是，《每日镜报》在随后的报道中给了选举9%的版面，随后的15篇头版头条中有10篇是与选举相关

---

① A. C. H. Smith, Elizabeth Immirzi, Trevor Blackwell, *Paper Vvoices: The Popular Press and Social Change, 1935-65* (New Jersey: Rowman and Littlefield, 1975), pp. 174-178.

的报道，并且在出版的特刊中有将近一半的篇幅都用于选举的相关报道。这些报道明显是反托利党的，作者认为，在这次选战中《每日镜报》并不是作为一个新闻媒介的形式出现的，倒像是其选举相关想法的每日广告一样。[①] 并且在《每日镜报》董事长塞西尔·金（Cecil King）的回忆录中，他们认为他们的行动是决定性的，"我并没有被工党政府的承诺所吸引，但是我认为是时间做出一些改变。看起来如果我们支持亚历克·道格拉斯—霍姆爵士，虽然会是一场困难的战斗，但是他有可能会赢。如果我们全力支持工党，他们则可能取得胜利。这是一场势均力敌的较量，而《每日镜报》的态度是决定性的"[②]。值得一提的是，在1945 年、1955 年大选期间，"我们/他们"（Us vs. Them）结构再次在《每日镜报》的相关报道中反复出现，虽然在这些年里我们或他们的定义都发生了一些变化，比如说在之前"我们"一般是指"公务员及其夫人们"，现在则是指那些"努力赚钱的人们、年轻人和非特权阶级"，"他们"指的是"企业业主和托利党高层"等，但是"我们/他们"结构的深层意涵并未发生结构性的转变，基本上都是无能的当权者与被统治者之间的斗争。电视的出现对报纸的选举报道也有一定的影响，作者注意到，虽然电视在 1955 年就已经出现，但是直到 1964 年大选，电视才真正将政治人物带进普通人的家庭，但是由于电视的特殊属性，将选举者从之前集体的、公共的经验转入消费主义政治体验中，从而使得选民个体化、原子化并进而远离政治议题。此外，作者还开辟了一章专门讨论《每日快报》中的八卦类栏目"威廉姆·希基"（William Hickey），这个栏目和文本所讨论的大选主题并不契合，作者之所以要分析这个栏目，是因为这个栏目代表了《每日快报》的一个发展方向，一个微观的社会结构，反映了《每日快报》的编辑原则和深层结构。这个栏目的主人公一般都是那些社会上层人士，以王公贵族、社会贤达为主，涉及的故事也主要是围绕这些人的生活方式展开，其中最多的故事涉及财产交易。与《每日镜报》的类似八卦栏目不同的是，"威廉姆·希基"几乎和

---

① A. C. H. Smith, Elizabeth Immirzi, Trevor Blackwell, *Paper Vvoices*: *The Popular Press and Social Change*, *1935-65*（New Jersey: Rowman and Littlefield, 1975）, p. 178.

② Ibid.

时事没有什么关联，但是在该栏目最辉煌的时候，1959 年晚期，恰好是 1959 年大选结束以后那段所谓"从没有如此之好"的时间段，恰好能反映出《每日快报》对社会变化所做出的回应以及对社会应该是什么样所作的刻画。

我们知道，《每日快报》是一份宽幅报纸，而《每日镜报》是一份小报，当然，这仅仅指的是其尺寸而不是其发行量（前面我们已经说过，这两份报纸的发行量在文本关注的时间段，1935—1965 年，是发行量最大的两份报纸①）。由于尺寸的差异，《每日快报》更注重的是水平的高度以及文章、图片、头条的数量，而《每日镜报》由于其纸张较小，所以和《每日快报》比起来，其头条的字体较大、故事的长度较短、每页的项目较少，这就使得《每日镜报》看起来更紧凑，更像一个整体，而《每日快报》则把选择权交给读者，让他们自己选择开始的项目。报纸的布局和幅度决定了两份报纸的理想读者存在一定的差异，按照麦克卢汉的说法，《每日快报》的理想读者是比较线性、比较有逻辑的，而《每日镜报》的理想读者则是那种即时、马赛克拼图式的、直觉型的。《每日镜报》的读者比较喜欢选择在休息的时间段阅读报纸，而《每日快报》的读者则大多选择一种比较休闲的方式进行阅读。其实，这两家报社相距不过半英里，且其读者也大体一致②，所以，似乎并没有什么必要夸大二者读者之间的差距。纵观1935—1965 年，尤其是大选年两份报纸的表现，作者总结道：在1945 年大选的时候，从字面上来说，《每日镜报》确实是一份负责任的报纸，它直接回应读者的要求，在政治问题上给予工人阶级以深切的关注。当《每日快报》关注"国家"的时候，《每日镜报》关注的则是"人民"，而"和人民一起前进"则是《每日镜报》的战后标语。到了 50 年代，用《每日镜报》当时主编休·卡德利普（Hugh Cudlipp）的话说，人民已经走得够远了，现在的问题是如何让他们停在那儿。从这时候开始，"人民"不再是《每日镜报》的主题，而成了它相关报

①　http：//en. wikipedia. org/wiki/List_ of_ newspapers_ in_ the_ United_ Kingdom_ by_ circulation#Circulation_ before_ 1950.

②　A. C. H. Smith, Elizabeth Immirzi, Trevor Blackwell, *Paper Vvoices：The Popular Press and Social Change, 1935-65*（New Jersey：Rowman and Littlefield, 1975），p. 235.

道中的客体。按照当时《每日镜报》董事长塞西尔·金的看法，"流行出版物已经教过民众去质疑和形成自己的思想，但是现在看来他们对这个还很不擅长"①。慢慢地，《每日镜报》要开始替民众做决定了，慢慢地，《每日镜报》开始说，这些人需要别人的"领导"。寻找领导人的运动，到威尔逊时期达到了高峰。

我们比较一下1945年和1971年《每日镜报》对同一问题的不同说辞就可以比较出同一家报社在不同时期的变化是有多大。在1945年的报纸中，在谈到盥洗室清洁员一个星期挣30英镑的时候，《每日镜报》的编辑是这样说的："贫穷的人依然在我们身边，他们的数量很多……从1886年到现在，低收入手工业者和高收入阶层之间的差距几乎没有什么变化。"这时候的《每日镜报》还是站在低收入者一边的，也许是惺惺作态，但是至少在文字上还是对低收入者报以同情的，而到了1971年，《每日镜报》则将一周拿20英镑称为"疯狂"，并且以这样的语句结尾："国家在等着唐宁街10号可信的领袖的声音。"② 到了1964年，《每日镜报》更将自身提升为"人民讲坛"，通过自我神话化将自身确认为政治勇士，并嘉许自身是人民的记忆库。如果说1945年，《每日镜报》还在期待一个没有阶级的社会的话，那么，到了所谓"丰裕社会"，《每日镜报》则被当时的境况所迷惑，而且必须依靠资本主义才能生存，所以《每日镜报》非常犹豫要不要重提"阶级"问题，最终只是在选战期间有选择地小心使用了这个词汇，而在平时则尽量避免涉及"阶级"，以免激起民众的阶级意识。作者发现，在那些所谓"左派"报纸中，既不是古老的《先驱报》直白的说辞，也不是《工人》对阶级冲突的贡献，能够获得英国最大的发行量，而是那个从1945年开始实施真正的民众主义，并随之对工人阶级语言进行戏仿的《每日镜报》拥有英国最多的读者。通过1945年的民众主义实验，《每日镜报》取得了良好的销售成绩，但是从50年代开始，《每日镜报》却一次也没有再把这头民众主义的野兽放出来。③

---

① A. C. H. Smith, Elizabeth Immirzi, Trevor Blackwell, *Paper Voices: The Popular Press and Social Change, 1935-65* (New Jersey: Rowman and Littlefield, 1975), p. 236.

② Ibid. , p. 237.

③ Ibid. , p. 238.

　　对于《每日快报》来说，理想的读者应该拥有达尔文般的竞争激情，对成功的渴望超过了任何一个人，不在意邻里之间的关系，他的成功只和家庭成员共同分享，力争获得物质奖励，避免乡下的庸俗生活，他对属于这样一个竞争阶层而感到激动异常。作为社会上层中的一员，他投票给托利党只是因为他们是这个国家的政党，到了1951年以后他决定为自己的利益服务，他有时也会批评当选的政客，但是他从不批评"上帝的选民"，因为他们在道德上是平等的，他从来不是工人阶级，至少也是"低收入工人"，像其他任何人一样，按照战前的生活水准他已经是中产阶级了。① 比弗布鲁克爵士创办的这份报纸倾向于清教伦理，特别是加尔文派教义，他们提倡辛勤工作以获得救赎，成为上帝的选民，虽然勤奋工作也未必会有这个机会。《每日快报》特别执着地攻击"权威"，但是我们不知道这些权威是谁，从哪儿发声，《每日快报》的攻击就像是回声和回声在真空中的交锋。

　　从《每日镜报》和《每日快报》与政治之间的关系来看，作者发现《每日快报》在第二次世界大战前后逐渐形成了自己的风格或者说是"推理结构"（inferential structure）。但也正是这种风格或者说"推理结构"促成了工党1945年的大选胜利，这并不是因为他们支持了失败的一方，而是因为他们的那套论证在当时的那种政治氛围中不合适而已。与之相反，《每日镜报》从1940年开始，逐渐找到了掌控新闻报道的方法，那就是"民众激进主义"（demotic radicalism）。在1945年大选中，《每日镜报》并未选择支持工党，只是它找到了一种处理新闻的方式，以一定的方式对读者言说、聆听读者的诉说、链接读者所思所想，由此，当选举开始的时候，它发现它自己开始支持工党了。也就是说，《每日镜报》在实施它的既定方针的时候，一不小心恰好契合了当时社会的选择。而在1955年大选的时候，仍然坚持"民众修辞学"（demotic rhetoric）的《每日镜报》却发现自己已经迷失了方向，原有的民众主义路线和我们/他们结构也已经无法适应当前的社会氛围了，只能选择"让托利党人继续温顺"这个无奈的口号作为最终的告慰。而对于《每日快报》在这

---

　　① A. C. H. Smith, Elizabeth Immirzi, Trevor Blackwell, *Paper Voices: The Popular Press and Social Change, 1935-65* (New Jersey: Rowman and Littlefield, 1975), pp. 238-239.

次大选中的选边站队的胜利，也许有些人认为，这是由于《每日快报》领导层卓越的领导能力，其实，这和《每日镜报》在 1945 年大选的胜利是一样的，并不是《每日快报》选择了"丰裕社会"这个主题，而是因为在 1955 年他们坚持了自己的信念，这一信念恰好契合了当时的社会主题，从而赢得了这场战争的胜利。因此，作者认为，由于社会变化而导致的人员、科技以及经济的改变，促成一整套意义系统也做了相应的调整，这套经过调整的意义系统在报纸职员们中间流行并向下一代传递，这些意义最终包含在报纸对读者诉说的语言当中，而文化研究学科所要做的正是理解和揭示出这些意义体系。①

作者在开篇即引用了两篇关于报纸的文章，其中之一是 1948 年皇家报纸委员会的报告，读者的需求在这份报告里面被认为是轻飘的、不关注严肃的时政新闻的，他们只关心家长里短、奇妙的世界万花筒以及人间的悲喜剧。事情的真相当然并非如此。我们可以看到仅仅在作者所分析的《每日镜报》和《每日快报》的例子中，就可以看到有大量的读者是非常关注大选状况的，他们既不是利维斯所说的"群氓"，也不是法兰克福学派所认为的"空洞的容器"。应该说，对读者、对受众的重视是中心媒介研究非常重要的特色之一，虽然在中心这份早期的研究报告中并未涉及针对受众的研究，但是，就像作者开篇所引用的另一个文本，即萨特在 1973 年接受《卫报》的一次访谈，在这篇访谈中，萨特谈到的第一个问题就是关于新闻的自由问题。萨特说，人们普遍都认为新闻自由是记者的权利，但是他认为，这是一个错误的观点；与之相反，他认为，读者才应享有这个至高无上的权利。而且，他认为，即使记者有自由表达的权利，那也是因为他们有义务给读者提供各种信息。这就涉及了文本的主旨之一，即报纸是如何向其读者阐释事件的。中心的这份报告，对报纸生产新闻的过程做了详细的分析，总体来说，在报纸即时性、中立性、平衡性的背后，实际上隐含着报纸编辑们"无意识的偏见"，他们通过积极主动地选取新闻素材，实际上已经将一种隐含的"推理结构"暗含在新闻素材当中，并作为一种真实的存在呈现在读者

---

① A. C. H. Smith, Elizabeth Immirzi, Trevor Blackwell, *Paper Vvoices*: *The Popular Press and Social Change*, *1935-65*（New Jersey：Rowman and Littlefield，1975），p. 248.

面前。如同霍尔在前言中所说："要确定一份报纸的集体属性，我们不能简单地通过它说了些什么来进行判断，与之相反，我们应该通过这份报纸是如何在一套指意意义结构中呈现、编码、形成它的言说来进行判断。"① 这种对读者的重视或曰正名以及对新闻制作或曰新闻的"编码"过程对中心之后媒介研究中的受众研究、编码/解码理论以及意识形态研究都指出了明确的方向。同样重要的还有在这次探索性的研究中对研究方法的尝试和检验。我们看到，在中心的这项研究报告中，既能看到对利维斯应用在"高雅文化"分析上面的细密的文本分析方法，也有对霍加特"腔调"式文化分析方法的继承，当然，除了对本土的理论资源的吸收和应用以外，这项研究还吸收了诸如心理分析、语言学、符号学、结构主义等新的理论资源和研究方法，同时还对法兰克福学派、麦克卢汉媒介分析以及葛兰西的意识形态理论做了批判性的分析和应用，由此，中心的媒介研究与前中心时期经验式的媒介研究有了很大的不同，就像作者在最后所说的那样，他们不希望做那种传记式的媒介分析，文化研究所作的就是帮助读者理解和分析隐含在报纸语言背后的深层意义。

第三节　电视暴力研究

1968 年，尽管中心成立时间不算太长，相关研究成果也并不突出，但是，在当时的学界还是获得了一定的声望，被认为是对当时流行的"效果研究"持高度批判的学术机构。也正是因为这个原因，时任中心主任理查德·霍加特收到了莱斯特大学大众传播研究中心（Centre Mass Communication Research，简称 CMCR）的邀请，承担了一项关于"电视节目中暴力内容分析"的研究。这项研究是由英国内政部电视研究委员会（Television Research Committee）发起的，旨在调查电视与暴力之间关系的一系列研究中的一部分，由中心聘请的资深研究员艾伦·沙特尔沃斯（Alan Shuttleworth）负责这项研究工作。众所周知，莱斯特大

① A. C. H. Smith, Elizabeth Immirzi, Trevor Blackwell, *Paper Vvoices: The Popular Press and Social Change*, *1935-65* (New Jersey: Rowman and Littlefield, 1975), p. 21.

伯明翰学派前期媒介研究（1964—1979）

学大众传播研究中心（CMCR）是 1966 年在电视研究委员会的资助、支持下组建成立的，并由当时担任莱斯特大学成人教育教学工作以及时任电视研究委员会秘书的詹姆斯·哈洛伦（James D Halloran）创立并担任主任。大众传播研究中心与当代文化研究中心在学术上互相交流、联系颇多，霍尔著名的"编码/解码"论文就是在莱斯特大学大众传播研究中心组织的一次会议上提交的，并且以大众传播研究中心作为一个重要的参照系而提出的受众研究中一个非常重要的研究模式。由于种种原因，研究工作并未如约于 1968 年完成并提交给诺布尔委员会，后期经过中心成员的努力，最终还是于 1974 年 12 月完成了这项研究，并以内部刊印的方式发表，并最终定名为《电视暴力，犯罪电视剧及其内容分析》（Television Violence, Crime-Drama and the Analysis of Content），作者也由原定的艾伦·沙特尔沃斯一人，增加了斯图亚特·霍尔、安杰拉·劳埃德以及玛丽娜·德卡马戈三人。

这一研究最后于 1975 年夏天刊发，洋洋洒洒，数十万言，计 331页，可以说，应该算是中心媒介研究的一个重要部分。可是，由于未能如期于 1968 年完成，使得我们不能看到当时研究的真实面貌，且由于延期，其中加入了大量的对中心后期研究成果的参照，使得该研究变得有些不那么纯粹，而且因为事件跨度过长，作者自身的理论背景和对相关问题的看法也发生了一些微妙的变化，且作者并未加以说明，所以从笔者所做研究的角度考虑，似乎造成了一定的分期和研判方面的困难。但是，客观地说，这些问题的存在也并不能掩盖该研究在中心媒介研究发展中的重要性，尤其是该研究中的阐释性研究方法、案例研究方法以及经验性研究结论。更重要的是，作者对"效果研究"方法的反对以及对"内容分析"方案的偏好，还是和中心媒介研究的重点关注一脉相承的，即作者所说的"对意义的关照"。① 在这里，作者给出了一个"文化研究"的宽泛定义，即对人类行为中所蕴含的思想、主题、价值和意义进行阐释，并宣称由此开创了一个崭新的研究领域，以及坚持一种

---

① Alan Shuttleworth, *Television Violence, Crime Drama and the Analysis of Content*, Centre for Contemporary Cultural Studies, Birmingham, 1975, p. 3.

呈现式和阐释式相结合的研究方法。①

众所周知，英国内政部的电视研究委员会的成立正反映了人们对现实生活中对犯罪和犯罪活动的各种焦虑。1968 年，也正是在电视研究委员会的支持和主持之下，开展了对电视与暴力之间关系的相关研究，该研究只是其中的一个部分。作者坦言，电视研究委员会的相关研究以及美国同行对该问题的相关研究构成了该研究的理论和学术背景，并且，也恰恰是这些研究的不完善促成了对该问题不断发展的兴趣。与这些研究不同的是，该研究重点关注的问题并不是效果研究所关心的"电视中暴力内容导致人们实施暴力行为了吗"，而是"这些内容是如何被理解、被建构、被分析和被执行的"。我们都知道，按照霍尔的分期，在媒介研究发展的第二阶段，正是美国的行为主义、效果分析、定量研究方法发展的高峰时期，几乎所有研究都被这种社会学的、注重效果以及效果修正的研究方案所把持，但是，中心所坚持的研究方法却正好与这些主流的研究方案"背道而驰"，注重内容分析、定性分析正是该研究的一个突出特点。在作者看来，尽管相关的研究方法处于不断更新和发展之中，但是"内容分析"始终是其中的一个非常重要的组成，由于"效果研究"的大行其道，所以也就造成"内容分析"并未引起媒介研究者们的更多关注，甚至遭到主流研究学界的忽视。但同样如作者所指出的那样，在面对电视暴力这样的具体问题时，效果研究方法显得过于简单和直接，要知道，除了电视暴力以外，一个人每天所接触的传播形式还有很多，而且作者相信，一个人每天接触电视的时间，平均来说，不会超过两个半小时，也就是不管是从时间上还是从数量上来说，电视中的暴力内容对一个人的影响确实并不是那么大，如果再考虑到观众接受情况的多样性，那么这种效果研究的可信度自然会大打折扣。

我们知道，行为主义研究范式之所以能从 20 世纪 40 年代开始在美国蓬勃发展，是和其主要的赞助方——美国政府、商业机构、民间基金会等密不可分的。如果没有这些赞助方大量的资金支持，也就不可能有这么丰富的行为主义研究成果。行为主义研究范式的研究者们又叫行政

---

① Alan Shuttleworth, *Television Violence*, *Crime Drama and the Analysis of Content*, Centre for Contemporary Cultural Studies, Birmingham, 1975, pp. 5-8.

学派，指的就是其官方或商业背景、工具中心主义以及利益驱动等。当我们纵观行为主义研究范式的重要研究成果，如"伊里调查"（Erie County）关于 1940 年大选期间媒介对选民的影响研究、第二次世界大战期间电影对美国士兵的说服研究、"里维尔项目"（Project Revere）对空投传单的效果研究等①，则可以发现某种行政化的、管理上的因素涉及其中，也就是作者所说的"运动"（campaign），即试图改变或影响受众的态度或行为。作者发现，在 BBC 和 ITV 对暴力的态度上，就存在着这么一种试图影响和改变受众态度和行为的"运动"因素。同时，作者也发现，"运动"含有如下特质：其一，运动和非运动信息很容易区分开来；其二，运动在时间上的开始和结束都非常明显，而且通常持续的时间不长；其三，运动通常由某人发起，其核心意义十分清晰明了；其四，运动通常是单边阐述，和广告比较类似；其五，运动通常都期待会在有限时间内对受众产生某种效果。现在媒介传播手段的发展，使得"运动"这种传播手段非常容易实现，假定在某个极权国家里，政府控制媒介机构，那么这种单边、单向的传输就很容易做到。然而，作者分析说，实际上，尽管我们可以看到 BBC 或 ITV 有这方面的企图和倾向，但还是能够发现，在当时英国的电视节目里面，是有多种声音并存的，尽管并非严肃的双边辩论，然而，毕竟可以将之看作一种多边的讨论和对话。作者发现，这种对话式的电视节目包含以下特质：第一，和那种简单直白的运动式节目不同，这种对话式节目中的暴力内容是以多种形式包含在节目中的，很难将之从传播内容中剥离出来；第二，这种混合式的节目使得相关研究较难展开，这是因为在时间上并没有非常明显的开始和结束，很难和其他内容区分开来；第三，运动式传播有一个很明显的特质，那就是其传递的信息具有很强的冲击力且结构完整，而对话式信息则是不完整的、开放的、模糊的和晦涩的；第四，极端的、单边的传播环境较为少见，大多数的电视节目都是不完整信息的交融和汇聚；第五，作者认为，所谓的"运动"式传播由于其可识别度非常高及其效果的不可预知性，在经历了运动式传播、发展以后，其

---

① 希伦·洛厄里、梅尔文·德弗勒：《大众传播效果研究的里程碑》，刘海龙等译，中国人民大学出版社 2009 年版，第 44—148 页。

传播模式很难继续发展下去，取而代之的往往是对话式传播模式。作者在这里提出的所谓"运动"式传播模式，其实也就是我们在广告中经常见到的一种说服模式，战时以及美国大选期间的宣传所采用的也是这种形式，但是，这种极端、单边的传播模式，以及那种完全混乱的杂音式的传播模式在现在，或者说，即使是在作者研究的 20 世纪六七十年代也很难看到了。实际上，在现实的传播中，更多的还是采用一种多声部的传播模式，多种声音、多种态度并存，只是其中会有一种主导性的声音，或者说，有一种深层的意识形态就潜藏在文化的表象下面，而揭示文化产品、文化表象之下所隐含的深层意识正是文化研究的目标之一。

　　如上所说，作者发现传播的过程是复杂和多样的，那种希望受众百分之百接受或者能立刻接受媒介内容的想法是天真可笑的，这是因为你就算对一个人说："暴力点吧！"他也不会接受你的指示从而做出某些暴力的动作或行为。这和传播理论发展史上一个让人发笑的、谁也找不到具体出处的"魔弹理论"（bulletin theory）极为相似，可以想象，这种极端的暴力传播是不可能出现的。而后，作者发现，研究者们转向了更为细致、更为明显的暴力效果研究，只是他们选择了一组特定的具有暴力倾向的参照小组，研究他们在观看包含暴力的电视节目之后长期和累积的效果。但是，这种研究无疑是一种针对特定人群的特定研究，显然是有一定例外性的，作者认为，要想设定一个有效的、公正的研究环境，则要回答以下问题：在多数时间内受众对暴力节目的反应是什么样的？普通传播过程的本质是什么？受众在观看完暴力节目以后会延续其暴力行为吗？或者说，他们在观看完暴力节目以后多久才会不再受其影响？而我们反观前面已经说到的哥伦比亚大学总统选举中的媒介研究，拉扎斯菲尔德等人提出了"两级传播流"（two step flow）等传播模式，认为"信息从广播和印刷媒介流向意见领袖，再从意见领袖传递给那些不太活跃的人群"① 这个传播模式一经提出，就引起了广泛的反响，并且在之后的传播研究中产生了广泛和深入的影响。但是，作者认为，该模式过于简单，且在之后的媒介研究中并未得到充分发展，作者因此

———————

　　① 拉扎斯菲尔德、贝雷尔森、高德特：《人民的选择：选民如何在总统选战中做决定》，唐茜译，中国人民大学出版社 2011 年版，第 128 页。

提出了"超越两级传播"的口号，并将之发展成为"三级传播"或
"多级传播"的模式，也就是说，在个体和传播媒介之间，其实包含着
多种传播形式。

在此基础上，作者对传播过程做了具体的分析：其一，他认为，
"两级传播"模式的缺点在于忽视了其中实际上还有一种非常重要的传
播形式，即中间级传播（intermediate communication），而这一部分在选
战中是非常重要的一环，由此，作者提出了他对"两级传播"的修正，
即"三级传播"模式（至少）：大众媒介——中间传播——初级群
体——个体。其二，作者发现，即使是这样的一种模式，在分析上述选
战的时候仍然是不充分的，首先，宣传媒介至少会有两种，分别对应于
两个政党；其次，在中间传播形式当中，也不仅仅只有一种媒介形式，
相反，这里有多种传播形式（电视、广播、报纸、影院等），而且每一
种传播形式都有多样化的传播渠道和多种传播管道；对应到初级群体，
也是多样化和多元的。由此作者提出，传播形式应该表现为多种信息的
多重管道传播（multi-channel flow of many message）。其三，作者随后对
所谓的"流"（flow）的概念做了分析，认为媒介信息在传递到个体之
前，经历了多种形态的演变，但是，这些并不是所谓的"流"，而且作
者在受到多种信息轰炸之前，其实也已经存在一种媒介之间的多级传
播，以越战为例，相关的信息首先在新闻节目中播出，随后在晚间栏目
中加以评述和讨论，第二天出版的报纸继续相关报道，而在示威游行
中，相关信息则又被进一步传播，等等。其四，作者继续以越战报道为
例，发现在实际的传播过程中，相关的媒介信息已经或多或少地发生了
一些改变，也就是说，每经过一次传播，媒介的内容可能就会经过相关
传播渠道的修正或改变，由此，作者继续修正他的假说，认为与其说是
多种媒介信息通过多重管道进行流动，倒不如说是各种复杂的信息在每
次传播的过程中都有微妙的改变。其五，作者发现，在哥伦比亚的传播
模式之下，受众是被动和防御性的，缺乏对积极主动的受众的分析，而
且所谓的传播过程并非一种单向的因果式的传播方式，而是一种多方
向、多角度、复杂的交互式传播。根据以上哥伦比亚传播模式的分析，
作者认为，"对话"才是对传播过程准确的描述，在信息的传播过程之
中，人们参与、贡献、倾听、回应，整个传播过程是多角度、多渠道、

多中心的一种对话，而不是单向的、流动式的、因果性的运动。

在研究报告的第二部分，斯图亚特·霍尔讨论了"内容分析"的过去和现在，对传统的内容分析研究以及近期的研究现状做了深入而细致的分析，并指出传统的内容分析研究至少在三个方面将内容分析引向了错误的轨道。首先，在由拉斯韦尔以及贝雷尔森等人创立的早期内容研究中，过度使用科学分析手段、过度关注"表面意义"（manifest meanings）、过度依赖定量分析方法、过度精密化的趋势非常明显，尽管如此，"内容分析"在效果研究中也始终是一种碎片化的研究方式，并不是效果研究的主流研究方法。其次，由于效果研究学者们的还原主义色彩，其所关注的"影响"也只不过是一种短期的、局限的、行为主义模式下的表面现象而已。最后，由于过度强烈地追求结论性证据，导致传播研究越来越依赖实验室的实验结果，但是这种实验其实是在一种可控范围之内进行的，其模式大致可以分为"刺激/反应"和"模仿/反应"两种。比如说，在约瑟夫·克拉佩尔（Joseph Klapper）1960年的名著《大众传播的效果》(*The Effects of Mass Communications*) 以及后续的研究成果当中，可以清楚地看到阿尔伯特·班杜拉（Albert Bandura）社会学习理论（Social Learning Theory）[①] 对大众传播研究领域的持续影响。1963年，班杜拉在《异常与社会心理学杂志》上发表了他和罗斯等人关于视觉刺激对儿童的模块化影响的文章《对电影媒介中攻击性模块的模仿》(Imitation of Film-mediated Aggressive Models)，班杜拉等人针对"儿童在电影环境下的暴力模块影响下，综合其之后所带来的挫折，会增加实施暴力行为的可能性"的假说，做了一组实验，在实验中，第一组儿童暴露在"真实世界"中的暴力模块中，第二组儿童通过电影观看同样的暴力模块，第三组儿童则观看了一个描述暴力卡通角色的动画片。随后，每个小组都经过适当的挫折经历后，测试了他们在不同环境下对暴力模块的模仿或不模仿的数量，从而得出了假说成立的

[①]　社会学习理论是指班杜拉等人在对儿童受到电视暴力内容影响的实验室研究中，发现"当儿童的暴力行为得到强化并受到一定的奖励以后，儿童更会模仿电视中的暴力行为"。Albert Bandura, Dorothea Ross, and Sheila A. Ross, "Transmission of Aggression through Imitation of Aggressive Models," *Journal of Abnormal and Social Psychology* 63, 1961, pp. 575-582.

结论。[1] 霍尔认为，这个实验恰好符合所有科学研究的特质，即"可控的环境""匹配的样本""均值检验数据""相关分析"等，其结果给假说提供了强有力的证据，其简单、直接、不成问题的"暴力"定义——暴力等同于外在的身体攻击——则为其科学目的提供了便利。霍尔还对实验本身提出了他的疑惑，并追问一个成年人用榔头锤击一个塑料充气不倒翁究竟算不算一个"暴力事件"，并质疑在电影中的一系列并不相关的场景结合在一起怎么就成了一个"暴力片段"了呢？霍尔接着分析道，当然，最重要的是，"内容"被当作表面、琐碎的事物，其所呈现的是行为刺激而引起的一种毫无关联的身体反应，其结果也被严格限定在"模仿/反馈"的框架之内，那么所谓的"科学研究"，就像黑格尔所说的"只在晚上飞行的密涅瓦的猫头鹰"一样，双眼是紧紧闭拢的。

在早期的行为主义研究之中，佩恩基金对儿童的相关研究、早期的广播研究以及莫顿对《大众说服》（Mass Persuasion）的研究则并非像前述的那些研究那样简单和直接，但是，这些研究并没有引起相关研究学者的重视，霍尔用了一个"大水，还是黑水，淹没桥梁"的隐喻来说明这些研究的重要性。在回顾近期重要的"内容分析"研究的时候，霍尔认为，其中最重要的和最有影响的无疑是安那博格学院的《艾森豪威尔特别小组报告》（Eisenhower Task Force Report），该报告研究媒介娱乐节目中的暴力呈现问题，其目标是提供一个客观和可靠的关于暴力传播的分析，其分析框架对后来 BBC 以及莱斯特大学传播研究中心的相关研究提供了很大的帮助。但是，霍尔认为，该报告存在一定的问题，首先是其科学化的精密分析忽略了内容中的细微所在，另外就是过度强化其中某些特定的元素，却未认真地对之做出应有的判断，那就是这些元素其实是在某种结构下组合在一起的。针对行为主义研究范式的研究及其弊端，霍尔指出，尽管人作为一个生物物种必然会对刺激做出反应以及会有一些直觉性的举动，但是，一个媒介研究范式将研究的基础放在这样一种框架之内是不合适的，媒介行为说到底其实是一种文化行

---

[1] Albert Bandura, Dorothea Ross, and Sheila A. Ross, "Imitation of Film-mediated Aggressive Models," *Journal of Abnormal and Social Psychology* 66, 1963, pp. 3-11.

为，只有将之放置在文化的大环境之下才可能对之做充分的研究。具体
到该研究所涉及的电视暴力问题，首先，我们必须清楚"暴力"绝不
仅仅是一个简单的意义范畴，相反，"暴力"是一个复杂而又模糊的概
念；其次，媒介中的"暴力信息"很少是那种简单、直接的，或者说
是"运动"式的，相反，在更多情况下，这些"暴力信息"都是未完
成的；最后，"暴力信息"在文化中是通过很多种传播渠道进行传播
的，电视只是其中一种而已。具体到犯罪电视剧的研究方法，作者发
现，以往的效果研究往往将研究的中心放在"暴力事件"（violent epi-
sode）上，殊不知这样却恰恰走向了正确研究的反面，一方面，"暴力
事件"本身就是一个非常松散的范畴，可大可小，比较难以把握；另
一方面，也正是因为"暴力事件"本身是一个不完整的信息，因此，
只有当我们了解了整个节目的背景以后，我们才有可能把握、了解其具
体意涵，所以说单独研究所谓的"暴力事件"实际上是将之从节目背
景中分割出去，加以孤立的、个别的研究，这样自然不会有什么独到、
精准的结论。

　　基于以上这些论述，作者建议使用另外一种研究方法，即将电视节
目内容分为数个"意义单元"来进行一一分析，这些单元是"镜头"
（shot）、"场景"（scene）、"节目"（program），霍尔强调说，"节目"
是其中的基础，即具有一定优先级别的分析单元。此外，霍尔等人还吸
收了萨特在《方法论问题》（Problem of Method）中提出的"回溯/前进"
（regressive/progressive method）研究方法，即在"特定的事物或事件"
（particular object or event）与"总体性"（totality）之间交叉参照，互
相参考，不断往复。这种研究方法的好处在于能够在与"总体性"的
参照中准确把握事件的特定性及其特点，并且能在和其他事物相互参照
的过程中，更好地理解节目的"整体性"。

　　在涉及具体案例的研究中，文本采用的是一种叫做"阐释性方法"
（the interpretative method）的研究手段，这是一种探索性和阐释性地对
电视内容的研究方法。但是，这种研究方法是和具体的实际案例相匹配
的，在对具体犯罪电视剧的研究中，面对的是电视中不是很清楚的表
达，有时候甚至是晦涩的或模棱两可的表述，而文本的目标就是将这些
模糊的或者表达不清的思想揭示出来，给予一个清晰的和总结性的陈

述。首先，查看在电视节目中是否暗含着一套思想体系，如果有，则将之揭示出来并给予阐释；如果没有，则查看在电视节目中是否有可识别的意义簇存在。因此，具体的操作步骤就是，首先，对音频、视频视图中具体的内容进行详细分析；其次，将我们在这个阶段能够获得的思想和概念尽可能清晰地加以阐述；最后，也是最重要的，是将节目所实际言说的内容剔除出去，代之以一个节目是如何精确表述的清晰阐释。以上就是文本具体案例分析所要用到的"阐释性方法"的具体流程。下面让我们进入具体案例，看看该研究是如何进行具体阐释的。该研究所涉及的案例为六部电视剧，分别是《圣徒》（The Saint）、《Z 汽车巡逻小组》（Z-Cars）、《雷霆机》（Fireball XL5）、《斯特朗格报告》（Strange Report）、《保罗·坦普尔》（Paul Temple）、《卡伦》（Callan）。这其中有三部的主人公是私家侦探，处理各种各样、形形色色的犯罪案件和委托，包括《圣徒》《斯特朗格报告》《保罗·坦普尔》；《Z 汽车巡逻小组》讲述的则是一名警察的汽车巡逻小组的故事；《雷霆机》是一个科幻人偶系列片，讲述史蒂夫·佐迪亚克上校驾驶战机保护世界安全的故事；《卡伦》则围绕着一位名叫"卡伦"的，隶属于某英国秘密情报机构的职业杀手展开的故事。比较有意思的是，这些研究的结构是严格按照一定规范进行组织的，即首先介绍故事梗概，然后介绍故事角色，分为"好人"和"坏人"两种，如果角色较多则分开介绍，角色和警察、角色与社会道德、角色与其他角色之间的关系也在这个框架之内，最后则是对暴力事件、暴力情节做具体的剖析，中间或结尾穿插作者的评述和分析。这样做的一个好处就是结构类似，能很快地对相关案例进行定位、了解和查找，但其弱点则是稍显呆板，且前面所述的一些具体分析手法不能得到充分应用，对犯罪情节、暴力事件着墨不多，恐有偏离主题之嫌。这也是中心集体创作的弊端之一，即创作者各自的学科背景、理论水平、投入程度等都存在一定的差异，由此也就导致其水准参差不齐，质量难以得到保障，但是，这仅仅是作为学术著作以及学术探讨，或者说，作为一个中心、作为一个整体必须经历的一个阶段。在该研究的最后一章里，由艾伦执笔的"经验性结论"（empirical conclusion），则通过深入分析情节结构、人物性格以及节目中所体现出来的价值体系，弥补了具体案例分析中的不足。值得一提的是，作者对简单化、运动式传播理念的持续批判以及他们对背景化、对话式研究的强调和坚持。作者在结论中强调指出，我们不能简单地做出定量分析，也不能脱离整个社会语境去孤立地研究暴力影像，我们应该做的是既要了解暴力问题发生的数量，也要知道其发生的根源和本质，还要知道其作为影像呈现出来，其背后的理念是什么，在节目中又包含着何种价值观和理念体系。

在对情节结构的分析中，作者首先将人物类型分为三种，即"调查者"（investigators）、"毫无疑问的罪犯"（undoubtedly bad criminals）、"部分好的罪犯/受害者"（partly good criminals/victims）。作者做出上述分类主要是基于以下几点理由：首先，原有的分类方式（调查者、罪犯、受害者）并不适合文本所研究的对象；其次，这些犯罪连续剧也不存在类似罗宾汉（Robin Hood）那样的角色反转；最后，也就是在对这些犯罪连续剧的考察中，作者发现，"调查者"和"毫无疑问的罪犯"这两个范畴在整个剧集的发展过程中是一以贯之的，基本上没有什么变化，但是"部分好的罪犯"却由于其在犯罪集团或者是一个松散的犯罪小团伙中受到"毫无疑问的罪犯"的暴力威胁而与"受害者"的范畴相重合。随后，作者又将该分类升级为四种类型，即将"调查者"细分为"独立英雄"（independent hero）和"警察"，这是因为在这些剧集中，这两种分类并不重合，而且有时的差异还比较大。在对节目进行具体分析的阶段，作者认为，那种简单地赞同或反对或者单边动员都是不可取的，实际上，只有对话式的内容分析，才能揭示出节目的真正意图以及隐含在对话中未曾明确表达出来的实际想法。作者强调指出，这些意图以及想法实际上都是社会或者说是文化中的一个组成部分，无论其对待犯罪的态度如何（包容抑或严厉），都是广泛散布的文化或者说意识形态中的一个组成部分。

该研究的目标和中心前期的研究比较类似，即试图建构属于中心独有的，也即文化研究式的研究方法，我们可以在该研究中找到效果研究、内容研究、受众研究等媒介研究的一些侧面，也可以看到相关的社会学、传播学、心理学、哲学、文学的理论背景，可以看到中心确实做了很多准备，无论是理论上的还是实践方面的，都试图打破学术研究中各个学科互为壁垒、互相仇视的现状，以建立起一种跨学科的、超越前人的研究方法。从该研究的角度来看，中心的理论野心确实不小，而且已经进行的研究也基本上达成了其前期设定的目标，这就为后期的相关研究指明了发展方向和研究范例。但是，由于该研究是中心成立初期的研究成果，所以，很多方法以及相关的实践还是处于尝试和探索阶段，并没有形成定规，当然，这既是其发展初期不可避免的问题，也是中心一直努力、刻意避免落入的一个学科陷阱，这是因为理论是为实践服务的，事物在不断发展，社会在不断变化，那么相应的理论以及研究方法也势必应该做出相应的调整。霍尔曾在金惠敏教授对之所做的访谈中谈到他是一个喜鹊型的学者，他不生产理论，他只应用理论，结合现实实践，解决实际的问题。[1] 可以说，这正是文化研究的精髓所在，我们必须言说，必须针对现实问题提出自己的判断和分析。"理论是灰色的，生命之树常青！"

---

① 金惠敏：《听霍尔说英国文化研究——斯图亚特·霍尔访谈记》，《首都师范大学学报》（社会科学版）2006 年第 5 期，第 41—44 页。

第二章　政治与意识形态研究

我们很容易就将英国文化研究描述为意识形态研究，当然这也可能是更为精确的描述，因为英国文化研究通过一系列复杂的方式将文化吸纳进意识形态问题里面。①

——詹姆斯·卡雷《作为文化的传播：媒介与社会论文集》

中心媒介研究与传统研究范式的第一个"断裂"就是传统的"直接影响模式"与一个可以宽泛地定义为媒介的"意识形态"角色的研究框架之间的断裂。②

——斯图亚特·霍尔《文化，媒介，语言：文化研究工作报告1972—1979》

弗朗西斯·福山（Francis Fukuyama）在《国家利益》（*The National Interest*）1989 年夏季刊上撰写的《历史的终结？》（The End of History?）一文引起了很大的争议。随后，福山在兰德公司的帮助下，扩展了他先前的论文，写成了《历史的终结及最后之人》（*The End of History and the Last Man*）一书。在该书的序言中，他回顾了他早先所写的文章，"内容涉及过去几年中自由民主制度作为一个政体在全世界涌现的合法性，它为什么会战胜其他与之相竞争的各种意识形态，如世袭的君主制、法西斯主义以及近代的共产主义。但是，不仅如此，我还认为自由民主制

---

① James Carey, *Communication as Culture*: *Essays on Media and Society* (London: Unwin Hyman, 1989), p. 74.

② Stuart Hall, "Introduction in Media Studies at the Centre," *Culture*, *Media*, *Language*: *Working Papers in Cultural Studies 1972-1979* (London: Unwin Hyman, 1980), p. 104.

度也许是'人类意识形态发展的终点'和'人类最后一种统治形式'，并因此构成'历史的终结'"①。也就是说，以前的统治形态有最后不得不崩溃的重大缺陷和非理性，自由民主也许没有这种基本的内在矛盾。

这种说法当然引起了很多的争议和讨论，其中一个非常重要的版本就是本章所要讨论的"意识形态的终结"。就像福山在文中所说的那样，自由民主很可能就是"人类意识形态进步的终点"，然而，这种绝对的和武断的推论受到了广泛的质疑和声讨，其中拉尔夫·达伦多夫（Ralf Dahrendorf）讽刺福山只获得了"15分钟的名声"，随即就凋谢了。② 福山作为里根政府的智囊之一，以及新保守主义的代表人物提出这样的论断，自然与当时全球向右转的趋势是密切相关的。当我们将视线转回到英国，回到英国新保守主义的代表人物撒切尔夫人以及她的论述中，两相对照，自然就会发现，二者是多么的和谐与一致。尽管撒切尔夫人认为，福山的上述言论只是知识分子雄心勃勃的观点，作为实践者要处理的问题显然要比这些论述复杂得多，但是，这篇论文在撒切尔夫人看来依然是令人激动的。③

其实，福山对于"历史的终结"的讨论在霍尔看来，并没有什么新鲜和出奇的地方。早在1960年，美国学者丹尼尔·贝尔就已经著有《意识形态的终结》（The End of Ideology）一书。在书中，作者宣称，经典的、宏大的"意识形态"问题已经被多元的利益和价值的冲突所取代。④ 贝尔的支持者，西摩·利普塞特（Seymour Lipset）也同样宣称："工业革命的基本政治问题已经解决了……民主左派已经意识到，国家权力的持续增加对自由所带来的危险要远超对经济问题的解决。"⑤ 这显然不是实情，当我们转向英国，会发现无论是20世纪70年代，还是撒切尔夫人执政的80年代，这些基本的社会和政治问题远未得到解决，

---

① 福山：《历史的终结及最后之人》，黄胜强等译，中国社会科学出版社2003年版，代序第1页。

② Ralf Dahrendorf，*Reflections on the Revolution in Europe*（New York：Random House，1990），p. 37.

③ 撒切尔：《通往权力之路：撒切尔夫人自传》，李宏强译，国际文化出版公司2009年版，第438页。

④ Daniel Bell，*The End of Ideology*（New York：Free Press，1960），p. 37.

⑤ Seymour Lipset，*Political Man*（London：Heinemann，1963），p. 406.

经济问题也罢，意识形态问题也好，并非贝尔或者利普塞特所说的多元主义就能解决的，而且说穿了，这些所谓的终结论实际上是在打击左派的理论资源，维护资本主义意识形态。霍尔敏锐地发现了这一点，认为"作为现代工业社会秩序模型的多元主义代表了一个时期的理论和政治的封闭性。虽然它注定无法安然度过 20 世纪 60 年代晚期贫民区反抗、校园反叛、反文化巨变以及反战运动的考验，但是，它的确风行一时，并在社会科学的授权下，变成全球性的意识形态"①。在这篇《"意识形态"的再发现：媒介研究中被压抑者的重返》的文章中，霍尔认为，媒介研究大致可以分为三个时期，其中，第二个时期大致可以从 20 世纪 40 年代开始，并贯穿了整个五六十年代，这个时期是美国主流媒介研究，也就是社会学研究方法占据主导地位的时期。在这个时期，基于社会学定量研究方法的行为主义范式是媒介研究的主流研究方法。按照霍尔的说法，在第二和第三个媒介研究阶段中发生了一场猛烈的冲击性事件，那就是一种替代性的研究范式，即"批判"性研究范式的出现。我们都知道，在媒介研究第二阶段中，尽管主流研究模式主导了媒介研究的各个层面，但是其中一个不能忽视的层面即法兰克福学派进行的批判式的媒介研究，由于种种原因，法兰克福学派移居美国以后，一方面遭遇了水土不服，欧洲大陆的抽象、批判性思维在美国的发展并不顺利；另一方面，法兰克福学派单一、保守的研究旨趣也使其研究不能走向深入。此外，某些学者接受了美国官方的资助，开始与主流研究方式合作，也使其批判的锋芒进一步削弱。这也就是霍尔将这篇文章命名为《"意识形态"的再发现：媒介研究中被压抑者的重返》的原因所在，另外一个原因则是，如果我们想要甄别批判性研究范式与主流研究范式，一个最主要的也是最简便的辨别方式就是研究从行为层面转向了意识形态层面。显然，这个"意识形态"的再发现以及媒介中被压抑者的重返，恰恰就是整个 70 年代中心媒介研究的重心所在。可以说，正是霍尔本人领导下的伯明翰大学当代文化研究中心接过了法兰克福学派因为

---

① Stuart Hall, "The Rediscovery of 'Ideology': Return of the Repressed in Media Studies," *Culture, Society and Media* (London: Methuen & Co. Ltd., 1982), pp. 56-57. 斯图亚特·霍尔：《"意识形态"的再发现：媒介研究中被压抑者的重返》，薛毅主编：《西方都市文化研究读本》（第 1 卷），广西师范大学出版社 2008 年版，第 98 页。

种种原因而未能大力发扬的批判研究范式，在新的理论资源的支撑下，将媒介研究的中心转移到了意识形态和政治研究之上。在《文化，媒介，语言：文化研究工作报告 1972—1979》一书中，霍尔对中心的媒介研究发展做了简要介绍，在谈到中心媒介研究对早期美国主流实证主义研究范式的突破时，除了一点与较为积极的受众理论和编码/解码理论相关以外，其他三点都是和意识形态相关的。当然，严格说来，受众与编码/解码理论也是在对媒介的意识形态研究的基础上发展起来的，由此可见，中心媒介研究的发展是与意识形态密不可分的。霍尔在文中这样总结道："与主流范式之间的'断裂'可以概括为以下几点。第一，中心媒介研究的基本框架不再采用主流的'直接影响'模式，转而更多地关注媒介的'意识形态'角色；第二，我们挑战了那种把媒介文本作为意义的'透明'承载体，转而关注那种传统内容分析中的语言和意识形态建构；第三，我们抛弃了那种在传统媒介研究中视'受众'为被动的和无差别的研究视角……以一种更为积极的'受众'概念替代这种过于简单的概念；第四，对媒介和意识形态的关注转回到对媒介在保障主流意识形态定义和再现的流通和有效方面所起的作用方面。"[1]中心对媒介的政治和意识形态内容的涉猎，按照霍尔的总结，自然可以看出是中心媒介研究中的重中之重，即使我们从中心相关研究的成果中看，也能发现政治、时事、意识形态的分析在中心媒介研究的项目中可以说是无处不在，其中涉猎的内容有工人运动、时事节目、种族冲突、道德恐慌、新闻杂志等。

第一节　新闻图片的决定性意义

1972 年秋季出版的《文化研究工作报告》第 3 期是媒介特刊，共包括 7 篇文章，其中既有对 BBC 当红主持人的研究，也有中心翻译的意大利符号学家翁伯托·艾柯的大作，而其中最重要的文章当然要属媒介小组提交的 3 篇文章。瑞秋·鲍威尔的《新闻图片的形式及其变化》

---

① Stuart Hall, "Introduction to Media Studies at the Centre," Culture, Media and Language: Working Papers in Cultural Studies, New York: Rouledge, 1996, pp. 104-105.

（Types and Variations of News Photographs）是媒介小组成员集体努力的成果，他们调查了大量的报纸样本，并对报纸中所有的视觉元素做了细致的整理和分类；第二篇文章是斯图亚特·霍尔的《新闻图片的决定性意义》（The Determinations of News Photographs），这篇文章是由一篇关于分析视觉信息中问题的会议论文生发出来的，经过改写以后主要阐释新闻图片的相关问题；第三篇文章是布莱恩·琼斯（Bryn Jones）的《一个事件的结束》（The End of the Affair），这是一篇关于温莎公爵去世相关图片报道的一个案例分析，当然，也是集体讨论的成果，并试图从实例出发去支撑霍尔文章所提出的相关假说和论点。① 这不是中心第一次涉猎印刷媒介中的视觉元素的分析，在1971年2月19日的《剑桥评论》（*Cambridge Review*）上，我们可以看到霍尔发表的一篇书评，即《媒介与信息：〈图片邮报〉的生与死》（Media and Message：the Life and Death of *Picture Post*）。后来在这篇书评的基础上，霍尔扩充修改并更名为《〈图片邮报〉的社会之眼》，并在中心《文化研究工作报告》第2期上发表。文章分为六个部分，分别是"《图片邮报》的观看之道""历史时刻""英国式的记录样式""战争和英国革命""新闻图片的局限""最后的邮报"，采用一种社会纪实、书评摘要以及符号学、电影学的分析方法对1938—1950年《图片邮报》的发展及其坚守的新闻准则进行了详细和深入的描述和分析。一年之后，中心以及霍尔本人再次针对印刷媒介中的视觉因素进行分析的时候，却和之前的分析有了很大的不同，通过这两个时期文章的对比，我们可以发现，在之前对《图片邮报》的分析中，基本上还是以描述分析为主，间或结合符号学、电影学的分析方法对《图片邮报》的具体内容进行分析解剖。仅仅在一年之后，虽然分析的对象相差不大，按照霍尔的说法，一是图像新闻杂志，二是新闻中的图片，只是静态图像中的不同形式而已，② 但是二者的着眼点却已经大不相同，如果说《图片邮报》的分析是对一个民主时代的哀婉叹息，那么新闻图片的分析则意图揭示出图片背后所蕴含的"霸权""新闻价

---

① Centre for Contemporary Cultural Studies, *Working Papers in Cultural Studies*, Nottingham：Russell, 1972, p. 5.

② Stuart Hall, "The Social Eye of *Picture Post*," *Working Papers in Cultural Studies* 2（Nottingham：Russell, 1972）, pp. 71-120.

值""意识形态"，其中对巴特、埃科的符号学研究方法已经运用得非常自如，同时还引入了欧陆的意识形态理论框架，诸如阿尔都塞的"意识形态国家机器"理论以及葛兰西的"霸权"理论等，这些都向我们展示了中心媒介研究新的面向。

我们都知道罗兰·巴特对一则身穿法国军服的年轻黑人向法国国旗敬礼的图片的经典阐释①，同样，霍尔也认为，在现代的报纸中，虽然文字仍然是至关重要的，图片只是可选项，但是文字一旦配上图片，就会立即产生新的意义维度却是不争的事实。巴特在《今日神话》中这样说道："图片……具有比文字大得多的冲击力，即使是在没有分析或稀释的情况下，它们也能很快就将意义表现出来。"② 按照霍尔的论述，《新闻图片的决定性意义》一文有如下三个目标：第一是分析新闻图片传播意义或者指称意义的几个不同的层面；第二是审视新闻图片在新闻生产中所扮演的角色；第三是考察新闻图片具体是通过什么样的方式将自身与关键的意识形态主题连接在一起的。③ 从文章的这个定位上，我们可以看到，在媒介小组成立以后，中心的媒介研究一方面是蓬勃发展，另一方面则是有个重要的变化，即意识形态转向，这一方面和中心前期对欧陆理论的大量引进、吸收和讨论有关，另一方面这也是中心的一个主动选择过程。霍尔也提醒我们，虽然这是一个关注视觉符号是如何指称社会意义的研究项目，但是，我们必须时刻意识到该项研究所参照的这种新闻制作的结构和中介实际上是嵌入在社会实践当中的，也就是说，对新闻图片的考察，我们要把这种新闻图片的生产过程纳入整个社会过程中来加以考察，同样，这种将社会、历史世界当中的事件转化为"新闻"的过程实际上也是整个意识形态生产领域中的一部分。这是中心媒介研究很重要的一个特点，即坚持语境化、社会化，无论是抽象的理论研究，还是具体的案例分析，中心始终坚持这种部分离不开整

---

① Roland Barthes, *Mythologies*, New York：Noonday Press, 1972, p. 115. 罗兰·巴特：《神话——大众文化阐释》，徐蔷蔷、徐琦玲译，上海人民出版社 1999 年版，第 175 页。罗兰·巴特：《神话修辞术：批评与真实》，屠友祥、温晋仪译，上海人民出版社 2009 年版，第 176 页。

② Roland Barthes, *Mythologies*（New York：Noonday Press, 1972），p. 108.

③ Stuart Hall, "The Determinations of News Photographs," *Working Papers in Cultural Studies* 3, Nottingham：Russell, 1972, p. 53.

体、具体研究必须参照整体的相关语境的研究方法。当然，这其实就是马克思主义一直坚持的辩证思维，即一切事物、现象、过程及其内部各要素之间都是相互制约、相互作用和相互影响的。恩格斯指出："在形而上学者看来，事物及其在思想上的反映，即概念，是孤立的、应当逐个地和分别地加以考察的、固定的、僵硬的、一成不变的研究对象。他们在绝对不相容的对立中思维；他们的说法是，'是就是，不是就不是；除此以外，都是鬼话。'"① 虽然霍尔本人并不认为自己是马克思主义者，但是，无可辩驳的是，霍尔本人的思想之中已经深深地刻上了马克思主义的烙印，在霍尔的思想深处，无处不在的是马克思主义对世界、对资本主义、对意识形态的思考，就像霍尔所说的那样："我是从新左派进入文化研究的，新左派始终将马克思主义视为问题、视为麻烦、视为危险，而不是将之作为一种解决方案。……重要的、中心的问题就是在马克思主义附近工作，在马克思主义之上工作，反对马克思主义，与马克思主义进行协作，试图去发展马克思主义。"② 在《新闻图片的决定性意义》中，霍尔同样吸收了深受马克思主义影响的罗兰·巴特和路易·阿尔都塞的思想，从不同侧面对新闻图片做了解读。霍尔用罗兰·巴特在《符号学原理》(*Elements of Semiology*) 里所说的"混合"(mixed)③ 来指称新闻图片的整合特性，并指出由文字和静态图像所组成的新闻图片实际上是一个混血儿，将两种元素包含在同一个复杂单元之中，当然，它还受到页面布局和文字排版方式等的影响，以使得这两种"相对自主"的元素能够充分地融合和展现。以上是语言层面或者说是形式上的整合，而具体到新闻制作方面来说，霍尔则指出，这实际上是两种话语层面的连接，即形式和意识形态层面的交织组合，要之，新闻图片并不是某些人声称的只是简单的信息，事件的记录或者对日常世界当中"事实"的反映；相反，新闻图片的制作过程实际上是一种社会实践，是由特殊的"劳动"加以创造出来的

---

① 《马克思恩格斯选集》第 3 卷，人民出版社 1972 年版，第 61 页。

② Stuart Hall, "Cultural Studies and Its Theoretical Legacies," *Cultural Studies* (London: Routledge, 1992), p. 279.

③ Roland Barthes, *Elements of Sociology* (New York: Jonathan Cape, 1967), p. 47.

商品，通过报纸这一载体在符号市场中进行交换。① 按照阿尔都塞的说法，即"通过一定的方法，将给定的原始材料加工成一定产品的过程……其在一定的结构中发挥作用，这个特殊结构是由人、生产资料、利用生产资料的技术手段所组成的"②。也就是说，这并不是所谓的简单新闻的呈现，也不是日常生活的反映，而实际上这是一种带有明确目的性的社会实践活动。

为了更清晰地分析新闻图片，霍尔随后对新闻图片做了一个大致的划分。第一类新闻图片是在新闻制作过程中产生的，和新闻制作人员密不可分。这类新闻图片一般反映的是某一事件或者某一主题，图片是由专门的新闻拍摄人员完成的，而相应的文字稿则是由编辑和记者共同完成的。这种新闻图片是完全基于新闻生产的流程制作出来的，其所包含的"新闻元素"最为丰富。第二类新闻图片则在一开始并不具有多少"新闻价值"，多是由自由摄影师拍摄，后来新闻机构购买了相关图片，通过增加标题或者添加阐释性文字的方式赋予其"新闻价值"。第三种新闻图片和第二种比较类似，只是出现的时间比较早，起初也并不是具有新闻使用价值的图片，后来为了某个事件或者某种目的，增加了和第二种类似的标题或者阐释性文本，但是因为之前该图片已经在媒介上出现过，所以其标题或阐释性文本需要更加明白无误地表明主题。也正是因为第三种图片的这种特性，才使得该类图片能更好地，或者说更充分地进行意识形态的再生产。霍尔随后给出了一个非常著名的例子来说明第三种新闻图片。1912 年 4 月，万众瞩目的"泰坦尼克号"游轮首航下水，不料这个事先大肆宣扬的"几乎不可沉没的"超级客轮却在北大西洋上撞在了冰川之上而不幸沉没。针对这一突发事件，《每日镜报》选取了一幅船长夫人和女儿的照片，并配以如下的文字："埃莱娜·史密斯，'泰坦尼克号'船长的妻子，她的丈夫随着'泰坦尼克号'一起沉没，并一直高呼，'做个英国人！'"。但是，这张图片（如图 2 - 1）并不是为了这次事件而拍摄的图片，实际上，这张图片拍摄

① Stuart Hall, "The Determinations of News Photographs," *Working Papers in Cultural Studies* 3, Nottingham: Russell, 1972, pp. 53-54.

② Louis Althusser, *For Marx* (New York: Allen Lane, 1969), pp. 166-167.

于 1902 年，当时是出于家庭纪念的原因而拍摄的，但是在"泰坦尼克号"沉没以后，却似乎成了唯一一张能够彰显泰坦尼克事件巨大新闻价值的新闻图片。从中我们可以看到，一张起初并不具有多少新闻价值的家庭纪念图片，在发生了具有重大新闻价值的事件后，是如何通过布局、语言的组织、标题的增加而具有了很高的新闻价值的。同时，其过程也阐释了在新闻制作过程中，意识形态意义是如何叠加到一个已经具有一定意义的物体之上的。

图 2-1   《每日镜报》刊登的图片

我们知道，罗兰·巴特在《符号学原理》和《今日神话》中都对图像中的"意指作用"（signification）进行了阐述。如果说在《符号学原理》中相关的阐述还比较晦涩、抽象的话，那么到了《今日神话》里，巴特对"意指作用"的分析借助"神话"的力量则又达到了一个新的层次。在《符号学原理》中，巴特认为，可以把"意指作用"看成是一个过程，"它是一种把能指和所指结合为一体的行为，这个行为的结果就是记号"。而在巴特的定义当中，"记号是（具有两个侧面的）一束声音，一片视像，等等。"同时，巴特指出，意指的目的并不是结合，而是区分，而且，由于能指和所指的重新结合，也不可能穷尽全部的语义行为，且这种含混性给图形表示的意指作用带来了诸多不便。① 针对这种图像"意指作用"的含混性，霍尔认为，如果要深入分析新闻图片所内藏的决定性意义，则必须对新闻图片的"意指作用"进行分层，从而准确把握其试图传递的各种符码结构。霍尔认为，新闻图片是一个复杂结构化的整体，其所具有的意义包含多个层次，而且这多个层次之间也都互相交织缠绕、互相依赖，且如果新闻图片就像话语中其他符号那样进行表征的话，则可以说新闻图片的每一个"意指作用"层次都包含着一种符码。② 霍尔将新闻图片的"意指作用"分为八个层次，其中第一个层次是技术层面（technical level），即能够将图片记录并付印的层面。按照霍尔的分析，这个层面的"意指作用"是其他层面的基础，但是，这种基础也并不是决定性的，尤其是当拍摄和印刷技术发展到一定阶段以后，新闻图片的采用受技术的限制就会比较小；反过来，其他层面的"意指作用"则会对相应技术的采用起到一定的作用，用霍尔的话来说，就是"因此，就像我们所期待的那样，技术层面和其他层次之间的关系是辩证的"③。第二个层次是形式/外延层面（formal-denotative level），在这个层次上，静止图片经由拍摄、印刷而将三维立体的现实世界转化成了只具有两个维度的平面世界，其中丢失了很多元素，但是，读者还是能够根据自我的认知而对之进行识别。在这里，霍尔批评了皮尔斯的观点，皮尔斯认为，这些图像符号（iconic sign）也就是文本中所讨论的静止图像，可以被定义为包含了其所代表的物体的某些属性。霍尔认为，实际上，静止的图像实际上并不能包含三维世界中物体的任何属性，就像埃科所说的那样："图像符号再生产了某些感知环境。"④ 这些所谓的"感知环境"实际上就是一定的感知符码，使得我们能够对日常生活中的物体加以辨别。当然，新闻图片并不是只包含一个外延层面，同样地，它还拥有其组织符码层面（level of composi-

---

① 罗兰·巴尔特：《符号学原理》，李幼蒸译，中国人民大学出版社 2008 年版，第 34 页。

② Stuart Hall，"The Determinations of News Photographs," *Working Papers in Cultural Studies* 3，Nottingham：Russell，1972，p. 56.

③ Ibid.

④ Umberto Eco，"Articulations of the Cinematic Code," *Movies and Methods：An Anthology volume* 1（California：University of California Press，1976），pp. 590-607.

tional code），这就是霍尔分类中的第三个层次。我们都有观看图片的经验，或者说，我们可能会有拍照的经历，无论是拍照还是观看图片的时候，我们都会关照图片中的主要元素，或者说会被图片中的主要元素所吸引，而由于图片是平面的、二维的，而且有一定的框架限制，所以在图片中，其布局、景深、焦点、背景、前景、距离、位置、镜头等因素就非常重要，会直接影响图片所试图表达的内涵。比如说，在电影《第三人》（The Third Man）当中，当镜头从摩天轮上面拍摄地面上的人群的时候，就会凸显人类的渺小；在电影《公民凯恩》（Citizen Kane）中，当从非常低的角度仰拍一个人的时候，则会突出这个人的权势和尊贵。因此，对于图片的空间布置来说，相对于电影而言，则更能依照其所采用的编码形式来表示不同的内涵。第四个层面则与社会习惯、文化风俗息息相关，这就是表现编码层面（level of expressive codes）。我们知道，每种文化都有其独特的意涵，身在其中的人们共享着共同的文化符码。比如说，前段时间，在北京语言大学有一个关于"中文测试"的随机采访，其中一个环节是选取了四位外国学生，通过播放录像的方式测试其对中国文化的了解程度。录像中一位女生说："昨天和你在一起的那个女生挺漂亮的，她是谁啊？"那个男生比较粗鲁，说道："你妹！我妹。"主持人就问这四位外国学生，这个女生到底是谁的妹妹？四位外国学生自然是一头雾水，无从回答。熟知中国网络文化的人会比较清楚，"你妹"是一句国骂的变形版本，当然并不是"你的妹妹"的意思。如果不熟悉当代中国文化，没有接触过类似话语的人则自然很不了解其中的具体意涵。回到霍尔所论及的新闻图片上，同样也是这样，同样的文化、具有相同传承的人会对一张图片做出大致相同的理解和阐释，或者也可以将之称为形容词放大层面。第五个层面则是所谓的新闻生产层面了，或者也可以叫作优先层面，这是因为正是在这个层面上新闻图片的"意指作用"开始切断所有其他应有的联系，而只提供一个使用的途径，那就是"新闻价值"。在这个层面上，是新闻价值发挥作用的起点，但绝对不是重点。作者以"温莎公爵"去世后报纸全力打造的"温莎公爵夫人"形象为例说明意识形态维度是如何进入新闻图片的生产当中的。在温莎公爵去世之后，温莎公爵夫人立即成了新闻报纸的宠儿，无数的主题开始出现，这其中包括"这就是那个国王为了她而不惜放弃王位的女人""国家危机的源头""离了两次婚，丑闻不断的女人""公爵的忠实伴侣，最终被白金汉宫所接受，受邀访问白金汉宫"，等等。这些新闻图片肯定是经过再次加工和制作的，最终意识形态维度得以添加其中，其中重点突出的则是其"君主制的强大""丑闻"以及"名流生活"，由于其后中心针对这一事件做了详细的案例分析，这里就不再详述了。总之，正是在这个层面上，"新闻价值"得以实现，"新闻效果"得以建立，并取得其统治性的地位，这体现在前面的层次都在为第五层次服务上，并且在随后的层次中，其"新闻价值"和"新闻效果"不断得到优化。第六个层次是在第五个层次架构内针对图片本身所做的调整，其中包括图片的放大或剪裁、背景移除等图像技术，以达到凸显主题、强调面部表情、符合新闻整体布局等目的。这个层次可以被称为图像处理层次，通过处理的图像应该能够符合新闻价值的需要，并且能够克服图片自身所具有的多义特性，以契合新闻图片的主题。第七个层次则是布局层次，在这个层次上，要根据图片在报纸中的重要程度、关系以及相关度来确定其在报纸排版布局中的位置，比如说，根据其相关度安排新闻图片在头版、专题还是娱乐版块上，根据其重要性安排在页面的中间、左边、右边还是下面。第八个层次则是给图像增加标题和内容提要，通过这至关重要的一步，文字压迫性地将图片的"使用价值"排除在外，而赋予其卓越的意识形态特性。罗兰·巴特在《图像修辞学》(*Rhetoric of the Image*) 中，对文字的这种功能做了详细的解读。值得一提的是，巴特的这篇重要文本首次在英语世界出现，恰恰是在中心 1971 年春季出版的首期《文化研究工作报告》上，从中就可以看出中心对巴特相关符号学理论的重视，以及中心率先在英语世界引入巴特相关理论方面所做出的贡献。巴特认为，标题的主要功能是锚定，"这使得读者对图像的理解能够局限在某些所指的范围之内，避免他们接受其他别样的所指，通过一种通常是隐秘的指派行为，使得读者倾向于接受一个早已选定的内涵"[1]。通过霍尔对上述基础的和形式上的分析我们可以看到，通过图片符号的插入，新闻生产层级是如何

---

[1]　Roland Barthes, "The Rhetoric of the Image," *Working Papers in Cultural Studies* 1, Nottingham: Partisan, 1971, p. 43.

在新闻生产过程中确保其自身对其他层级的主导地位的。我们发现，通过将新闻图片插入新闻生产过程之中，图片的使用价值就逐渐淡化，其意识形态价值逐渐凸显，并且在这个复杂的主导结构中又反过来影响了其他层级的作用。

在阿尔都塞的自传《来日方长》英文版前言中，道格拉斯·约翰逊认为，当时的学生毫无疑问受到了来自阿尔都塞所推进的毛主义（Maoism）的影响，同样，我们也可以从收录在《保卫马克思》中的一篇论述矛盾与多元决定的文章中清楚地看到其对毛泽东关于"对抗性矛盾和非对抗性矛盾"相关论述的认可。在《新闻图片的决定性意义》中，霍尔在分析完新闻图片意指作用的层次后，特别提到我们还应该重视新闻图片的社会实践。在毛泽东的《实践论》中，毛泽东认为："人的社会实践，不限于生产活动一种形式，还有多种其他的形式，阶级斗争，政治生活，科学和艺术的活动，总之社会实际生活的一切领域都是社会的人所参加的。"[①] 具体到新闻图片的制作和生产，霍尔借助阿尔都塞关于"意识形态国家机器"的相关叙述，认为"就像其他的意识形态国家机器一样，新闻的生产是由一系列意识形态国家机器所完成的，新闻图片即是通过一系列社会实践所完成的。"[②] 所不同的是，新闻图片的社会实践是通过一系列不同的工作将日常生活中的视觉素材转换为新闻商品的。霍尔认为，可以把新闻图片的社会实践分成两个不同的部分加以解读，一部分即是所谓的"日常实践"（Ritual Practices），或者可以称之为意指作用的"劳作"部分，这一部分包括的工作有：拍摄图片，对图片进行选择，审定图片，裁剪，放大，添加文字、标题、主题，印刷拷贝等，这一部分是可见的、日常的，或者说更多的是属于技术性的，属于报纸生产制作流程中的一部分，但是新闻图片的社会事件的另一部分则是不可见的，前面的日常操作都暗含在其框架之内，不能越雷池一步，或者说是"随心所欲而不逾矩"，这就是新闻图片制作人员的"专门技术"（know how），知道如何挑选图片、安排图片的布局以及如

---

① 《毛泽东选集》第 1 卷，人民出版社 1991 年版，第 283 页。

② Stuart Hall, "The Determinations of News Photographs," *Working Papers in Cultural Studies* 3, Nottingham：Russell, 1972, p. 60.

何应对各种局限和"最后时限"，等等，按照霍尔的说法，以上这两部分结合就构成了新闻图片制作人员所谓的"图片竞争力"（Photographic Competence）。作者随后对前面所说的意指作用的八个层次做了社会实践层面的解读，由于相关内容在前面已经述及，这里就不再重复了。值得注意的是，正是通过新闻图片的社会实践，这些日常工作，意识形态的决定性工作才最终完成，并被送交到读者手中。

新闻从业人员一直强调自己的专业性，而在选择新闻素材的时候，他们喜欢强调素材的"新闻价值"（news value），但是要知道，每天在全世界发生了成千上万的事件，或者说，从一个专业新闻机构的角度来看，其每天所能接触到的新闻事件也有数以千计以上，但是只有极少部分的新闻事件、新闻图片能够被选中呈现在媒介之上，他们依据的就是所谓的"新闻价值"原则来进行筛选的，可是，所谓的"新闻价值"并没有一个完整的说明，即使是所谓的专业人员恐怕也对其知之甚少。霍尔认为，一个事件、一个报道或者一张图片是否能够被选中作为新闻素材，必须满足三个最基本的原则，那就是"事件"，即故事必须或能够与某个事件发生关联；"即时性"，即事件必须是最近发生的，最好是当天，几个小时之前的更好；"新闻价值"，新闻中的事件或人物必须具有"新闻价值"。[①] 两位挪威学者约翰·加尔通（Johan Galtung）和玛丽·鲁格（Mari Ruge）在 1965 年发表的《国际新闻结构》（The Structures of Foreign News）中提出了更为精细的"新闻价值"定义，其中包括即时性、高强度、稀缺性、不可预知性、清晰度、民族中心主义、连续性、和谐、精英、发达国家以及个人化等。[②] 霍尔将这种"新闻价值"称为形式上的新闻价值，其追求的是我们所不知道的、新鲜的，能够打破期待视野的新闻素材，以期能够吸引读者的眼球，但是，霍尔提醒我们，这些所谓的打破期待视野的、新鲜的资讯，实际上都是建构在我们已经拥有的关于社会、人类和文化的知识结构之上的。如果说"新闻价值"是一种前景的话，那么，我们所拥有的社会、文化知

---

① Stuart Hall, "The Determinations of News Photographs," *Working Papers in Cultural Studies* 3, Nottingham: Russell, 1972, p. 76.

② Johan Galtung & Mari Ruge, "The Structures of Foreign News," *Journal of Peace Research* 2 (1), 1965, pp. 64-90.

识实际上是其隐藏的"深层结构"。就像我们前面已经讨论过的，新闻图片的认知维度即是建立在共同的文化符码之上的，而新闻制作人员通过新闻图片的生产和制作，通过一系列技术手段，通过添加文字标题或注释，从而使得新闻图片具有了意识形态维度，而这个维度是从新闻图片进入生产制作流程一开始的时候就已经具备了的。通过将新闻图片形式上的新闻价值层面与其意识形态层面的新闻价值结合在一起，则形成了一系列的意识形态主题，而通过将已经完成的符号与一系列主题和概念相连接，则使得新闻图片变成了一个意识形态符号。在巴特关于黑人士兵敬礼的例子中，新闻图片已经传递了一个意义，那就是"一个黑人士兵在向法国国旗敬礼"，但是当这个已经完成了的符号与意识形态主题——法国行、军国主义等——相连接的时候，它就变成了第二意指链中的第一个元素，而其传递的信息则变成了"法国是一个伟大的国家，她的子民，无论是否有肤色差异，都忠诚地为祖国服务，对于那些殖民主义的诽谤者来说，最好的答案莫过于这个黑人士兵在为其服务的所谓压迫者的过程中所表现出来的热忱"①。

此专题的第三部分是布莱恩·琼斯的《事件的结束：温莎公爵夫妇与报纸头版》(The End of the Affair: the Windsors and the Front Page)，文本是案例研究，重点分析的是温莎公爵去世后英国国家级日报（除了《晨星报》和《金融时报》的其他报纸之外）对公爵去世的报道，时间为公爵去世后的 1972 年 5 月 19 日。这篇文章是对霍尔文章的一个案例上的验证和分析，试图展示如何从表现、新闻以及意识形态维度分析新闻图片及其伴生的文本。《每日镜报》的首页只有一张图片，图中公爵以及公爵夫人坐在一张公园的长椅上，公爵看起来年老又虚弱，而公爵夫人则看起来年轻又充满活力，他们看起来就像是病人和护士一样，从穿着上来看也是如此。这张照片拍摄于 1969 年 3 月。从这张照片中能看出来的是，一对年老的夫妻在一个舒适的环境中享受着快乐时光，年轻的公爵夫人和衰老的公爵之间的强烈对比，结合其标题，"把我葬在温莎"，暗示公爵本人濒临死亡的边缘。《每日镜报》这一天的头版上总共有五个标题，分别是："他的最后愿望""'把我葬在温莎'""皇家爱

---

① Roland Barthes, *Mythologies* (New York: Noonday Press, 1972), p. 115.

情故事终结，公爵夫人陪伴在他身边""女皇请求遗孀，以后就住在白金汉宫吧""生为国王"。前两个标题充分反映了新闻价值中的"即时性"，而第二个标题中的引号则凸显了巴特所强调的图片的"曾经在那儿"的在场感。总之，在这五个标题当中有三个新闻元素，它们分别是：埋葬的愿望；公爵去世时公爵夫人陪在身边；请求留在白金汉宫。作者认为，只有在具体的结构当中才能更好地分析其意识形态主题，这就是报纸的文本，报纸的自我形象及其特定的意识形态环境。通过分析，作者认为，《每日镜报》头版所蕴含的意识形态主题有以下几个："祖国、家庭的爱国主义情结""熟悉的皇家关系""通过死亡引起的奇妙的转换""作为资产阶级爱情榜样的资产阶级夫妻""和解"。《太阳报》的头版新闻图片所暗含的意识形态维度与《每日邮报》比较类似，主要是"爱情典范""宽恕、和解"，在此不再赘述。《每日邮报》《每日快报》和《泰晤士报》使用的都是同一张图片，但是，每份报纸呈现给读者的新闻图片却有很大的差异。《泰晤士报》的图片较大，温莎公爵及其夫人都在其中，而另外两家报纸所采用的图片却是《泰晤士报》图片的裁剪版本。在《泰晤士报》的这张图片中，温莎公爵正要出门，而公爵夫人在后面和别的人正说着什么，同时，我们还能看到有一辆小轿车和其他人的模糊影像。这虽然是一幅公爵及其夫人都出现其中的图片，但却不是像《太阳报》和《每日镜报》那样作为夫妻出现的，这张图片是公爵在巴黎寓所接见日本昭和天皇时的留影，也是公爵最近的一张照片。这张照片既凸显了公爵的优雅和高贵，同时也强调了公爵作为贵族，或者国家首脑出现在一个半外交的场合，与《每日镜报》和《太阳报》不同的是，公爵夫人是作为配角出现的。而在《每日邮报》和《每日快报》的图片中，虽然与《泰晤士报》使用的是同一张照片，但却经过了放大、剪切等加工处理，尤其是在《每日快报》的图片中，公爵夫人那部分影像被删除，公爵夫人从这幅图片中被剔除出去了；而在《每日邮报》中，背景部分做了模糊化处理，尤其是汽车、人物等背景都隐而不见了。这两份报纸头版新闻图片的标题十分类似，基本上表达了两个主题：一是"公爵回家"；二是"公爵夫人会留在白金汉宫"。与《泰晤士报》所不同的是，这两家报纸对公爵"国家首脑"的身份似乎并不在意。从表达层面来说，似乎是图片越大，公爵就显得越虚弱和行将就木。而从意识形态角度分析，作者认为，《每日快报》似乎在淡化其意识形态维度，而《每日邮报》则似乎更多地强调温莎公爵作为贵族、精英的各种美好的品质：英国性、皇家血统、迷人的魅力、对国家的重要性，等等。《每日邮报》的其中一个标题是"公爵回家"，似乎暗示着这么一个意识形态主题："公爵是一个伟大的英国皇室成员。英国是我们的家。公爵是英国统治者中合适的人选。我们尊敬他，我们认可他所领导的英国的社会结构。"①《每日电讯报》是所有报纸中唯一一家提及公爵去世的报纸，而其他报纸则基本上是将这个报道暗含在其图片和标题当中；《每日电讯报》也不像上述的其他报纸那样，首页的新闻均为温莎公爵去世的相关新闻，它在首页上还安排了其他新闻，诸如"皇家空军飞回英国""英国资产"等。《卫报》是唯一一家没有使用新闻图片的国家级报纸，其标题为"女王邀请公爵夫人住在白金汉宫"，这些特征非常明显地突出了《卫报》的意识形态维度，以及其读者群和报纸的自由主义立场，同时作为一家商业报纸又不得不进行妥协的窘境。

中心与《银幕》的第一次交集发生在 1973 年，当年在《银幕》杂志第 3 期上发表了特里·洛弗尔（Terry Lovell）的《文化研究》（Cultural Studies）一文。这篇文章是对中心发行的《文化研究工作报告》第 3 期媒介特刊的评述。在文中，洛弗尔首先回顾了"符号学"或曰"结构主义"在英国发展所遭遇的困境，然后盛赞中心在第 3 期《文化研究工作报告》中所采取的理论方法，以及运用罗兰·巴特（Roland Barthes）《神话学》（Myth）进行大众文化意识形态分析的努力。在对巴特符号学做了大段分析之后，作者认为，在对大众文化现象进行意识形态剖析方面，符号学确实有筚路蓝缕之功，但是，如果我们不采信符号学家们的分析，不认可其分析结果，比如说，巴特的对黑人士兵向法兰西国旗敬礼的分析，难道真的是所谓"法兰西帝国主义"意识形态的倒影吗？在这方面，符号学分析就显得有些力不从心了，而斯图亚特·霍尔则试图采用"开放的"结构主义模式来解决这一难题。从文中可以看出，作者对霍尔的取向还是比较认可的，并且认为，研究意识形态既需

<hr />

① Bryn Jones, "The End of the Affair: The Windsors and the Front Page," *Working Papers in Cultural Studies* 3, Nottingham: Russell, 1972, p. 97.

要符号学方法也需要社会学理论，二者缺一不可。当然，这也是霍尔论断的翻版。① 1973 年 10 月，斯图亚特·霍尔针对这篇文章撰文予以回应。不知道是什么原因，这篇文章并没有在公开刊物上发表，而仅存草稿形式，馆藏于伯明翰大学卡德伯里研究图书馆特藏室（Cadbury Research Library：Special Collections）。在这篇回应文章中，霍尔认为，洛弗尔文虽然谈到了一些重要问题，但是并不够细致，可以再进行深入探讨。首先，霍尔认为，他并不能完全理解或者接受洛弗尔的一个论点，即符号学只可能是在那些成问题的文本中已经存在"专业阅读"的情况下才可能得以应用，因此，符号学家可以依靠那些日常生活中理所当然应该存在的意义富矿。霍尔认为，虽然巴特说过符号学假设人们从不停止在有意义的词汇中去澄清这个世界，但是，一个文本究竟包含了什么和如何包含，这些意义都需要我们去证明，而且也需要弄明白在文本的显在面前我们遗漏了什么和超越了什么。我们知道，在马克思主义意识形态概念中，意义之所以能够成为"意识形态"，恰恰是因为其超越自身而化身为一种"自然的""给定的"以及普适的过程。"每一个企图代替统治阶级地位的新阶级，就是为了达到自己的目的而不得不把自己的利益说成是全体社会成员的共同利益，抽象地讲，就是赋予自己的思想以普遍性的形式，把它们描绘成唯一合理的、有普遍意义的思想。"② 从这个意义上来说，所谓的"一致性的阅读"，并不是原本就在"那儿"等着我们去发现的，而是被制造出来的。而所谓的"专家读者"，其意识形态角色定位就是生产出那种优先的、主流的、霸权的文本阅读，也就是马克思恩格斯所说的"唯一合理的、有普遍意义的思想"。霍尔认为，意识形态分析恰恰就是要认清这些制造共识、普遍性、主流、霸权文本阅读的所谓"专家""精英"的社会角色定位。大众文化的意识形态分析并不是一项简单的工作，而符号学不仅应该分析文本的多样化解读是如何产生的，而且关键的是，符号学更应该分析这种所谓的"专家阅读"、单一性的理解是如何生产成自然的、"理应如此"的阅读的。而《文化研究工作报告》第 3 期所做的就是这种去魅工

① Terry Lovell，"Cultural Studies，"*Screen* 14（3），1973，pp. 115-22.
② 《马克思恩格斯全集》第 3 卷，人民出版社 1960 年版，第 54 页。

作，可惜的是，洛弗尔似乎未能认真领会其中的意涵。其次，洛弗尔认为巴特所说的"神话"（myth）不能等同为"意识形态"，这是由于"一个物体的前神话、中立的身份"的可能性。霍尔承上所述，认为既然他不认可所谓的"纯真阅读"（innocent reading），也就是前面所说的"专家阅读"，自然也就不会认可巴特对前神话、纯真符号存在的渴望，同样地，也不认可巴特所谓的"零度写作"，或者他在《S/Z》中提出来的"空洞、可写的"文本概念。霍尔认可洛弗尔关于"所有的意义层面都包含着意识形态的意涵"的论点，但是对洛弗尔将"中立/意识形态"与"外延/内涵"联系起来表示反对，认为这是两种不同的范畴。所谓的"指称意义"，并不是一个"中立"的范畴，与之相反，这是一个非常复杂的应用。霍尔同意"意识形态意义是特定意指实践的产物"这一说法，但是，显然洛弗尔在社会实践以及意识形态国家机器等方面的理解尚不够充分。再次，霍尔认为，洛弗尔对他所使用的"开放符码"以及"封闭符码"有些误解。"开放"并不意味着就是"随意"，可以被任意解释和应用。最后，霍尔对洛弗尔关于意识形态分析必须有历史的和社会的知识背景这一论断表示完全同意，并认为文化研究就是一个理论和实践相结合的领域，二者必须相辅相成，缺一不可。

第二节 工业冲突与大众媒介

1973 年 2—3 月，英国公共事务服务部门职员因为反对保守党政府推行的"反通胀"政策，而爆发大规模的罢工以示抗议。这是英国历史上第一次公共服务部门的职员罢工，主要涉及的是煤气厂工人、医院职员、火车驾驶员、教师以及公务员等。中心媒介小组针对这次事件，以及媒介对之的相关报道，发表了《工业冲突与大众媒介》一文。这篇文章的目的是分析这次工业冲突中媒介报道的意指作用，其所使用的素材是 68 个电视新闻和时事节目的录音磁带，具体涵盖如下电视节目：34 个 BBC 的主要电视广播，16 个独立电视台的主要新闻广播，13 期"全国观众"节目，4 期 BBC 2 台的每周新闻摘要以及 1 期 BBC 2 晚间新闻报道。

按照莫利的考察，当时关于罢工的媒介研究很少，除了一份卓越的但很少人知道的泰晤士理工约翰·唐宁（John Downing）所作的关于1970 年码头工人罢工的媒介报道研究以外，还有一份"电影与电视工人联合会"（Association of Cinematographic and Television Allied Technicians，简称 ACTT）所作的研究报告。ACTT 的这项研究名为《一周》（One Week），其研究时段为 1971 年 1 月 8—14 日这一个星期的时间，其研究对象是这段时间内电视中的工业事件和工会报道内容。ACTT 报告试图揭示出在多大程度上 ITV 和 BBC 在报道劳资关系问题时，能够与它们公正报道新闻和时事的法律责任相吻合。ACTT 报告在分析相关电视报道的时候使用了三个基本的准则，那就是中立的语言、平衡的观点、平衡的故事元素，并最终得出如下结论：（1）BBC 的报道显然与公正原则不符；（2）对工业事物的报道方法是肤浅的和有害的。① 莫利认为，ACTT 报告首先在整个分析的组成框架上就是存在问题的，这是因为 ACTT 报告完全没有认识到任何事件只要经过媒介的报道就必然要有特定的概念框架，它毫无疑问也是有一定价值倾向的。实际上，所谓的不带偏见的、完美的"语言"是不存在的。当我们诉说一个事件的时候，我们所选择的语言其实就已经暴露了我们的感情倾向，所以说 ACTT 报告的初始框架就存在一定的问题是有道理的，莫利也认为："所有的语言都是有其机会成本的，在用来观察和记录的语言中，评价已经暗含其中。"② 此外，莫利还认为，ACTT 报告所强调的平衡概念也是不合适的。ACTT 所强调的后两个准则，无论是视角的平衡也好，还是故事元素的平衡也罢，实际上都是一个节目的形式方面的内容。比如说，在关于工人罢工主题的讨论节目中，除了主持人以外，还有四位研讨嘉宾，分别是政府官员、亲政府的报纸编辑、工会领导人、产业工人，从视角来说配置可谓完美，那么如果在相关的主题讨论中，依次设置这些主题，即政府议案详解、政府议案分析、工人利益诉求、工人切身利益考量，那么，也可以说其故事元素的配置是平衡的。但是，你并不能说其中你得到的信息，或者说其传递的意识形态是中立的和平衡

---

① Dave Morley（1976），"Industrial Conflict and Mass Media," CCCS Stencilled Occasional Paper, No. 8.

② Ibid.

的，这是因为我们都知道，在媒介所传递的信息中，必然会有一个主导的或主要的意识形态暗含在内。莫利认为，ACTT 报告的问题与詹姆斯·哈洛兰的《示威与传播》(*Demonstrations and Communications*) 一书所犯的错误是一样的，那就是用形式分析代替了内容分析，将单词作为分析单位，既琐碎又无法抓住媒介报道的实质。莫利认为，仅仅使用这种"零碎的"分析，或者简单地枚举出哪些形容词是有益的而哪些又是无益的，这样的分析是很难揭示出媒介报道的真实内涵的，想要达到这样的目的，我们必须采用一系列意识形态的分析方法、概念和框架，来揭示出外在的媒介报道中所隐含的"符码"[1]。莫利反对那种将意识形态视为"虚假意识"的庸俗马克思主义，相反，他将意识形态视为牢固建立在我们的社会生活形式之上以及基于一套相互依存的范畴之间的思想矩阵。因此，莫利提出，针对工业冲突的媒介报道的分析，其首要的任务就是能阐明这种意识形态结构以及这一套相互交织的范畴和概念，从而能够将隐含在传播媒介内容之中的"符码"揭示出来。[2]

接下来，莫利对如何分析媒介内容给出了自己的路线图，首先，提出了一套相互交织和相互依存的范畴，这套范畴组成了媒介中工业冲突意指作用的基本元素；其次，根据这些范畴继续深入分析媒介报道中不断出现的范式和起源；最后，在将单个节目视为"结构性整体"的情况下，分析这些元素是如何互相交织、协作的。在对意识形态结构的分类中，莫利将之称为"碎片结构"，分为 6 大部分，总共 16 个范畴，分别是：其一，主要演员和舞台：（1）社会形象；（2）工会形象；（3）雇主/国家形象；（4）价格/工资系统形象。其二，对冲突的"阐释"：（1）阴谋论；（2）"不妥协的态度"。其三，温和与极端主义：（1）勤奋的工人/不负责任的罢工者；（2）道德责任与训诫。其四，（1）政治的定义与可以接受的抗议程度；（2）服从的意识形态与反对的意识形态；（3）暴力与非理性抗议。其五，（1）媒介，公众和双巨头的神话；（2）普通的工作/和平话题；（3）分裂，罢工导致"混

---

① Dave Morley (1976), "Industrial Conflict and Mass Media," CCCS Stencilled Occasional Paper, No. 8.

② Ibid.

乱"。其六，媒介的事件起源：（1）没有背景的现实；（2）崩塌的冲突。

在缺席了利益的结构性冲突的情况下，"国家利益"（National Interest）很容易就成为全体成员共同的信念，由此，社会、国家、民族这些总体性的概念成为社会中个体首要考虑的问题，诸如通货膨胀、出口总额、英镑地位等问题成了全社会共同关注的话题，个体的、私人的事物被有意地、傲慢地忽视了。莫利观察到，尤其是在危机时刻，类似"国家利益"这样的概念出现的频率和使用的范围会大大增加。例如，1972 年 2 月，时任首相爱德华·希斯（Edward Heath）在矿工罢工结束那天的讲话中说："生活在这样一个国家里，不能有任何'我们'（we，主观，小团体）或者'他们'，这里只有'我们'（us，包括自己在内的所有人）：所有的人。"[1] 同样，1973 年 3 月，在谈到政府职责的时候，希斯也说到是代表了"整个集体的利益"，以支持他的反通胀政策。[2] 而当同年 3 月 8 日伦敦发生炸弹爆炸的时候，则又到了整个国家重新整合、重新划分界限的时候：之前被视为国家威胁的医院罢工职员，他们由于响应政府号召，重新走上工作岗位去帮助那些受伤人员而受到广泛赞誉；在"全国观众"节目中，卡尔先生在代表所有议员对这些医护人员表示感谢的时候，显然也搁置了以往党际之间的冲突和争议。[3] 从这些例子中我们可以看到，在社会激烈冲突的时刻，以往充满争议、矛盾和多样性的"社会形象"在经过一系列巧妙替换以后，是如何变成一个团结一心、共渡难关的，代表着全体人民、国家利益的"崇高伟大"的社会的。

工会在相关的媒介报道中一般被看作是局部利益的代表，由此本来是工人与雇主或者工人与政府之间的冲突，被转换成了工会与政府之间的冲突。冲突的双方，一方被认为是只考虑局部利益的工会组织，而另一方则被刻画成为"国家利益"而疲于应对的政府部门。英国铁道部

---

① Graham Murdock，"Political Deviance：The Press Presentation，" *The Manufacture of News* (London：Constable，1973)，p. 207.

② Dave Morley（1976），"Industrial Conflict and Mass Media，" CCCS Stencilled Occasional Paper，No. 8.

③ Ibid.

的马什先生认为，工会是非常狭隘的，"非常狭隘……我不得不说了，再说，公众被野蛮地利用了"。而希斯先生在谈到加油站工人接受政府工资指导政策而返回工作岗位时，将之描述为"常识的胜利"。此外，不同工会之间的争斗也被看作是局部利益的最好注脚，莫利看到，媒介经常采纳政府对铁路工会之间争议的定义，将之描述为"确实是工会之间的吵闹"①。1973 年 3 月 4 日，BBC 1 报道了一些威尔士的煤矿工人由于铁路工人联合会与火车司机和司炉联合会之间的矛盾，导致他们不能乘坐已经预定的特别列车，前往伦敦参加一个反对政府的会议。当然，这个事件只是工会相关事件中的一个小概率事件，但就是这么一个事件，经过媒介的大肆渲染之后，工会组织给人的印象就会变成"局部利益是不是有些失控了?"②

国家在相应的工业冲突中总是被作为一个"国家利益"的代表者和法律秩序捍卫者的面貌来呈现的。BBC 在 3 月 9 日的报道中说，"在昨天码头工人罢工以后，一条由 200 名警察组成的警戒线面对着数以百计的愤怒的码头工人"；而在"全国观众"2 月 27 日的报道中，我们被告知，"警察正在紧急安排调度临时增加的汽车停车场，以便解决因为火车司机罢工所引起的停车位紧张的问题"；而一位来自铁道部的工作人员则认为，他是通行者们的朋友，他对由于火车司机罢工所造成的通行者们的困难深表关注，同时表示他会一如既往地通过与工会的斗争来帮助这些通行者渡过难关。③ 国家在这些工业冲突中成了多数人的代表，而不是代表所谓的"特定阶级"的利益，在我们上面提到的希斯的讲话中，他认为，"如果政府被打败了，那么这个国家也就被打败了。这是因为政府是由一组被选出来做事的人组成的，他们所做的正是大多数人想让他们做的"④。一旦国家陷于争议当中，国家的角色马上就被定义为尽快恢复工作、生活秩序，工会也就会被要求尽快放弃他们

---

① Dave Morley（1976），"Industrial Conflict and Mass Media，" CCCS Stencilled Occasional Paper，No. 8.

② Ibid.

③ Ibid.

④ Graham Murdock，"Political Deviance：The Press Presentation，" *The Manufacture of News*（London：Constable，1973），p. 207.

的行动而加入与政府的谈判中来。比如，基思·约瑟夫爵士不断呼吁医院工作人员"获取工作，把工资问题留给薪资委员会去解决"①。从这些例子中我们可以看出，国家形象在这里一直被定义为"国家利益"的守护者，一直关注着"公共福利"问题，代表的是广大的人民，并且一直在为通胀而战斗，一直试图保持工业的平稳发展，一直努力防止分裂。

价格、工资本是政治经济学中的两个抽象的概念，但是莫利发现，它们在相关的媒介报道中却被具体化了，其中，价格上涨似乎是以一种被动的方式发生的，也就是说并非人为，而是市场规律所导致的，而工资则被认为是主动要求的，即似乎是产业工人以及工人联合会等组织强行要求社会或者政府负担这部分本不该承担的价格成本。就像农业部部长在谈到政府决定允许肉类提供商提高肉类制品价格的时候这样解释道："他们的农场已经在极度减少的利润情况下运营，而且可能会不得不减少他们的产品。"② 我们姑且不去讨论维持利润水平的必要性，那么是否能得出这样的结论，鼓励提高利润水准就会增加投资、促进产业成长？ 显然，我们很难在二者之间画上等号。工会经常会被认为是导致这种状况的"元凶"，而政府通常在这样的情况下都会显得很无助。BBC 2 新闻集锦栏目这样评述道："医院委员会，就像铁路委员会一样，发现这个争议很难处理，这是因为他们什么也做不了，他们既不掌管金钱也没有权力批准拨款。"但是，来自工会一方的发言人阿兰·费舍尔却在 3 月 13 日的"全国观众"节目中说，他同意医院罢工是一个激烈的行为方式，但是，他也认为："这种行为方式是政府逼迫工会不得不做的选择。"③ 在媒介报道之中，价格因素的波动是合情合理的，而且涨价也是在政府许可范围之内的，甚至还有一定的鼓励因素在其中；同时，工资却并不在政府经济大局的考虑范围之内，相反，却直接向罢工人员喊话，为了国家的利益，请回去工作。

媒介对冲突的"阐释"有两种：一是所谓的"阴谋论"阐释方法。

---

① Dave Morley (1976), "Industrial Conflict and Mass Media," CCCS Stencilled Occasional Paper, No. 8.

② Ibid.

③ Ibid.

在这种"阴谋论"的阐释中，就像前面述及的"社会形象"一样，有一个基本的前提，那就是我们的社会是基本平等且我们都享有一个超越一切的"国家利益"，但如此一来，莫利论述道，在这样的社会里还存在类似的冲突就很有问题了。基于此，一种"阴谋论"解释就产生了，在这种对冲突的解释中，工会领导人或少数激进分子被认为主导了罢工行动，而大多数工人都是温和的和被迫参加罢工行动的。独立电视台2月28日的报道称："在福特汽车制造厂……工人们可能拒绝了竭尽全力式罢工的激进要求……达格纳姆工厂已经拒绝了罢工的请求……这是一场激进分子的失败和常识的胜利。"① 类似的报道还可以在3月24日的《泰晤士报》以及3月25日的BBC相关报道中见到。此外，相关的报道还常常给人以这些工会领导人极其好斗的状态并不具有代表性，麦克米兰先生在"全国观众"3月15日的报道中这样说道："我知道很多火车司机，而且我不相信他们中的绝大多数人，从他们的内心来说，他们会跟随指令去做那样的事情。"② 然而，事情的真相并不是这样的，莫利发现，实际上，正是工会领导人在极力阻止工人们的过激行为，比如说，前面提到的医院工会组织的费舍尔先生就一直反对医院职员全体罢工，而是要确保医院急诊室的平稳运行，其他工会组织的领导人也是同样，他们非常努力地澄清着，他们"不是好战分子而是有理想的，如果事情可以避免的话，他们是不想让事情发展到非罢工不可的地步的。"从这里我们可以看到，媒介所传递给大家的信息和实际上的情况似乎出现了偏差，我们如果只采纳媒介中占统治地位的意识形态的话，那么我们将不会得到事实的真相。是所谓的"不妥协"分析方法。莫利发现，媒介给出的第二种解释是罢工者既不妥协，也不让步，而关于冲突的解决方案则是希望冲突的双方能够保持理性的、温和的以及能够接受调停的态度。在这里，前面"好斗的个性"变成了"愤怒的态度"，3月4日的BBC本周新闻集锦这样说道："天然气工人变得越来越愤怒，与此同时，整个国家持续在低温中度过……"同样在3月20

---

① Dave Morley（1976），"Industrial Conflict and Mass Media," CCCS Stencilled Occasional Paper, No. 8.

② Ibid.

日 BBC 的一个节目中，怀特洛先生督促北爱尔兰人民接受这种针对阿尔斯特问题的解决方案说道："抛弃你的不满和偏见，简单地向前看吧。"① 一种典型的"发展主义"观点，但是实际上并未解决任何实际问题。

在相应的关于工人罢工的报道中，则有意将罢工人员与其他工人做出强烈的对比，罢工人员被媒介描绘为不负责任的，而其他工人则是负责的和勤奋的。莫利以护士为例，给大家做了一个说明。一般情况下，护士被视作担负着崇高人道主义使命的白衣天使，她们理应待在医院去履行她们的天职；而在媒介中则不断呈现着那些不负责任的罢工人员，所以当护士离开工作岗位去参加罢工的时候，就会招致这样的评述，一位中产阶级妇女说，"在医院发生罢工是很不人道的"②。很明显，这里忽视的是，即使护士在其工作中也会遭遇结构性的歧视和不公正待遇，为了提升其社会价值，采取一些不得不采取的措施，恐怕并非不人道的行为。况且，与此同时，医院的急救科室依然运转正常，应该说，罢工一方已经充分考虑到了他们的人道主义责任。莫利还注意到，在对罢工人员的批评以外，媒介对那些燃气的消费者也提出了批评，认为他们不负责任地不关闭燃气阀门，不仅是对自己的不负责任，同时也是对其他人，尤其是其邻居安全的漠视。此外，还提到了东京通勤骚乱事件，似乎在暗示通勤者的耐心也是有限度的。就像爱德华·汤普森在《爵士，正在烛光旁写作》中所说的那样："一到了不幸和危机的关键时刻……道德责任就在社会所依赖的商品和服务的相互流动中被重新发现，并成了罢工工人所必须遵守的义务和责任。"③ 莫利发现，这样的情况在护士这个群体身上表现得尤其明显。就像我们在上面所说的那样，护士这个特殊的群体其本身的诉求被社会强加在她们身上的道德枷锁所绑架了，尽管她们并没有放弃她们的义务和责任，这体现在她们对急诊室的运转以及最终在政府工资

---

① Dave Morley（1976），"Industrial Conflict and Mass Media，" CCCS Stencilled Occasional Paper，No. 8.

② Ibid.

③ Edward Thompson，*Writing by Candlelight*（London：Merlin，1980），p. 39. Cf. Dave Morley（1976），"Industrial Conflict and Mass Media，" CCCS Stencilled Occasional Paper，No. 8.

指导框架内达成一致并回到工作岗位上，但是"道德和训诫"在她们身上体现得非常明显。

莫利发现，媒介中所呈现的"政治"定义是议会辩论、工会谈判，以及最终达成商业妥协这么一个过程，而其中所确认的基本价值是责任、温和、谈判和妥协，同时拒绝那种不负责任的态度。在3月5日BBC新闻对工会代表的访谈中，当工会代表表示必须采取一些工业行动的时候，他马上被标上了"好斗"的标签；而在3月15日《全国观众》对希斯的访谈中，则将罢工看作是与真正的商业活动相比毫不相关的小事儿；而有趣的是，相应地，这种方式也被工会代表所掌握，并在一次访谈节目中作为攻击政府代表的有力武器。[①] 在关于抗议应该维持在一个什么样的限度的问题上，3月5日的BBC节目中，杰克·琼斯是这样说的："一方面，我们不知道劳资法案第二条是怎么剥夺了劳动者的权利……此外，我们认为我们还是应该遵守法律。"在独立电视台3月7日对一个通勤者的采访中，当被问及他是否同情铁路工人的时候，这位通勤者是这样回答的："不，我认为这种工业行动不应该以这种方式进行。"而"不应该以这种方式进行"恰好是怀特洛先生针对北爱尔兰事件所提出的方案，"政治应该在投票箱而不是在街上进行"，同时认为提案应该是温和的和理性的。[②] 显然，怀特洛先生忽视了当常规方案无法实施而不得不采取较为激进手段的罢工工人的绝望心情。在一个标榜"平等"的社会中对工资的要求应该是正当的，而对罢工工人的采访也表示出他们对罢工的矛盾心情，一方面，他们不愿意采取这么激烈的工业行动；另一方面，为了生计，他们却不得不提出自己的诉求。同时，作为政治策略，工会代表们一方面举出了艰难生活的例子，另一方面则声称这并不是与政府之间的冲突，只是为了生活。在媒介的相关报道中，一方面，某些人攻击罢工之人是暴民、乌合之众，另一方面，在貌似公正的报道中，前景设置为工会代表，他们正表达其理性诉求，而背景则是罢工工人们在疯狂鼓噪，甚至淹没了工会代表的声音。此

---

① Dave Morley (1976), "Industrial Conflict and Mass Media," CCCS Stencilled Occasional Paper, No. 8.

② Ibid.

外，在一些相关的报道中，罢工人员的合理诉求甚至遭到了媒介的刻意抹黑。①

作者参考约翰·唐宁的研究，将媒介的角色描述为在两个巨头之间维持平衡，但是，媒介经常性地代表消费者说话，却并没有起到平衡的作用，而是在误导观众，这是因为就像前面我们讨论过的一样，忽视了结构性的冲突和不平等，而一味地为消费者代言，显然是有偏颇的。在罢工一开始，相关的恢复正常生产秩序、保持工业生产正常运行的讨论就不断在媒介中出现，如此一来，本来是工业冲突、国家利益与局部利益之争就被转换成了非冲突的、技术性的工作；原本是要提供解决问题的方案，现在却变成了工业状况的改进与提高。就像3月13日"全国观众"中的两则报道：一是"在利兹，由于不断增长的敌对情绪的蔓延，事情变得越来越糟"；二是"在巴恩斯利，好消息，工人们取消了罢工"②，也即谈判计划的宣告、罢工的取消、争议搁置等，都成为一种改进和提高。对于罢工的态度，莫利则发现，在媒介的相关报道中，罢工均被视为是一种成问题的事件，且会导致一系列不良后果，比如生产的损失、公众的危险或不方便、对经济造成的破坏以及对国家利益造成的伤害，等等。莫利进而发现，在媒介的相关报道中，逐渐形成了一种"罢工造成混乱"的主要意指作用，只要一提到罢工，可能就会想到："燃气罢工有爆炸的危险""医院罢工会导致病人遭受危害""铁路罢工会使通勤者的生活变得麻烦重重""教师罢工意味着学生的教育权利被剥夺"以及"海关罢工会导致走私泛滥"等。这样一来，当罢工事件一发生，其可能就直接被赋予了这种首要的意指作用，而随后的报道、讨论、辩论则都会基于这种意指作用的阐释之上。

接下来，莫利就媒介对事件的报道做了详细的分析。莫利发现，媒介对相关事件的报道习惯于关注事件接下来的形式、发生了什么、什么人参与其中，而忽视了事件发生的背景和情境，几乎很少对特定事件及

---

① Dave Morley（1976），"Industrial Conflict and Mass Media," CCCS Stencilled Occasional Paper, No. 8.

② Ibid.

其隐含的结构性过程之间的关系给予一定的关注。这种神秘化、去历史化的对事件的相关报道，也就是乔治·格伯纳（George Gerbner）所说的"无语境的现实性"（actuality without context）。[1] 就像约翰·唐宁在其博士论文中写道的："与新闻报道中大量的关于罢工的影响及其可能的结果相比，报道中的阐释部分，比如说这些罢工是为了什么，它们是如何发展的以及为什么会发生罢工等，都是相当肤浅的。"[2] 也就是说，在相关的媒介报道当中，多是关于罢工的琐碎性的报道，比如说发生了什么、对其他人造成了什么影响，等等，而对其发生的原因却语焉不详或者说是刻意回避，霍尔在其《事件的结构化传播》中也表达了类似的观点。莫利认为，媒介对于罢工的报道，以一种"坍塌"的形式进行呈现，本来是基于政府以及有组织的劳工之间的结构性冲突，在媒介这里却被戏剧化地以警戒线和搏斗中警察的画面加以呈现。在《全国观众》3 月 13 日的节目中，当一位顾问说到医院的争端使得医院的服务标准持续下降的时候，来自医院工会的代表费舍尔先生发言说道："顾问先生说到医院的标准下降，那么实际上的情况是，健康服务的标准下降已经不是一年两年了……"就在这时，主持人打断了费舍尔的发言，认为讨论还是应该回到眼前它所带来的影响和后果上才对。类似的例子还有 3 月 8 日，作者所能发现的唯一一次交代铁路纠纷的历史起源的节目，但是主持人却立即转向了总结，并认为"通勤者明天仍然要面对他们如何去上班的问题"[3]。

在对主流意识形态的讨论中，作者反对那种将大众视为空白容器，等待媒介进行教化的观点。在约翰·梅法姆（John Mepham）讨论《资本论》中意识形态理论的文章中，也表达了类似的观点，并指出如下的观点是错误的："思想通过文化和教育机构以及公共传播系统传输到工

---

[1]　George Gerbner, "Ideological Perspectives and Political Tendencies in News Reporting," *Journalism Quarterly* 41 （4）, 1964, pp. 495-516.

[2]　John Downing, "Some Aspects of the Coverage of the Class and Race in the British News Media," Ph. D. Thesis, LSE, 1975. Cf. Dave Morley （1976）, "Industrial Conflict and Mass Media," CCCS Stencilled Occasional Paper, No. 8.

[3]　Dave Morley （1976）, "Industrial Conflict and Mass Media," CCCS Stencilled Occasional Paper, No. 8.

人阶级空虚的头脑中。"① 莫利认为，不能否认的是资产阶级确实控制着思想传播的方式，同样不能否认的是资产阶级拥有强有力的武器以捍卫他们的阶级利益，但是，当我们在说资产阶级生产思想的时候，我们同样不能忽视的是其生产环境、决定性因素以及他们故意隐藏意识形态的真实本质和起源的事实。莫利强调，不是资产"阶级"，而是资产阶级"社会"生产了意识形态，意识形态之所以能够有效传播则是因为资产阶级拥有足够的技术资源以及人力资源去渲染社会现实使之可以理解，指导社会实践并将之限定在一个可接受的范围之内。

第三节　时事电视节目的"团结"

自从 1959 年英国大选使用电视作为其中的一个传播媒介以后，电视在英国大选中所起的作用越来越重要。基于此，中心 1976 年组织媒介小组的人员对 1974 年大选中媒介所扮演的角色进行了深入的剖析和阐释。关于媒介在大选中所起的作用，作者们总结认为，有以下三种主要的理论：一是"阴谋论"（conspiracy thesis），即将媒介传播定位为国家与电视之间存在"共谋关系"的"政治传播"，在这种理论中，新闻与时事类节目被描绘为统治意识形态的传声筒，且统治意识形态在媒介中的传播是排他性的。或者更为准确地说，该领域向公众传播的是"掌控国家权力阶级的统治意识形态"。在这种理论中，媒介被看作是其政治掌控者们的意识形态代理人，而受众则被认为是独立的个体，他们没有能力也没有工具去质疑或者抵抗这种统治意识形态。二是替换理论（displacement thesis），这种理论的倡导者是《电视与 1974 年 2 月大选》（*Television and the February* 1974 *General Election*）一书的作者特雷弗·佩特曼（Trevor Pateman）。他认为，所谓的"大选电视报道"变得越来越具有欺骗性，只有选举活动在电视报道中保持独立形态的时候才能说电视对大选进行报道，而现在它并不具备这种独立性。佩特曼还提

---

① John Mepham, "The Theory of Ideology in Capital," *Radical Philosophy*. No. 02, 1972. Cf. Dave Morley (1976), "Industrial Conflict and Mass Media," CCCS Stencilled Occasional Paper, No. 8.

出："所谓大选的电视报道并不存在，存在的实际上是电视选举。"① 在佩特曼以及相应学说的支持者那里，电视机构不再是统治阶级或者政治力量的传声筒，而是社会形成过程当中独立的和重要的推动者，它们不再替演播室外面的政治力量代言，而是按照自己的意志构建关于社会的各种知识和定义。霍尔等人认为，尽管该研究非常重要且具有开创意义，但是他们并不认为电视事件能够等同于政治事件，尽管二者必然是互相关联的；同样地，他们认为政治系统和意识形态国家机器之间是互相关联的，但是二者并不是同一的。此外，他们认为，媒介只不过是政治政党形成和发展的多个层次中的一个而已，而且政党的活动还是主要发生在国家的政治机构之内，而不是在电视上。对于佩特曼忽视受众一端的研究，中心研究人员也表示了质疑，并且批评了佩特曼将电视与受众的关系等同于"透明关系"或者"共谋关系"，并指出，这种"透明关系"恰恰是媒介所极力想获取的一种理想状态下的双方关系，但是近期发生的媒介"信用危机"使得这种努力几近失效，这也就从反面证明实际上媒介与受众之间的关系并不是简单的"透明关系"②。三是所谓的"职业操守"或曰"不干涉主义"（laissez-faire thesis）主要是由媒介从业人员提出来的。这种观点认为，电视台并没有其特定的倾向，他们只是"选举的一个窗口"，他们仅仅是尽可能地准确反映选举的进程和发展。霍尔等人认为，这三种假说有它们独到的和合理的地方，但是每个假说都不可避免地有这样或那样的缺陷，在结合实际案例论述的过程中，会逐渐说明三种假说的局限和不足。作者认为，考虑到电视所传递的信息，并不能简单地像上述假说那样，认为只有一种意涵被表达出来，相反，实际上电视所传递的信息具有多重性，也就是说，电视在报道一个事件的时候实际上传递了关于该事件的多重观点，但是，在这多重观点当中却只能有一个观点占据主导地位，这个观点即是所谓的"优先阅读"，而在多重意涵中突出其优先级别正是意识形态国

---

① Trevor Pateman, *Television and the February* 1974 *General Election*（London：British Film Institute，1974），p. 2.

② Stuart Hall，Ian Connell and Lidia Curti，"The 'Unity' of Current Affairs Television," *Working Papers in Cultural Studies* 9（Nottingham：Russell，1976），p. 52.

家机器的重要工作之一。①

此外，作者还强调，电视与国家之间的关系具有双重属性，也就是说，电视既是自主的，同时也是具有从属性的，或者换种方式说，电视之于国家是"相对自主的"（relatively autonomous）。② 我们知道，早期BBC 的新闻和时事节目是有很大差别的，现在这二者虽然还是有差别，但是已经逐渐融入了各自的一些特质，而且其基本的节目准则还是"公正""平衡"和"客观"，但是时事节目还是不像新闻报道那样追求给定情境中的"事实"，它的节目形式就是要邀请各方面的专家、从业人员以及各方面的代表，针对节目所讨论的事件，给出评论和阐释。从本书所要分析的"广角镜"（Panorama）节目来说，它的节目立意就是邀请各方面的声音讨论政治领域内存在争议的事件，这使其招致了很多批评，比如说，节目制作团体存在明显的偏见以及不公正操作，其中包括对某一事件明显带有倾向性的态度以及在节目录制过程中明显偏向其中一方，等等；还有针对政客的批评，指责他们在没有节目组制作人员监督的情况下擅自以选民代表自居，等等。一旦涉及"选举"话题，其节目就会变得更加受人关注和更容易触动人的神经，因为这段时间正是选民决定其选票归属的关键时期，所以相关的节目也受到各方面的关注和积极介入。比如说，韦奇伍德·本（Wedgwood Benn）在《卫报》上发表文章称："广播太重要了，不能仅仅靠从业人员（自律完成其行业建设）。"③ 而保守党则明显表达了他们对 BBC 北爱尔兰报道的仇视。同样，来自议会的批评认为，这些独立广播机构，尤其是 BBC，太过强大、太过独立，监管严重不足。④ 对于这些批评的声音，BBC 一方面为自身做出了辩护，认为其所作的正是出于职业操守，且一直遵循1964 年《电视法案》(Television Act) 对商业电视台所提出的"公正、平衡的讨论或辩论"的原则；另一方面，它也一直强调"报道自由"

---

① Stuart Hall, Ian Connell and Lidia Curti, "The 'Unity' of Current Affairs Television," *Working Papers in Cultural Studies* 9（Nottingham：Russell，1976），p. 53.

② Ibid.

③ Wedgwood Benn, *The Guardian*, 19 October 1968.

④ Stuart Hall, Ian Connell and Lidia Curti, "The 'Unity' of Current Affairs Television," *Working Papers in Cultural Studies* 9（Nottingham：Russell，1976），p. 55.

（reporting freedom）对传播机构的重要性，"BBC 的定位是一种类似于法官的不偏不倚的专业态度。就像很多公共法律反映的是人民的普遍意愿一样，以及一些法律反映的不仅是人们想要保护的最低生活标准，还包括他们视之为理想的标准一样，BBC 的节目哲学则是在追求将世界像什么以及世界应该是什么样展示在世人面前"①。当然，电视与国家之间的关系也并不总是冲突的，它们之间也有协作的一面。比如说，在针对 BBC 的一档节目"昨日之人"上，二者都认为"昨日之人"超越了公认的媒介传播的界限。而实际上，作者发现，二者之间的关系非常复杂，其中既有反对和差异，也存在着合作与联合，而从宽泛的意义上来说，二者则又可归入一个意识形态框架之内，只是二者的位置不同而已（见图 2－2）

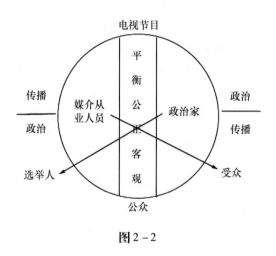

图 2－2

如上所述，我们知道"新闻"与"时事节目"是有一定的差别的，"新闻"是讲述事实，追求即时性，而"时事节目"则并不追求时效性，而是要探究事件发生的前因后果，相应地，"新闻价值"与"时事节目价值"也必然会有一定的差异。霍尔等人发现，作为"时事节目"，一般是以能够引起民众广泛关注的新闻素材作为底本，然后补充

---

① Charles Curran, "The Problem of Balance," *British Broadcasting* (London: David & Charles, 1974), p. 190.

背景支持，探究参与者的意见和态度，提出一些"普通"受众可能会提出的问题，邀请"专家"进行评述等。从整体来看，"时事节目"也许可以看作是提供关于事件的合理推测，同时能够促进对事件的"理性"分析。但是对"时事节目"的分析也不能简单对待，要知道，类似的节目不仅包括"广角镜"，还包括"周三""全国观众"等很多其他时事节目，而且这些节目的特质也不尽相同。比如说"周三"和"全国观众"的特点是反应迅捷，能够针对时事热点进行快速的跟踪报道和分析，而"广角镜"则以深入细致的分析、详细的背景介绍以及扩展度较大的故事延展见长。可以这样说，尽管"新闻"与"时事节目"存在一定的差异，其背后的组织逻辑也不尽相同，但是"时事节目"毕竟是建立在"新闻"基础之上的，但是也不能将之称为一种简单的联合，实际上，应该将之称为"差异中的复杂联合"（Complex unity in difference）。而且，霍尔等人强调，尽管"新闻"与"时事节目"有很大不同，而且"时事节目"本身也包含着多种形式和多种特质的呈现方式和内容，但是二者在"倾向阅读"方面却存在着一种共谋关系，尤其是在大选的相关报道中，二者更是共享了很多的"倾向形式"（preferred forms）。[①] 作者之所以选择"广角镜"作为分析目标，正是因为"广角镜"中包含了很多可资分析的"倾向形式"。

"广角镜"（Panorama）是英国广播公司（BBC）于1953年开播的一档时事新闻节目，是英国广播公司的旗舰节目，同时也是世界上运行时间最长的公共事务节目。该节目取名为"广角镜"，必然是想借助"广角镜"的原意，意味着其能比一般人所能看到的范围更广和更清晰，突出了其作为时事节目长于分析和剖析事物的特质。中心的研究人员选择这个节目作为其分析对象，自然是因为其在英国时事电视节目中很有代表性，同时当时最具代表性的政治话题之一，定是当时的英国大选，因此霍尔等人选取的节目是在1974年第二次大选前的三期"选举广角镜"节目中的最后一期，即1974年10月7日，投票日3天前的"何种民族团结？"（What kind of National Unity?），参加讨论的嘉宾是三

---

① Stuart Hall, Ian Connell and Lidia Curti, "The 'Unity' of Current Affairs Television," *Working Papers in Cultural Studies* 9（Nottingham：Russell，1976），pp. 58-61.

位主要政党的领导人，他们均是各政党的二把手，分别是工党的詹姆斯·卡拉汉、保守党的威廉·怀特洛以及自由党的大卫·斯蒂尔，本期的节目主持人是迈克尔·查尔顿和罗伯特·麦肯齐。这一期的节目是由五个部分组成的：第一部分是"前言"，包括史密斯广场和威斯敏斯特以及迈克尔·查尔顿的片段以及评论。第二部分是"开场标题"，将主要政党领导人描绘成独臂匪徒的模样，最后以标题"为英国而战"结束。第三部分是"片段一"，这其中包括"建构主题"，在打出"何种民族团结"的标题之后，有提示表明英国正处在"巨大的经济困境"之中；接着是"民族主义的挑战"，有对2月大选结果的总结，以及参会人员的介绍等；随后是石油归属问题之争以及对威尔逊的访谈等；之后是主要政党的提案及其评述，北爱尔兰权力共享实验的失败以及对威廉·克雷格的第一次访谈等。最后回到演播室，查尔顿分别讲述了主要政党领导人对团结危机的回应以及解决方案。第四部分是"片段二"，这部分是前面对三位政党领导人访谈和辩论的总结。第五部分是"片段三"，这部分是"自由"讨论和辩论阶段，包括对扩大自治权、北爱尔兰的地位以及民族团结等问题的讨论，对怀特洛关于托利党领导层的提问，最后是对卡拉汉的提问，关于欧共体全民公投的事件以及工党的推荐。①

如此多富有争议的问题在大选前几天被一次性抛出来，呈现在几位主要政党领导人的面前，应该说，节目制作人员也付出了艰辛的努力和承受着巨大的压力。当然也正是这个原因，使得这么一个非常具有挑战性同时包含着各种互相交织、互相矛盾因素在内的节目，天然地成为中心媒介小组分析时事电视节目的绝佳样本。在节目的开头，一系列史密斯广场（保守党和工党总部所在地）的镜头之后，再以议会广场的议会大厦结束外景回到演播室。主持人查尔顿说："从总体上来说威斯敏斯特已经成为所有联合王国决定和制度的中心，但是今天则不是。威斯敏斯特的规则在阿尔斯特、苏格兰和威尔士遇到了挑战。"之后在继续评述之后，主持人查尔顿出现在屏幕左边，右边则是英国国旗，在英国

---

① Stuart Hall, Ian Connell and Lidia Curti, "The 'Unity' of Current Affairs Television," *Working Papers in Cultural Studies* 9 (Nottingham: Russell, 1976), p. 64.

国旗上叠加着"何种民族团结"这个节目的核心问题。作者分析道，"广角镜"通过接管和建立一定的关键变量来建构该节目的主题，其具体的策略是建立一系列的等式，一方面是评述中的"威斯敏斯特＝联合王国＝民族自身＝团结"，以及视觉材料所赋予的"史密斯广场（政党）＝议会＝国旗"，这里所建构的等式即是"团结"的概念；另一方面也建构了一系列来自民族主义挑战的等式，"民族主义者＝不满＝异议＝对团结所开出的不同处方"①。通过"团结"与"挑战"之间的对比，一个鲜明的主题，即英国国旗上叠加的"何种民族团结"这样一个富含争议和挑战的主题就凸显在主持人、嘉宾以及电视机前的观众面前，也就为之后的探究、推测以及辩论打下了牢固的基础。在这次节目中，最令人印象深刻的就是卡拉汉打破了时事类节目关于讨论和辩论的一般准则，并且在一段时间内暂时性地充当了节目主持人的角色，控制了讨论的话题。这发生在麦肯齐要求卡拉汉对他所提出的问题进行回答的时刻。麦肯齐问道："让我们转向卡拉汉先生，转向工党对民族团结问题的解决方案。请问你是怎么定义工党对这个问题的看法的？"卡拉汉回答道："很好，工党对这个问题的看法是，嗯，让我们先说些负面的东西，保守党和自由党所说的方案如果大家接受了是会后悔的。"也许是卡拉汉最后一句话激起了麦肯齐多重身份之一——职业政治评论员的自然反应，我们知道麦肯齐是以支持欧共体计划以及反对教条主义闻名的，所以在下面的对话中，戏剧性地出现了一个也许是不该出现的词汇，也许是一种策略性的"失误"。麦肯齐接着问道："但是我能让你暂时回到这个事实，那就是欧洲几乎所有的国家都是欧共体的成员……为什么这是工党教条的一部分呢？"麦肯齐在这段话中说出了"教条"一词，这个词，作为一个专业主持人是不应该说出这么富有偏向性的词汇的，但是作为一个政治评论员，这么说倒也并不奇怪，可是，卡拉汉却抓住了麦肯齐的这一"失误"，在接下来的对话中占据了主动。卡拉汉这样说道："……这不是工党的教条。这已经被称为这个国家的一个组成部分，而且直到现在保守党还深陷在这个泥潭当中，他们对联合一

---

① Stuart Hall, Ian Connell and Lidia Curti, "The 'Unity' of Current Affairs Television," *Working Papers in Cultural Studies* 9（Nottingham：Russell, 1976），pp. 70-71.

点兴趣也没有……现在不会让你把我引入你所说的只是工党教条的立场上去的。保守党在这个问题上已经争论多年了。"① 作者认为，这次打破常规，从两方面来说非常重要：一是暗示尽管媒介的问询者，即主持人，应该在相关问题上保持压迫性的跟随式的探寻，但是他却必须遵守相关虽未言说但是却不言自明的一些问询模式而不能超越这些界限，而且在问询的过程中绝对不能暴露其自身对这些问题的看法；而且这使得卡拉汉获得了不曾预料到的反击基础，这使得他能在后面的节目中越俎代庖，反客为主，代主持人行使主持人的工作，从而控制随后讨论的主题和走向，最终使其能够自如阐释其给"团结"问题开出的处方，并超越其他人，赢得这次辩论的胜利。

从媒介一贯坚持的自身地位的独立和自主的角度来看，在卡拉汉抓住主持人口误的时候就应该施加干涉，以使节目回到原先设定的轨道上来，但是其却未能做到，作者分析原因可能有如下几点：一是主持人确实试图控制卡拉汉，但是在受到卡拉汉的回击之后却没有很唐突地继续坚持这么做，一方面是因为在场的三位都是各自党内的二号人物，其较高的政治地位使得主持人对遏制他们的发言有所顾忌；另一方面则是因为该节目在选举的前 3 天播出，这个时间段是非常敏感的，以致他们不愿意背上干扰人民代表与选民之间直接交流机会的骂名。另外，在时事电视节目中，尤其是关于大选的节目，保持媒介和政治之间的平衡也是非常重要的。其中，二者有着不同的传播诉求，媒介负责解释、说明、有根据地推测，而政治家们则是为了加分、赢得支持和选票。政治家们为了其长期利益，必须尊重媒介对于辩论的"平等的"、中立的游戏规则，因为这些游戏规则，从长期来说，提供了助益极大的现存政治关系的再生产。虽然从短期效果来看，这种对于媒介相关规则的认可，造成了必要的党派的轮替，但是从长期的效果来看，它保证了整个政治和政治传播系统的持续发展和良好运行。而且退一步来说，这个媒介的"中立的和公正的空间"（neutral and impartial space）实际上是由政治空间做基础并提供给媒介的。作者认为，政治施加在媒介上的决定性，

---

① Stuart Hall, Ian Connell and Lidia Curti, "The 'Unity' of Current Affairs Television," *Working Papers in Cultural Studies* 9 (Nottingham: Russell, 1976), p. 81.

虽然不是立即生效的和随时随地的，但是从长期来看，却是决定媒介的"最终因素"（last instance），但是这种政治对媒介的多元决定作用平时很难观察得到，只有在这种关键时刻，它才能为我们所感知和观察得到。[①] 作者在这里参考葛兰西和普兰查斯的国家理论，认为媒介与政治的关系总体上与政治与国家的关系非常一致。在葛兰西和普兰查斯的国家理论中，认为政治（政党活动）相对于国家（权力机构，如议会、法庭等）来说，是具有一定独立性和中立属性的，这对于政治活动来说也是最有效的方式，这是因为一方面不必时刻借助国家的强制力量来开展政治活动，另一方面也没必要在表面上展现出其短期的、狭隘的，时时刻刻都在维护阶级或政党利益的态度。尼科斯·普兰查斯（Nicos Poulantzas）在《当代资本主义中的阶级》一书中也这样说过："国家在权力机制中总是扮演着政治统一者以及垄断资本霸权的政治组织者的角色。"[②] 而政党活动（政治）正是通过这种相对独立和有效的运作机制，才确保了统治阶级的权力和利益能够保持合法化和得到广泛认可。媒介之于政治体系也是如此，正是媒介通过相对独立、公正、中立、平衡的运作机制，确保意识形态领域的再生产是按照政治体系的需要进行的。这里需要注意的是，媒介所服务的对象并不是单一的政党利益，而是符合国家以及整个政治体系的整体利益的。[③] 同样，回到我们前面所述及的卡拉汉的"胜利"来说，作者认为，之所以在标榜着公正和平衡的"广角镜"节目中，按照其"时事节目价值"本不应该允许出现单一政党的胜利，但是这件事儿却发生了，这要看"胜利"的本质究竟是什么。从"胜利"的本质上来说，一方面，可以确定的是观众认为卡拉汉取得了胜利，或者说，虽然保守党的支持者们并不这么认为，但是卡拉汉的"胜利"其实是这个节目所传递的"优先阅读"，而从卡拉汉在辩论阶段所实际掌握的话语控制权来说，说卡拉汉取得胜利也无可厚非；另一方面，作者认为，虽然从某一时段来说确实出现了打破规则的

---

① Stuart Hall, Ian Connell and Lidia Curti, "The 'Unity' of Current Affairs Television," *Working Papers in Cultural Studies* 9（Nottingham：Russell, 1976）, pp. 87-88.

② Nicos Poulantzas, *Class in Contemporary Capitalism*（London：NLB, 1975）, p. 157.

③ Stuart Hall, Ian Connell and Lidia Curti, "The 'Unity' of Current Affairs Television," *Working Papers in Cultural Studies* 9（Nottingham：Russell, 1976）, p. 88.

做法，但是从整体来看，基本的行为和言辞还是符合整个节目的总体规则的。从卡拉汉的表现来看，他并未失去控制，出现摔门而去、攻击同行、诽谤他人之类的行为，与之相反，卡拉汉充分地利用了规则，并最终掌控了整个局势，可谓是规则大师。从这个角度来说，其实，这可以说是整个议会系统工作的翻版。或者，我们可以借用麦克罗比在《文化研究的用途》中对此研究结果的分析，她认为，从卡拉汉的胜利所衍生出来的是一个三者共赢的局面（卡拉汉、议会民主原则、节目）①，而笔者认为，这同样是一个三赢的局面，只不过主体变成了媒介、政治以及国家，而媒介只不过是这个"系统化联合"的载体而已。②

1977 年，罗萨林德·考沃德（Rosalind Coward）在《银幕》杂志上发表了一篇名为《阶级，"文化"和社会形成》（Class，"Culture" and the Social Formation）的文章。该文章同 1973 年特里·洛弗尔的那篇文章一样，都是对中心相关研究成果的理论回应，洛弗尔文针对的是中心 1972 年出版的媒介特刊，这篇文章针对的则是中心年度工作报告第 7 期和第 8 期合刊《通过仪式进行抵抗》（*Resistance through Rituals*）以及《时事电视节目的"联合"》（The "Unity" of Current Affairs Television）。这篇长达 32 页的文章一开始肯定了中心作为一种马克思主义分析力量的积极意义以及中心工作报告持续不断地接合马克思主义理论进行文化形成分析所取得的成功，随后则认为，中心在对阶级概念，特别是阶级文化概念的分析上还是存在明显的不足。当然，这是一篇替银幕理论正名的文章，而不是一篇刻意攻击文化研究的文章，只不过彼时文化研究风头正劲，而且在多个领域和银幕理论的研究领域有交叉，选择文化研究的两个项目作为批判对象，显然也是精心策划的结果。作者在文章中这样写道："毫不奇怪的是，正是由于《银幕》的犹豫不决，才使得文化研究得以呈现出更加'马克思主义'的对意指实践和社会形成的分析。"③ 正是作者这样的态度才使得后来霍尔等人在回应文章中称其为

---

① Angela McRobbie, *The Uses of Cultural Studies* (London：SAGE, 2005), p. 13.

② Stuart Hall, Ian Connell and Lidia Curti, "The 'Unity' of Current Affairs Television," *Working Papers in Cultural Studies* 9 (Nottingham：Russell, 1976), p. 92.

③ Rosalind Coward, "Class, 'Culture' and the Social Formation," *Screen* 18 (1), 1977, pp. 75-106.

"宗派主义"，削弱了建设性论争的可能性。以此为出发点，中心认为，如此将两个"阵营"对立起来是不适当的，考沃德文章中所引用的两个项目是如此的不同，而且由于其理论背景及其立意、分析对象既不同又具体，也不能代表中心复杂而多样的研究工作。《通过仪式进行抵抗》是中心对安东尼奥·葛兰西（Antonio Gramsci）文化霸权理论的一次应用，而《时事电视节目的"联合"》应用则是阿尔都塞意识形态理论以及普兰查斯的"国家"论述；《通过仪式进行抵抗》是对英国20世纪五六十年代工人阶级青年文化的分析，而《时事电视节目的"联合"》则是对1974年关键时期时政电视节目的研究；《通过仪式进行抵抗》将一些文化现象与阶级形成问题和霸权的建构联系起来进行分析，而《时事电视节目的"联合"》则试图精确地建立电视意指实践的"相对自主权"概念，而不是简单地将之等同于某个同质化阶级的"利益"划分。①

　　至于考沃德对中心做出的诸如"经验主义""唯心主义""霍加特主义""利维斯主义""还原主义""卢卡奇主义"等的攻击，中心认为，需要通过具体事例的佐证来进行理论论述，不能简简单单地以贴标签的方式进行处理。至于理论是否阐释清楚，论点是否得当，则可以进行讨论。在霍尔等人的回应文章中多次质疑考沃德的马克思主义立场以及她利用中心的文章作为垫脚石，而实际上是为了宣扬对拉康的精神分析学说的愤慨，并且在文章结尾处嘲讽考沃德："如果想要宣称自己是'马克思主义者'，那么请在文章中表现出信仰和忠诚以及行动来。"②在《银幕》同一期上，考沃德针对霍尔等人的文章做了回应，并认为撇开"对女性的攻击"不谈，首先，她的文章是对将语言视为一个问题的研究以及并不做如是考虑的研究进行的一个比较研究，而且她并不是为了做《银幕》的宗派辩护，相反，她的文章中也有或明或暗地对《银幕》的批判；其次，她认为，中心的辩护走错了方向，他们并不了解她的论证基础在于中心文章所使用的"文化"概念其实与之所使用的意

---

① Iain Chambers, Lidia Curti, John Clarke, Stuart Hall, Ian Connell, Tony Jefferson, "Marxism and Culture," *Screen* 18（4），1977, pp. 109-119.

② Ibid.

指和意识形态理论并不兼容，对之的拒绝会造成马克思主义理论和精神分析之间巨大的空洞；再次，她认为，中心拒绝他人讨论其研究成果是一件奇怪的事情；最后，考沃德坚持认为，她对阿尔都塞以及赫斯特理论的关注对于意指理论和马克思意识形态理论的研究来说是非常必要的。

　　中心对于媒介研究中的政治和意识形态问题的重视可以说由来已久，这一方面和中心的实践性品格有很大的关系，另一方面则是因为中心认为，当时媒介研究中简单粗略的意识形态分析并不能充分说明媒介的运作特点及其代理人的特质，所以中心几乎从建制的那一刻起，就非常重视对政治和意识形态的分析和解剖。值得说明的是，这里介绍的几个文本都是具体的案例分析，而中心意识形态视角其实分为两部分：一是较为抽象的理论讨论，如霍尔等人的一些文章；二是落实到实践文本的运用上，如本节所选的几篇研究论文。这二者之间的关系即理论和实践的关系，一方面，中心在抽象理论方面仔细钻研，探讨政治和意识形态领域中的重要理论成果，同时提出它对媒介意识形态问题的构想；另一方面则是对具体案例的分析，中心一方面在具体案例的分析中检验各种理论和学说，同时也在具体案例的分析中不断优化和完善政治和意识形态理论成果。另外，中心的这些文本将意识形态媒介分析作为重心，几乎很少涉及媒介研究的另一端——受众，这表明中心前期工作的一个特点，但差不多稍后，受众研究便被引入其中，可看作是对意识形态思想阶段的一个补正。

第三章　受众研究

毫无疑问，受众一直是大众传播研究中的，如果不是压倒性的，也是首要的关注核心，虽然绝大多数的研究是与直接非调和效果分析相关的。[①]

——约翰·费斯克《关键概念：传播与文化研究词典》

毫无疑问，对于媒体及其受众之间的密切关系，无论国家还是私人利益集团都十分眼红；而且国家和私人利益集团都曾试图操纵传媒，利用传媒与受众的关系达到各自的目的。[②]

——约翰·哈特利《从权力到识别：大众新闻与后现代性》

受众（Audience）的概念，按照《辞海》的相关解释，"受"意为"接受；承受"。《庄子·让王》云："尧以天下让许由，许由不受。"而"受众"则为"传播学术语。指大众传播过程中信息的接受者。其特点是众多，混杂，分散，流动，隐匿"[③]。在英语中，受众（Audience）的原意是"a group of listeners"，这个词可以追溯到拉丁语的"audientia"，意为"act of listening"，"group of listeners"，即为"聆听"和"听众"之意。[④] 在西方，"受众"（Audience）一词源远流长，早在亚里士多德的《修辞术》中就曾经对受众做了如下论述："演说由三种成分

---

① 约翰·费斯克等编撰：《关键概念：传播与文化研究辞典》，李彬译注，新华出版社2004年版，第18—19页。

② 马戎、周星主编：《21世纪：文化自觉与跨文化对话》（一），北京大学出版社2001年版，第236页。

③ 辞海编辑委员会编纂：《辞海》（彩图珍藏本6），上海辞书出版社1999年版，第4034页。

④ http://www.merriam-webster.com/dictionary/audience.

组成：演说者、演说的题目和演说针对的对象，最后一种成分我指的就是听众，是演说的目的所在。"① 从中可以看到，亚里士多德对受众给予了充分的重视，这种"说话者——话题——听者——效果"研究模式被后世称为"亚里士多德传播模式"。在中国古代，孔子的"非礼勿视，非礼勿听，非礼勿言，非礼勿动"也对受众的礼仪提出了一定的规范。如上所述，"受众研究"一直是媒介研究的核心关注点之一，"受众理论对很多媒介研究项目来说都是一个起始点，无论你是要建构一个文本还是要分析它，你都需要考虑这个文本的接受者（比如说目标受众）以及受众的反应"②。而且我们知道，文化研究的发展，也一直与对受众的研究密不可分。在伯明翰当代文化研究中心成立以前，受众研究主要有以下几个研究阶段：第一个阶段是 20 世纪初期到 40 年代，可以称之为"被动受众"研究阶段。这段时期的受众研究的主要特征就是，认为受众是被生产所决定或操控的，包括大众传播研究学界的魔弹理论（Magic Bullet Theory）、拉斯韦尔的"5W 理论"，以及法兰克福学派的消极受众论等；第二个阶段从 20 世纪 40 年代到 60 年代，可以称之为"受众的发现"研究阶段。在这个阶段，对受众的研究不再集中在战争、宣传的需要或者意识形态之争上，受众在传播研究领域的重要性被不断凸显，其主要理论包括有限效果理论（Limited Effects Theory）、顽固受众论（Obstinate Audience Theory）、二级传播理论（Two Step Flow Theory）等。③

① 亚里士多德：《修辞术·亚历山大修辞学·论诗》，颜一、崔延强译，中国人民大学出版社 2003 年版，第 16 页。

② http://www.mediaknowall.com/as_alevel/alevkeyconcepts/alevelkeycon.php?pageID=audience.

③ 当代大众传播学者克劳斯·布鲁恩·詹森和卡尔·埃里克·罗森格伦 1990 年在《欧洲传播期刊》上发表《受众研究的五种传统》一文，认为受众研究主要有五种研究取向，分别是"效果研究""使用与满足研究""文学批评""文化研究"和"接受分析"；英国著名传播学者丹尼斯·麦奎尔在《受众分析》一书中认为，可将受众研究分为结构性、行为性和社会文化性三种；暨南大学星亮副教授的《广告学概论》一书，将广告受众研究分为被动、主动、互动三种。这三种分类方法各有利弊，笔者结合伯明翰大学当代文化研究中心的受众研究实践，认为将 20 世纪 80 年代之前的受众研究分为以下三种较为适宜，即文中提到的 20 世纪 20 年代到 40 年代的"被动受众"研究阶段、20 世纪 40 年代到 60 年代"受众的发现"研究阶段，以及 20 世纪 60 年代到 80 年代伯明翰当代文化研究中心的"积极受众"研究阶段。其中"受众的发现"概念源自网络文章——夏凡的《受众观念论——从受众立场思考中国新闻改革》，在此表示感谢。http://academic.mediachina.net/article.php?id=899。

伯明翰学派前期媒介研究(1964—1979)

魔弹理论，又称"皮下注射理论"（Hypodermic Needle Theory），是20世纪20年代发展起来的媒介效果研究理论，认为媒介具有皮下注射或者魔弹射击的效果，受众在媒介的强有力的影响之下，就像是病人接受护士注射或者被带有魔力的子弹击中一样，只能全盘接受媒介所传递的信息。美国传播研究学者施拉姆这样评价魔弹理论："传播就像是一颗具有魔力的子弹，它可以毫无阻碍地把一个人的观念、情感、知识和欲望传递给另外一个人。……在早期的传播研究中，受众是被动的和毫无防范的，传播就像传递电子到灯泡的电路循环一样，将一些东西注入受众体内。"[1] 这种在现在看来是不可思议的事情，当时却是真实存在着的，例如，大家非常熟悉的哥伦比亚广播公司"火星人入侵地球"事件，受众在毫无防备的情况下确实如同中了一颗魔弹一样，完全相信了这出恶作剧。魔弹理论虽然有很多的局限和明显的缺憾，但是在传播理论发展的初期，甚至在受众尚缺乏对真假辨别能力培养的情况之下，对受众理论发展还是做出了一定的贡献，并且为后期受众理论的发展打下了一定的基础。1948年，哈罗德·拉斯韦尔在《传播在社会中的结构和功能》一文中，提出了著名的"5W理论"，认为"一种描述传播行为的简要方法是回答如下问题：谁（Who）？说什么（Says What）？通过什么途径（In Which Channel）？对谁说（To Whom）？产生了什么效果（With What Effect）？"[2] 在文中，虽然拉斯韦尔数次提到受众，并认为受众是传播学研究的重要一环，且提到"受众稍迟些也会'还嘴'"[3]，但是由于作者的取向主要还是在于"效果研究"，并且还认为"在整个社会里，使普通人头脑中关于现实世界重大关系的图景，与专家、领袖头脑中的图景高度相等，将主要由大众传媒的控制者促成，这绝不是幻想"[4]，对受众研究的忽视是显而易见的。而被视为文化研究重要思想资源的法兰克福学派，由于其主要理论家对纳粹战时宣传和大众文化、文化工业

---

① Wilbur Lang Schramm, Donald F. Roberts, *The Process and Effects of Mass Communication* (Urbana, University of Illinois Press, 1971), pp. 8-9.

② 张国良主编：《20世纪传播学经典文本》，复旦大学出版社2003年版，第199页。

③ 同上书，第203页。

④ 同上书，第210页。

的强力影响有着较深的感受，他们对受众的研究也充满了悲观的色彩。他们认为，文化工业社会中的广大受众是悲观的、被动的、无助的，"资本主义的生产用灵和肉紧紧地控制住他们，使得他们心满意足地享受为他们提供的东西"①。在法兰克福学派那里，受众不仅没有基本的判别能力，而且"总是比统治者本身更严肃认真地坚持他们从统治者那里学来的道德，今天受批判的群众比获得丰硕成果的人，更加醉心于神话般的成就。他们富有愿望。他们坚定不移地相信统治者用来奴役他们的意识形态，他们酷爱统治者给他们的一切，热情地接受有关当局对他们实行的狡诈伎俩"②。文化工业的"消费者可以随便地把他的冲动、欲望投射到摆在他面前的商品上面。观赏、聆听、阅读一个形象的主体将会忘乎所以、无所谓、幻灭于其中，直到全面被控制的地步"③。在法兰克福学派这里，"工人阶级的法定立场日益衰弱"④，受众成为一群没有识别能力、任由文化工业、大众传播、资本主义宰割的失去反抗意识的行尸走肉。纵观这一阶段的受众研究，我们可以发现，无论是一击即倒式的受众研究（魔弹理论），还是由于其主观因素而有意忽视受众存在的"5W理论"，抑或是法兰克福学派悲观失望的受众研究，均存在着显在的缺憾和局限。随着战争的结束、新的传播形式的出现以及发展，受众研究进入了"受众的发现"阶段。

1964年，哈佛大学心理学教授雷蒙德·鲍尔（Raymond Bauer）在《美国心理学家》杂志上发表《顽固的受众》一文，对"魔弹理论"提出了直接的反拨，从而"为枪弹论唱了最后的挽歌"，"这篇文章证明了几十年前已经得出的结论：人民并不是射击场上的靶子；当他们收到宣传弹的射击时并不是随之倒下。他们能排斥枪弹；或是抵抗它们，或是把它们用于自己的目的。传播对象是'固执的'，他们拒绝倒下"⑤。反之，鲍尔认为："虽然受众并不是完全自由的，这是因为可供挑选的内

---

① 霍克海默、阿多尔诺：《启蒙辩证法——哲学片断》，洪佩郁、蔺月峰译，重庆出版社1990年版，第125页。

② 同上。

③ 陆梅林选编：《西方马克思主义美学文选》，漓江出版社1988年版，第363页。

④ 马尔库塞：《单向度的人》，张峰译，重庆出版社1988年版，第29页。

⑤ 施拉姆、波特：《传播学概论》，陈亮等译，新华出版社1984年版，第202页。

容是一定的，但就是在这个限制条件之内，受众仍能发挥自身的影响，这是因为所提供的资源总体上是在可接受的范围之内的。"综上所述，"社会传播过程和影响流总体上是一种交流"[1]。而在此之前，1940 年，保罗·拉扎斯菲尔德等人所作的"伊里调查"，同样也得出了与"魔弹理论"截然不同的结论。在后来结集出版的《人民的选择》中，作者发现："大众传播并没有直接左右选民投票意向的力量，它只是众多的影响因素之一，而且不是主要因素。"[2] 根据相关数据，作者推测："大众传播并不是'流'向一般受众，而是要经过意见领袖这个中间环节，即'大众传播——意见领袖——一般受众'。"[3] 这也就是所谓的"意见领袖"传播模式。到了 1960 年，克拉帕在《大众传播效果》中对"魔弹论""二级传播理论"等进行梳理，认为受众受到的影响并不像"魔弹理论"那么强大，也不像"二级传播理论"那么单一，而是受到了多方面"中介因素"的影响，其中包括："选择性接受"、团体规范、意见领袖等。在这一受众研究阶段，研究者们通过对魔弹论的否定，重新确定了受众在传播研究中的中心地位，尽管取得了一定的成果，但是由于其实证研究方法的局限性，或者是急于否定"魔弹论"的原因，最终的研究还是存在一定的缺陷，比如说，虽有对受众的强调，但还是侧重于媒介对受众的影响以及受众的反应方面，对受众的需求以及真实想法关注不多。

第一节 "编码/解码"理论及其发展

1973 年 9 月，时任中心主任斯图亚特·霍尔参加了由莱斯特大学大众传播研究中心（The Centre for Mass Communication Research, University of Leicester，简称 CMCR）举办的一次学术会议，并向大会提交了名为"电视话语中的编码/解码"（Encoding and Decoding in the Television Discourse）的学术论文。莱斯特大学大众传播研究中心成立于 1966

---

[1] Raymond Bauer, "The Obstinate Audience: The Influence Process from the Point of View of Social Communication," *American Psychologist* 19 (5), 1964, pp. 319-328.

[2] 郭庆光：《传播学教程》，中国人民大学出版社 1999 年版，第 195 页。

[3] 同上书，第 196 页。

年，是英国最早成立的专门进行传播研究的学术机构，但是，与伯明翰大学当代文化研究中心不同的是，莱斯特大学大众传播研究中心的研究趣向与大西洋对岸的美国传播研究更为接近。霍尔认为，以莱斯特大学大众传播研究中心为代表的英国主流媒介研究与臭名昭著的美国实证主义、经验主义的传播研究并没有什么不同，都有意或无意地为"霸权的再生产"（Reproduction of Hegemony）服务，当然，采用的是一种"专业支撑"（Professional Bracket）的方式。① 在 1989 年访学美国期间的一篇访谈中，霍尔干脆承认，这篇文章"多多少少带有一些挑战的意味"，而且，针对的就是这次会议的主办方，莱斯特大学大众传播研究中心。《电视话语的编码与解码》就是以之为标靶，反对这种实证主义、经验主义的内容分析、效果研究模式，反对那种将从发送者到接受者的传输内容视为一种固定信息的特定概念，以及反对那种单线条模式、单方向流程（即发送者制作信息，信息本身是单维度的，接受者照单全收的模式）。② 这么说有一定的道理，毕竟，这番话是 1989 年霍尔对莱斯特大学大众传播研究中心当时地位的一个总结，因为当时莱斯特大学大众传播研究中心已经成立多年，已经树立起其经典的权威地位，所以霍尔将之作为标靶进行批判也就并不奇怪了。

当然，这并不是大众传播研究中心的全貌。1970 年，莱斯特大学大众传播研究中心出版《示威游行与传播：一个个案研究》（*Demonstration and Communication：A Case Study*），在这部由当时 CMCR 主任詹姆斯·哈洛伦以及 CMCR 成员菲利普·艾略特、格拉汉姆·默多克共同撰写的著作中，作者集中讨论了 1968 年 12 月 27 日越战游行示威发生之后报刊以及电视的报道情况。这次示威游行总体上是和平的，只有极少数的暴力事件发生，但是媒介却抓住这些极少数的事件大做文章，极力渲染其中的暴力事件，导致事件的全貌完全被少数的暴力事件所掩

---

① Hall, Stuart（1973），"Encoding and Decoding in the Television Discourse，" CCCS stenciled paper，No. 7.

② Jon Cruz, Justin Lewis, *Viewing*，*Reading*，*Listening*：*Audiences and Cultural Reception*（Boulder, Colorado：Westview Press, 1994），pp. 253-5.

盖。这样的报道对受众的影响也是非常大的，会极大地扭曲受众对事件的真实感受。从这个角度来看，莱斯特在这方面的研究其实和 CCCS 后来的研究还是比较契合的，可惜的是，CMCR 并未将这种研究取向继续深入和贯彻下去。从对 CCCS 和 CMCR 在受众研究方面的相关论述来看，笔者认为，其根源应该在二者对大众文化和媒介的理解不同上。默多克认为："要认识这一新的消费制度——包括形象和符号体系，我们不能只把它当成一种人们可以随意控制和掌握的象征体系，我们还应该把它称为一个物质的工业体系。一旦我们把文化工业看作是实实在在的工业，我们就可以发现这样一个现象，那就是文化形式多样化的日趋衰弱。在受众和消费者展示创造性的同时，我们看到的是媒体所有权的日趋垄断、文化生产的日益商业化，以及公共领域的逐渐削弱。我们在认识到大众和消费者富有创造力的同时，还必须认识到他们的创造力所受的制约——他们只能在文化工业提供素材的前提下显示和表达自己的创造力。"① 从这里我们可以看到 CMCR 的思想与法兰克福学派之间有一定相似的地方，当然，与法兰克福学派将受众看作是资本主义文化工业的提线木偶不同的是，CMCR 还是认识到了受众和消费者的创造力，只是这种创造力被限制在了文化工业所提供的素材的范围之内。与之相反，无论是霍加特还是霍尔，虽然也看到了媒介以及文化工业、大众文化强有力的、汹涌而来的巨大影响，但还是认为受众仍然具有主动选择的能力，并对受众的能动性和创造力充满了信心。让我们以霍尔在1971 年 11 月提交给联合国教科文组织的论文中那振聋发聩的声音作为注脚："电视之所以邀请我们，不是为了更有效地端上一道道传统文化的菜肴，而是为了让 1968 年 3 月索邦大学围墙上的乌托邦标语能够真正实现，'艺术已死，让我们创造日常生活'（Art is dead. Let us create everyday life. ）。"②

---

① Peter Golding and Graham Murdock, "Ideology and the Mass Media: The Question of Determination," In Michele Barrett, *Ideology and Cultural Production* (London: Croom Helm, 1979), p. 202.

② Hall, Stuart (1975), "TV as A Media and Its Relation to Culture," CCCS stenciled paper, No. 34.

《电视话语的编码与解码》一文，经过数度修改，因为原始论文刊印数量有限，所以学界一般都是以《文化、媒介、语言》一书中的缩略版本作为研究的原始素材。迈克尔·古列维奇（Michael Gurevitch）与派迪·斯坎内尔（Paddy Scannell）在一篇带有为《电视话语的编码与解码》立传色彩的文章中曾详细考察了该文的转变和经典化过程。这是一个非常有趣的研究角度，为一篇文章立传，似乎也前所未有，可以想见该文的重要性。①就笔者目前所能掌握的文本来看②，1973 年的会议原文于 1974 年左右在中心油印刊物第 7 期上出版问世，它与《文化、媒介、语言》一书中的缩编版本的差异主要在以下几点：一是油印刊物中对电视西部片的符号学解析（大约 7 页）在缩编版本中被删除；二是文章开头和结尾针对当时会议所作的论述部分被删除；三是在缩编版本中对原始论文中的理论基础，尤其是马克思主义流通理论做了较详细的解释和补充。

在《电视话语的编码与解码》一文中，作者开篇明义，指出文本的目的，就是要在阐明传播过程中"编码/解码"问题的基础上，论证在英国这样的社会里，处于制作精英和受众之间的传播实际上就是一种"系统化被扭曲的传播"形式。而且这个论断与"文化政策"直接相关，尤其是在"帮助受众更好地、更有效地接收电视传播信息"方面。在研究方法上，霍尔明确指出，文本使用的是"符号学/语言学"的研究方法，以便切合研讨会关于"电视语言"的主题，但是，文本的目的，并不是仅仅关注电视话语的内在组织形式，相反，必须给予传播过程中的"社会关系"以更多的关切，特别是那些在生产和接受两端中的种种"竞争"，即电视语言的"编码"和"解码"。这其实也就是本次会议的两个主题：一是对"电视话语"本质的高度关注；二是对"文化政策和节目"的总体关照，而霍尔则试图将这两种主题涵盖在一

---

① Stuart Hall, "Culture, the Media and 'Ideological Effect'," *Mass Communication and Society* (London: Edward Arnold, 1977), pp. 315-48.

② 目前笔者能掌握的文本有油印刊物第 7 期，《文化、媒介、语言》中的缩编版本以及国内翻译的《电视话语中的编码/解码》一文，而上述文章中所提到的会议讨论以及后来提交给在威尼斯举办的"意大利奖"（Prix Italia）会议的论文，已经难觅其踪。

个框架之内进行讨论，也就是将形式和社会政治问题综合起来进行考察（见图3-1）。

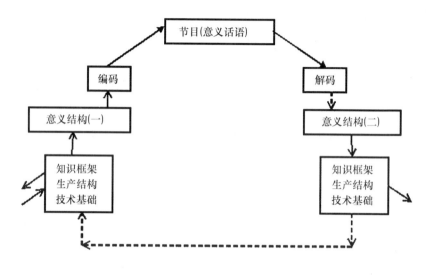

图3-1

霍尔在一次访谈中说到，这个图表最大的问题就是只画出了上半部分①，我们知道，霍尔想表达的其实是他在马克思《〈政治经济学批判〉导言》中所发现的生产流通模式。如果要想表达完整的话，是应该在图3-1上增加生产流通中的其他过程，但是作为一篇文章，不可能面面俱到，考虑到文本的主题即"编码"和"解码"，图3-1已经能大致表述清楚了。但是，如果要深入理解图3-1，还是需要了解霍尔在《〈政治经济学批判〉导言》中究竟发现了什么以及他是如何理解马克思的相关阐述的。② 按照霍尔的分析，《〈政治经济学批判〉导言》是马克思最精致，同时也是最有意思的方法论文本，而且，他是通过阅读这个

---

① Stuart Hall，"Reflections upon the Encoding/Decoding Model：An Interview with Stuart Hall，" *Viewing*，*Reading*，*Listening*：*Audience and Cultural Reception*（Oxford：Westview，1994），p. 260.

② Stuart Hall，"A 'Reading' of Marx's 1857 Introduction to *The Grundrisse*，" CCCS stenciled paper，No. 1，1973. Stuart Hall，"Reflections upon the Encoding/Decoding Model：An Interview with Stuart Hall，" *Viewing*，*Reading*，*Listening*：*Audience and Cultural Reception*（Oxford：Westview，1994）.

文本来挑战阿尔都塞版本过于结构化的马克思主义的。[①] 阿尔都塞过度绝对化的"结构马克思主义",在霍尔看来是对马克思的误读,有不少都是阿尔都塞对马克思思想的引申和错误理解。霍尔发现,在这个文本中有一个很有意思的模式到现在大家都未能完全理解,那是从生产流通概念中生发出来的一个模式。而霍尔在这里所说的图3-1中的最大问题,就是指这个循环、流通模式在图3-1中未能完全展现出来,从而导致后来的很多误解。在图3-1中,作者强调,"意义结构(一)"和"意义结构(二)"显然是不同的,我们知道,就媒介传播的流程来说,抛开"编码/解码"双方的知识框架、生产结构和技术基础不说,"编码"一方在编码之初就已经拥有了大量的原始素材,他们需要在这大量的原始素材中发现具有新闻价值的素材,或拼贴,或整合,或打磨,或翻新,总之,经过了一系列复杂的编辑过程之后,才会以各种形式出现在受众面前。但是,这种信息绝不是单一的、无辜的、纯真的新闻素材,它们在编码的时候就已经深深地打上了机构的、社会的、编辑的烙印,因为语词的多义性,所以说仅仅是一个词的选用,有时候就能看出作者或机构的立场。而"解码"一方,由于缺乏相应的原始材料,可以说受众从打开报纸、电视的一瞬间就已经进入了编辑们精心编织的媒介世界,这就是霍尔所说的"不对称"或者"系统化扭曲","也同时定义了信息的语言/意义形式在开始和结束的时候的'相对自主性'或'决定性'"[②]。作者认为,那种长期占据媒介研究学界的行为主义范式必须彻底抛弃,而通过对传播过程的重新认知以及受众接受过程的符号学范式的应用,则开创了受众研究的一个崭新时代。作者是相当谦虚的,虽然霍尔在1987年接受访谈的时候也说过并未尝试创造一个宏大的理论,期望其理论生命能持续20—30年,但是我们可以看到,这种重视受众的主动性、强调编码的多样性以及解码的多样性的理论,现在虽然已经不那么流行,但是,就像任何一个真正经过历史考验和实践检

---

① Stuart Hall, "Reflections upon the Encoding/Decoding Model: An Interview with Stuart Hall," *Viewing*, *Reading*, *Listening*: *Audience and Cultural Reception* (Oxford: Westview, 1994), p. 255.

② Stuart Hall, "Encoding and Decoding in the Television Discourse," CCCS stenciled paper, No. 7, 1973.

验的理论一样，高潮过后，它并不是消散无形，相反，它已经成为当今受众研究，乃至一般媒介研究的一种理论常识，对摆脱单一化思维以及培养勤于思考的头脑，颇有助益。

作者在文章的最后，借助葛兰西对"霸权"和"集体"意识形态形成的相关研究，以及帕金对意义系统形式的最新研究，提出了现在大家耳熟能详的关于受众接受位置的四种理想形态。① 第一种解码方式是"主流或霸权符码"（dominant or hegemonic code）。当观众观看一个电视节目的时候，如果其所领悟的内涵意义，是全部和直接按照编码者所设定的参照符码解码的，那么我们可以将这种解码方式称为"主流符码"。作者举了三个例子，分别是北爱尔兰局势、智利政变和工业关系法案。如果受众从媒介中获得的对事件的理解与媒介或者说主流社会对事件的看法一致的话，那么受众的这种解码方式就是"主流的或霸权的"。霍尔在这里还特别强调了"专业符码"（professional code）与"主流符码"之间的差异，专业新闻制作人员在制作新闻的时候，他们已经接受了主流或霸权符号对新闻的阐释，但是由于其技术的和实践的本质，他们还是相对独立于主流符码，并具有一定的灵活性和操作性，这是一套符码形式，或者可以称之为"元符码"（meta-codes）。按照油印论文的分类，第二种解码方式是"霸权符码"（hegemonic code）。在霍尔的论述中，"霸权符码"与"主流符码"几乎同义，所以在之后正式出版的"编码/解码"一文中，作者将二者并列在了一起。第三种解码方式是"协商解码"（negotiation code）。首先，受众承认"霸权符码"的合法性，但是与此同时他们也会特别强调自身的特殊条件，比如说当地的环境、社会、阶级分布等，或者将"国家利益"转化为"集团利益"，以为自己或自己所在的群体争取更多的话语上的优势。作者举了一个很经典的例子，当一个工人被问及对《工业关系法案》的

---

　　① 在1980年出版的《文化，媒介和语言：文化研究工作报告，1972—1979》中，作者改写的"编码/解码"一文将"四种理想形式"改成了"三个假想的地位"，变化就在第一项符码的认定上面。在油印刊物中，作者将"主流"与"霸权"用"或"分割开来，也即是说，这是两种不同的解码方式，但是在1980年的修改版本当中，这个"或"被连字符"—"所代替，也就是说，在后来的版本里，"主流"和"霸权"不再是两种不同的解码方式，而是一种形式，既是"主流的"，同时也是"霸权的"。

看法的时候，他首先做的是承认这个法案的合法性和有效性、权威性，并且认为"适当降低工资是有利于对抗通胀的"，但是这种对于"主流符码"的赞同丝毫不会影响他上街游行或者在其他场合激烈反对《工业关系法案》。第四种解码方式是"对抗符码"（opposition code）。一个观众，如果他已经非常好地领悟了所报道事件的字面上的意义及其内涵，但是却决定以一种全然相反的解码方式理解相关事件，那我们就可以将这种解码方式称为"对抗符码"。

　　1974年，戴维·莫利的论文《重新概念化媒介受众：走向受众的民族志研究》在中心不定期油印刊物第9期上发表。文中，莫利明确反对当时学界流行的"影响论""效果论"以及被动受众的相关论述，从教育系统入手，探讨了资本主义国家中教育在意识形态构建中所起的重要作用，接下来则分别讨论了教育与霸权、受众的结构以及信息和意义系统访问权的结构化，并在结尾倡导了一个新的受众研究路线图。霍尔的《电视话语的编码/解码》一文刊出以后，在学界引起了较大的反响，我们知道，在中心随后的研究中，也出现了很多受众研究的文本，而且可以在很多文本中找到《电视话语的编码/解码》的影响，想来中心针对该文的讨论也有很多，且在一些文本中也能看到相关的讨论，但是真正单列成篇的恐怕只有莫利的这篇文章了。作者认为，所谓的媒介效果论以及"使用与满足"理论都远远不能解释受众研究中所出现的问题，而且莱斯特大学的哈洛伦教授也建议："我们必须远离那种只考虑媒介对受众传播了什么的研究方向，转而研究受众如何对待和使用媒介。"[1]这个建议的关键性在于它不仅认识到了媒介受众的不同成员对某一特定节目的"使用"和阐释可能与传播者所构想的有很大的不同，而且也认识到了即使是在受众之间他们的理解也是大相径庭的。就像霍尔所说的那样，"没有法律规定受众必须精确接受制片人在节目中所编码的优先或主流意涵"[2]。所以，作者建议，应该将研究方向转到对这些读解是如何在特定的文化情境和族群中产生的，也就是要将研究转回到与受

---

[1]　Dave Morley, "Reconceptualising the Media Audience: Towards an Ethnography of Audiences," CCCS stenciled paper, No. 9, 1974.

[2]　Stuart Hall, "Encoding and Decoding in the Television Discourse," CCCS stenciled paper, No. 7, 1973.

众相关阐释息息相关的社会、经济结构当中去，"简而言之，我们需要关照的是，受众中不同的亚文化结构和方式以及不同阶级和团体中不同的文化符码和能力的分享是如何使得他们对信息进行解码的。"① 也就是说，在霍尔提出的"编码/解码"理论的基础上，莫利进而提出要对决定受众进行解码的各种因素，大到文化、经济、阶级等宏观背景，小到个人背景、观影习惯等都纳入受众研究的考量里面，这就是文章的副标题所要表达的莫利对受众研究提出的新的思路和拓展。

所谓的"民族志"（ethnography）研究，是指"研究者参与到研究对象的日常生活之中，并通过与其社会成员的直接互动来获得研究资料，由此再现研究对象整体全面的研究范式。民族志研究既是定性研究资料的收集方式，又是定性研究的一个过程，因而它是定性社会研究的重要策略和方式之一"②。这种研究方法强调研究者参与到研究对象的生活中去并从中获取研究的第一手资料并进行分析，对于中心的受众研究来说这是一种新的思路，而且在莫利之后，可以说是极大地影响了中心的受众研究以及媒介研究，包括我们后面分析的《十字路口》以及《阅读〈罗曼司〉》，包括莫利本人20世纪70年代的《每日电视："全国新闻"》《"全国新闻"受众研究》以及后期的《家庭电视》等，但是霍尔却说："莫利的研究并不全是编码/解码模式……你到底是怎么用人们来进行测试的？"③ 从这个角度来看，莫利所作的社会学的、民族志式的研究与霍尔的"编码/解码"模式的符号学/语言学研究确实存在一些差距，但是，我们可以看到，在这篇文章中，莫利从几个方面分析了在受众研究之中民族志研究方法是重要的和有效的原因。

这种重要性首先关及的是教育体系与媒介受众以及信息之间的关系。根据阿尔都塞等的论证，我们知道，教育系统在意识形态国家机器中占有非常重要的地位，而且，教育体系在受众获得文化符码和文化能

---

① Dave Morley, "Reconceptualising the Media Audience: Towards an Ethnography of Audiences," CCCS stenciled paper, No. 9, 1974.

② 陆益龙：《定性社会研究方法》，商务印书馆2011年版，第124页。

③ Stuart Hall, "Reflections upon the Encoding/Decoding Model: An Interview with Stuart Hall," *Viewing, Reading, Listening: Audience and Cultural Reception* (Oxford: Westview, 1994), p. 255.

力方面起着关键的、决定性的作用。"教育程度与媒介材料的选择之间有着紧密的联系：选择阅读'品质报纸'和观看相关电视的受众基本上与受到超过法定最小年龄教育的人群相一致。"① 布尔迪厄在其论文《文化再生产与社会再生产》中也有类似的表达："对作为符号商品的文化商品的理解和把控，只有在受众掌握了能够对之进行解码的相应符码才可能实现。"② 我们知道，教育体系对于民众的影响是相当巨大的，现代的教育体系，无论是在英国还是中国，都是先经过初级教育、再经过高等教育、从大学或者学院这样一步步走过来的。一个成年人在进入社会之前，一般要经过 10 年左右的教育体系内的成长，而这段时间大致是从 6 岁到 16 岁这么一个区间（根据英国的学制）。在这一年龄段，幼小的心灵往往是非常无助和虚弱的，学校学习是掌握相关理解能力、相关技能的关键时期。作者援引法国社会学家克里斯蒂安·博德洛（Christian Baudelot）的观点进一步说明："其他的意识形态国家机器（资本主义政党、电视、广告、教堂等），虽然操作的时间或同时或稍有延迟，但是要想实现其意识形态统治的功能，则首先要实现教育意识形态国家机器的功能才行。教育意识形态国家机器在资本主义生产模式的上层建筑中有着无与伦比的特殊地位，这是因为它是所有意识形态国家机器中唯一在劳动力形成的过程中反复灌输统治意识形态的。"③

　　其次，针对巴兹尔·伯恩斯坦（Basil Bernstein）在"社会阶级，语言和社会化"中的分析，莫利援引哈罗德·罗森（Harold Rosen）对伯恩斯坦的批评，认为伯恩斯坦虽然指出了阶级在社会化进程中的深刻作用，但是却未能对工人阶级的不同部分做出区分，而实际上，"共同的职业功能和社会状态对于一个阶级中的不同部分来说是一个非常重要

① Dave Morley, "Reconceptualising the Media Audience: Towards an Ethnography of Audiences," CCCS stenciled paper, No. 9, 1974.

② Pierre Bourdieu, "Cultural Reproduction and Social Reproduction," Cf. Dave Morley, "Reconceptualising the Media Audience: Towards an Ethnography of Audiences," CCCS stenciled paper, No. 9, 1974.

③ Christian Baudelot and Roger Establet, *L'ecole capitaliste en France*, Cf. Dave Morley, "Reconceptualising the Media Audience: Towards an Ethnography of Audiences," CCCS stenciled paper, No. 9, 1974.

的特性，这又会反过来影响他们如何使用语言。"① 也就是说，实际上，即使是在同一个阶级当中也存在巨大的文化区隔，其职业特征和社会生活状态都会对其言谈举止、行为做派产生较大的影响，他们对媒介的理解也可能存在着很多的差异。作者提醒我们，不要陷入危险的"本体论"分析模式中去，不能把受众当作无差别的大众，而是要将之视为一个复杂的结构体，这个复杂的结构体是由很多互相交叉、重合的亚群体所组成的，每一个亚群体本身都有着自身与众不同的历史和文化传统，而其中的关键因素则主要有以下几种："阶级结构中的位置""宗教环境""种族""年龄"和"性别"，等等。综合以上问题的考察，作者认为，受众研究必须重视语言层面上的分析问题，"语言（包括其内含的社会—语言符码，亚文化和意识形态）与社会组群的关系不能想当然，这是一个必须使用民族志方法进行深入调查的问题"②。作者认为，只有通过民族志研究方法建立起受众研究的文化地形图，我们才能厘清受众到底在多大程度上共享了文化符码和意义体系，也只有这样，我们才能知道他们是如何解码媒介信息的，在多大程度上偏离了主流编码信息以及哪些受众会采取另外的角度或者对立的符码。要之，莫利试图在《电视话语中的编码/解码》一文对弗兰克·帕金（莫利在进入中心之前肯特大学的指导老师）模式的发展、伯恩斯坦以及罗森在教育社会学领域对阶级、种族和语言的关注，以及人类学、社会语言学相关研究的基础上，对"编码/解码"给出的研究路径做一些新的补充，并为中心之后的受众研究提供理论基础和实践方法。

第二节 "全国新闻"受众研究

1975—1977 年，CCCS 媒介小组对"全国新闻"（BBC 的王牌新闻和时事类节目）做了为期两年左右的研究。"全国新闻"是 BBC 的一个新闻和时事类电视节目，运行时间跨越了整个 20 世纪 70 年代，从

---

① Dave Morley, "Reconceptualising the Media Audience: Towards an Ethnography of Audiences," CCCS stenciled paper, No. 9, 1974.

② Ibid.

1969 年到 1983 年，也恰好和前文所述及的"霍尔时期"大致重合。①
莫利在谈到 CCCS 的研究人员选取"全国新闻"作为分析对象的原因时
坦言，这是当时中心对研究对象选择过程中相关争议的一个折衷结果，
因为这个节目虽然被认为是比较"软"的，但是其内容还是贴近现实
的，所以时事节目和肥皂剧的支持者们都可以接受这个议题的选择②；
再有就是这个项目当时争取到了英国电影学院的资金支持（最初拟订
的选题，即时事政治类节目的分析，被英国电影学院否决了）。另外还
有部分原因是这个节目对于研究 BBC 的节目编排很有帮助。"全国新
闻"每周五天工作日时间在晚间早新闻之后播出（下午 6 点左右），采
用的是一种电视杂志的形式，具体的内容包括政治分析和讨论、消费事
物、轻娱乐以及体育报道等。莫利认为，这种时间安排以及在内容设置
上刻意回避严肃，及营造一种轻松愉快的节目氛围，尽管看上去并没有
多大野心，但实际上却是为了培养更多的晚间节目受众群体。而且通过
CCCS 媒介小组的研究发现，在"全国新闻"多元化、通俗易懂、看似
"自然而然"，甚至是古怪、离奇的表象之下，传播的却是一套明确的
政治价值体系。③

媒介小组的这项研究于 1978 年结集为《每日电视："全国新闻"》
（Everyday Television："Nationwide"）正式出版。该研究是由当时中心
媒介小组集体创作完成的，但是在 1976 年莫利重新返回中心，加入媒
介小组以后，由于媒介小组其他成员的研究任务较重，所以该书的最后
收尾工作就交给了莫利和夏洛特·布朗斯顿（Charlotte Brunsdon）来共
同完成。该研究分为四个部分。第一部分是"流行的'全国新闻'"
（Going Nationwide），分别介绍了"全国新闻"节目的历史发展、"曼陀
罗"式的呈现方式、节目形式、节目风格以及特定的新闻价值。"全国
新闻"是在 1966 年开播的，对相关节目的地方性、多样性的要求以及
BBC 运营成本的考虑都是其开播的源起，其节目形式是轻松快乐、娱

---

① http：//en. wikipedia. org/wiki/Nationwide_（TV_ programme）.

② David Morley, Charlotte Brunsdon, *The Nationawide Television Studies*（London：Routledge, 1999），p. 8.

③ David Morley, *Television*，*Audiences and Cultural Studies*（London：Routledge, 1992），p. 8.

乐型的，其语言呈现方式则是简单的和普通的，甚至还有一点"反智主义"倾向。该节目的目标是呈现"你和你的家庭在每天结束的时候所谈论的内容"①，按照节目制作人的说法，这个节目反映的是普通人、草根阶层每天的日常生活，这些内容通过一种"自然的""共识的""普通的"方式呈现在观众面前。但是作者却指出，虽然"全国新闻"看似是一档轻松的娱乐类节目，但是节目制作者通过有选择地呈现出相关材料，实际上却是一种"政治腹语术"的现场操演。第二部分是"'全国新闻'的话语世界：1975—1977"，对这几年的"全国新闻"节目进行分析，归纳出五个范畴，分别是：全国性事件、家庭和休闲世界、人们的问题、英格兰形象、国家和政治新闻。第三部分"连接和构建：'全国新闻'播放中 19/5/76"则提供了对 1976 年 5 月 19 日播出的"全国新闻"节目的详细拆解和分析。第四部分"家庭的国家……"则分为五个部分，分别是"家庭内的'全国新闻'：日常生活的图画""私人生活中的劳动者""'全国新闻'中的地方主义和国家主义""国家神话""只有常识"。在《每日电视："全国新闻"》受众研究的基础上，1980 年又出版了莫利和布朗斯顿合著的另一本书《"全国新闻"受众：结构和解码》(The *Nationawide* Audience：Structure and Decoding)。综合这两本书来看，《每日电视："全国新闻"》是后者的基础，而《"全国新闻"受众：结构和解码》才是中心整个研究计划的重心，即对霍尔"编码/解码"理论的经验性验证。

"全国新闻"这个节目，就像上面所说的，是一档轻松愉悦的新闻杂志类节目，一位曾经的节目制作人这样评价"全国新闻"："这个节目'就是做些无关紧要的事情——至少对我们来说是这样'。"②虽然制作人如此贬低自己的节目，但是，作者却发现，对"全国新闻"这类节目的研究，实际上要比研究纯粹时事类节目的意义更为重要，这是因为在"全国新闻"里面，"包含了与我们同时代的很多人对于'人生'的感悟，也就是说，这个节目传播了一套有关基本态度和社会价

---

① David Morley，Charlotte Brunsdon，*The Nationawide Television Studies*（London：Routledge，1999），p. 34.

② 戴维·莫利：《电视、受众与文化研究》，史安斌译，新华出版社 2005 年版，第 92 页。

值观的隐蔽信息"①。就是说，这些"基本态度"和"社会价值观"构成了一套理解其他事物的基础，尤其是对电视台的时事类节目来说，"全国新闻"构成了如何解读时事新闻的一个基础框架，通过轻松、愉悦的家庭观影模式，时事类节目想要达成的目标，即"倾向性阅读"，就有了比较大的实现可能。虽然按照简尼斯·拉德威（Janice Radway）在英国版《阅读〈罗曼司〉》序言中所说："无论她最初的意图是什么，没有作者能够预测或者规定她的书如何发展、如何接受、如何阅读。"②没有一个文本是清白的、无辜的，只要是经过构造、选择的文本，必然是带有作者强烈的倾向在内的，而莫利也提醒我们，在分析一个节目的时候，我们不能仅仅看到"这个节目在说什么"，而应该进一步追问："在节目中什么被认为是理所当然的（'不言而喻'的是什么）。"③ 也就是说，我们在对一个节目进行分析的时候，不仅要看到该节目着力表达和强调的是什么，而且要看到它刻意隐藏了什么，这些已经表达的内容和隐藏的内容之间有什么关系？要分析这些问题，传统的"皮下注射"研究方法显然已经过时，而所谓的"使用与满足"模式把意义承载体当作一个可供受众任意解读的空盒子，也更难解决传播过程中的复杂局面，作者认为，某些符号学的研究方法能解决这种在场/缺席模式下面所隐含的意义。当然，并不存在所谓的"终极"意义或"真实"意义，为此作者在这里采用了沃洛希诺夫的一条原理，即"信息必然是多义的——某一条信息总是能够产生多种意义或诠释，不可能被缩减为一种'终极'或'真实'的意义"④。如果制作者确实想通过所谓的"倾向性或主导性解读"与受众建立一定的联系，那么需要注意的是，必须注意厘清以下这一系列问题，比如说：

受众在多大程度上认同电视画面中的"公众舆论"，又在多大程度上认同通过其他更隐蔽的假设展现出的普通民众或依据常识对某一问题的看法？传播者在多大程度上能够保证他们（隐蔽地）

---

① 戴维·莫利：《电视、受众与文化研究》，史安斌译，新华出版社 2005 年版，第 92 页。
② David Morley，*Television，Audiences and Cultural Studies*（London：Routledge，1992），p. 9.
③ 戴维·莫利：《电视、受众与文化研究》，史安斌译，第 93 页。
④ 同上书，第 94 页。

提出的主张得到受众的认同？哪些受众群体认同哪些传播者的风格？还有认可或认同是否意味着受众将全盘接受传播者的框架来理解经过传播者包装的报道？传播者的"总结"评论对于受众使用什么内涵符码来"绘制"这些报道的影响有多大？各受众群体在多大程度上认同于主持人／采访者所假设的"我们"？不同受众群体在多大程度上认同于记者？在多大程度上认为是他们赋予记者以权力，"代表他们"探索公众生活中的人物？①

我们想要回答上述这一系列问题，就须建立起下列一些假设：

（1）同一事件不只有一种编码方式；（2）信息总是不只有一种潜在的"解读"方式。信息的某种解读比其他解读更有可能出现，但是信息不可能被完全封闭在一种解读方式之中：它们具有多义性；（3）无论信息看似如何透明、"自然"，理解信息仍然是一个不确知的实践过程。经过一种方式编码的信息总是能以不同方式被解码。②

作者首先采用了沃洛希诺夫对符号（sign）和信号（signal）的区分。沃洛希诺夫认为，结构主义者将前者当成了后者，这就造成符号具有信号那样的固定意义，而实际上，"电视信息是一个内嵌着倾向性解读的复杂符号，但是如果能以不同于编码的方式进行解码，这个符号仍有传播不同意义的潜能"③。其次采用了霍尔在1974年讨论偏差、政治和媒介关系的论文中所论述的观点，即"在传播链的编码和解码两端，根本就没有所谓必然的'吻合'和'透明'的关系"。实际情况也是如此。即使我们采取"效果论"来研究相关的媒介内容，也会发现，其实在相关的媒介内容对受众产生影响之前，受众已经根据其自身所拥有的各种信息对该内容进行了某种甄别和判断，然后，其自身所独有的文化、经济、政治环境则决定了他采取何种解码方式对编码信息进行解读，那种所谓的一对一，或者是透明、吻合的关系其实是不存在的。即使按照流传甚广的"魔弹理论"或"皮下注射理论"来进行解读，也

---

① 戴维·莫利：《电视、受众与文化研究》，史安斌译，新华出版社2005年版，第95—96页。
② 同上书，第96页。
③ 同上。

同样如此。我们知道，按照"皮下注射理论"的观点，制作者传播信息就像在人身上打了一针，受众会完全接受所传播的媒介内容，但是，在实际的医学应用中，即使在一批病人中使用了同样的注射液，病人的病情也会千差万别，甚至这种针剂还会对有些病人产生一些强烈的毒副作用。所以作者认为，"在大众传播过程中，信息的发送和接受之间，总是存在着符号分离的可能性"①。就如现任伦敦大学皇家霍洛威学院媒介艺术系教授的约翰·希尔所说："分析媒介的意识形态不能只分析它的文本和媒介的生产过程，同时也要包括读者理论和消费分析。"②作者认为："我们最好把受众看成是次团体和亚文化层层重叠交织的复杂模型，而不是由未分化的个体构成的群体。"③ 这个前提对我们重构受众的概念非常重要。作者进而发现，如果想从根本上脱离"使用与满足"取向，建立一个社会的视角来考察大众传播的进程，那么就必须把受众数量巨大同时又千差万别的对媒介内容的反应加以区分和归类，而弗兰克·帕金的相关理论中有一个很好的办法，可以加以扩展，用来解释不同阶级的受众是如何对媒介信息进行解码的。弗兰克·帕金认为，我们可以预期统一社会中不同阶级的成员具有不同的"意义系统"或意识形态框架，而在西方，我们可以划分出三个主要的意义系统，这三个系统都有不同的社会来源，每一个意义系统都有各自的"阶级不平等的不同道德诠释"：（1）主流价值体系，其社会来源为主要的制度性秩序，其道德框架对现存秩序采取毕恭毕敬的态度，倡导对现存的不平等状况的认可；（2）次级价值体系，其社会来源/产生环境为地方工人阶级社群，其道德框架倡导对不平等和地位低下的事实采取主动适应的态度；（3）极端价值系统，其来源为以工人阶级为基础的大众政党，它的道德框架倡导对阶级不平等进行抵抗式的诠释。④ 这基本上与霍尔在"编码/解码"一文中对三种解码模式的解释相合，但也

① 戴维·莫利：《电视、受众与文化研究》，史安斌译，新华出版社 2005 年版，第 97 页。

② 同上。

③ 同上。

④ David Morley, *Television*, *Audiences and Cultural Studies*（London：Routledge，1992），pp. 81-82.

有所不同，即霍尔在对帕金理论加以改造的基础上，从解码者的角度出发将解码分为"主导型""协商型""抵抗型"三种。为此莫利指出，尽管霍尔"编码/解码"理论产生了很大的影响，并在实际研究应用中也是一个很实用的分析模型，但可惜的是，这只是一个粗略的分析，分类也有点过于宽泛，如果类别能被再度细化，可能会更好地解释我们目前受众研究所面临的问题和多样性。作者继续分析道，尽管帕金模型有些局限和过度强调阶级的作用，但是，与之前把受众看成是聚合体中无差别个体的相关研究来说，可以说取得了巨大的进步。同时，作者提醒我们，在以往的研究中，一旦引入相关的社会学著作，往往会导致走向唯社会学论的歧途，也就是说，总是想立即就把社会范畴（比如说阶级）转化为意义，作者指出："我们不能把社会因素看成直接'干预'了传播过程。这些因素只有通过话语的结合——通过意义系统或是符码（一个阶级的成员正是依赖于它们来理解自身的生活经历），才会对传播产生影响。"① 也就是说，你不能直接用阶级背景或阶级地位来"解释"一个特定阶级的成员与另一个阶级的成员对同一信息有不同的解码的原因。

　　《"全国新闻"受众：结构和解码》采取的是焦点访谈与小组访谈相结合的研究方法。其中"焦点访谈"是按照默顿和肯德尔在"焦点访谈"一文中所提出的研究方法进行的。在"焦点访谈"一文中，作者说道："焦点访谈是设计来分析当人们暴露在调查者事先已经分析过的情境中的反应。它的主要功能是去发现：（1）反应发生的总体情境中的重要方面；（2）预测和实际效果之间的差异；（3）偏差小组的反应；（4）实验中诱导效应的进程。"② 在《"全国新闻"受众：结构和解码》中，第一阶段采用的是间接访谈方法，并在其进行的过程中探索受众理解所处情境的功能词汇和参照框架，然后是研究者对受访者提出关于节目内容的问题，按照默顿的相关理论，研究者尽量避免用具体的问题打断交谈，而是更多地展现受众提出的观点。"最初的讨论使受访者在他

---

① 戴维·莫利：《电视、受众与文化研究》，史安斌译，新华出版社2005年版，第101页。

② Robert Merton, Patricia Kendall, "The Focused Interview," *American Journal of Sociology* 51（6），1946, pp. 541-557.

们之间的讨论中能够详细地阐述自己对节目的看法,随后的谈论则直接检视节目分析中被认为是重要观点的影响。"① 简单地说,研究的策略就是以最为自然的反应作为开端,然后逐步走向对各个假设的更有系统性的探索。而之所以采用"小组访谈"的形式而不是个体研究,是因为作者认为,前期的很多研究都将个体从其具体的社会语境中剥离出来,把个体视为社会原子,这样的做法有很多缺陷。皮珀1975年的研究也从另一方面佐证了莫利这种访谈模式的正确性。皮珀在《电视与工人阶级》中这样说道:"人们对报纸、收音机和电视的使用不同,但是同一亚文化团体中的成员对其使用的情况却非常一致。"② 而在具体流程的设计上,作者让来自极为不同的社会背景的受众观看了两集"全国新闻",然后对他们进行了访谈,以探明他们对节目的诠释。

> 观看第一集的有18个组,他们来自不同层次的教育系统,具有不同的社会背景和文化背景,有些来自英格兰中部——该节目在那里播出过;有的来自伦敦。这些人一部分是学龄儿童,另一部分是全日制或半工半读的大中专学生。

> 观看第二集的有11个组,他们中有些来自不同层次的教育系统,但其他人都来自工会和经理培训中心,多数人来自伦敦。这些小组的成员包括全日制和半工半读的大中专学生,全职和兼职的工会官员,以及具有银行和印刷机构的经历。

> 这一步骤是为了确知团体的情况……然后我们引导他们按照各自的思路进行讨论,并且为他们放映与他们业已建立的制度背景的语境相适应的节目。大部分组都有5到10名成员。在他们看完节目之后,我们对他们的讨论进行录像(通常是30分钟左右),然后,再把这些材料进行笔录以便为以后的分析提供数据。③

---

① 戴维·莫利:《电视、受众与文化研究》,史安斌译,新华出版社2005年版,第109页。

② 同上书,第110页。

③ 同上书,第103页。

这一研究的整体计划是在温伯特·埃科（1972）[①] 提出的设计基础上经过修改后完成的：

1. 理论阐释，对概念的定义，以及研究采用的方法。

2. 对信息进行分析的目的在于阐明意义指涉的基本符码，信息中的再现类型与结构，暗含在信息传送所经过的概念和范畴中的意识形态。

3. 以访谈为方法的田野调查，探究先前被分析的信息是如何被不同社会位置的媒介受众接受与诠释的。这里使用的分析构架，包括下列三种可能：

（1）受众用以诠释信息的符码与传播者使用的符码相同——例如，他们都"栖息"于主流意识形态之中。

（2）符码与传播者使用的符码具有"协商"关系——例如，受众对主流意识形态只是部分接受，而传播者完全是按照主流意识形态对信息进行编码的。

（3）诠释信息的符码与传播者使用的符码具有"对立"关系，因此他们对信息意义的诠释所使用的符码与传播者不同。

4. 信息如何被接受的数据都已被采集，然后用于与先前对信息的分析进行比较，以得到确认：

（1）除了上述分析之外，信息是否还有其他意义。

（2）不同意义的"显著程度"与受访者的社会一经济地位关系如何。

（3）不同部分的受众诠释信息的方式有多大程度上的差别，他们在多大程度上把自己的解释加在信息之上。[②]

下面对受众所观看的节目做一个简要介绍：

---

① 原文如此，这是意大利著名学者翁贝托·埃科（Umberto Eco）1965 年一次会议上的一篇论文的英译稿，最初刊登在中心 1972 年出版的《文化研究工作报告》第 3 期上，题为"走向电视信息的符号学研究"（Towards the Enquiry into the Television Message）。

② 戴维·莫利：《电视、受众与文化研究》，史安斌译，新华出版社 2005 年版，第 104 页。

"全国新闻"节目 A，1976 年 5 月 19 日

这一期节目的内容是很多故事的混合，清楚地表现了"全国新闻"的风格——离奇的事件（一位妇女重访攻击过她的狮子），奇风异俗与模仿秀（主持人对诺福克·布罗德的走访，美国人在萨福克跳"谷仓舞"），令人感到怀疑的事件（有学生研究计划从垃圾中提取有用物质），以及"对社会有益"的事件（一项能让盲人绘制三维图画的发明）。下文将对其中的两段访谈进行详述：一段是对拉尔夫·纳德的访谈，他是美国人，是一名维护消费者权利的倡导者；一段是对派奇克·梅汉的访谈，他被判终身监禁，刚刚被假释出狱。①

"全国新闻"节目 B，1977 年 3 月 29 日

这期节目是"有关预算的特别节目，与"全国新闻"的风格有些不同，主要涉及由预算引发的经济问题和政治问题"。②

在访谈开始之前，作者将 29 个小组的访谈归纳为四个主要类型：

1. 经理

（1）正在接受岗位培训的银行经理；大部分为男性；年龄在 24—52 岁之间；全部为白人、中产阶级。（2）接受培训的印刷部门经理；全部为男性；大部分是白人；年龄在 22—39 岁之间；中产阶级。

2. 学生

（1）大学文科学生；全部是白人；男女皆有；年龄在 19—24 岁之间；中产阶级。（2）师范院校学生；大部分是白人；大部分是女性；年龄在 19—46 岁之间；中产阶级。（3）继续教育学院学生；大部分是女性；大部分是黑人；大部分年龄在 18—25 岁之间；

---

① 戴维·莫利：《电视、受众与文化研究》，史安斌译，新华出版社 2005 年版，第 114 页。
② 同上书，第 116 页。

工人阶级。

3. 学徒工

全部为白人；大部分是男性；年龄在 18—24 岁之间；工人阶级。

4. 工会成员

（1）正在接受岗位培训的工会官员；全部为男性；全部为白人；大部分年龄在 35—45 岁之间；工人阶级。

（2）店员；大部分是男性；全部是白人；年龄在 23—40 岁之间；工人阶级。①

下面是《"全国新闻"受众》具体的访谈记录，限于篇幅，我们仅摘录其中的一小部分。

1. 经理

银行经理（观看节目 B）

问：（在"预算"节目中）隐含的框架是什么？

答：我觉得里面没有什么隐含框架……节目没有主题……好像只是一个预算概要。

问：你觉得"全国新闻"这个节目怎么样？

答：它只是喝茶时间的娱乐节目……它令人发窘，居高临下……在那个节目中，我们能听到什么呢？……

接受培训的印刷部门经理（观看节目 B）

问：你觉得节目的政治立场是什么？

答：基本是社会主义立场……

问：总的说来，你觉得"全国新闻"节目怎么样？

答：我来自一个非常保守的家庭，很多次我都想给"全国新闻"打电话；我看到节目中的人受到嘲弄，仅仅因为他们很富有……

① 戴维·莫利：《电视、受众与文化研究》，史安斌译，新华出版社 2005 年版，第117—118 页。

2. 学生

大学文科生（观看节目 B）

问：你认为一个"全国新闻"的典型故事是什么样的？

答：发生在中产阶级下层或工人阶级上层的事……但是，这个节目并不能使你更多地了解那些人，了解他们在做些什么……

师范学校学生（观看节目 A）

问：你认为"全国新闻"的目标受众是谁？

答：它是针对大众家庭的……比如说，正在忙着准备晚餐的母亲……那些不太认真收听时事的人，如果"全景"播出了，他们马上换台……（它是）电视版本的《太阳报》或《镜报》。

继续教育学院的学生（观看了节目 A 与节目 B）

问："全国新闻"适合你这样的观众吗？

答：不，它适合老年人，还有中产阶级……富裕的人……

问：你觉得"全国新闻"有趣吗？

答：太无聊了……

3. 学徒工（观看节目 A）

问：你觉得主持人对节目内容有倾向性吗？

答：他们只是在做自己的工作，像其他人一样……

问：你认同节目中的受访者吗？

答：我认为"全国新闻"中大部分人……那些我们看到的被受访者，他们都像是假内行……

4. 工会人员

工会官员（观看节目 B）

问：你认为"全国新闻"与你真的有关吗，你经常收看这个节目吗？

答：我觉得它很有趣……它似乎是一个绝大多数人都能接受的节目。

问：你认为这个节目的目标受众是哪些？

答：当然不是工会官员！是中产阶级……毫无疑问，他们认为中产阶级是国家的中流砥柱。

店员（观看节目 B）

问：对于"全国新闻"的政治立场你怎么看？

答：我认为你不能单独地看"全国新闻"……我是说……与"太阳报""每日镜报""每日快报"一道，它们都是一堆垃圾……它们都在对工会说"你们毁了整个国家……"

问：你认为节目在展现这些问题的时候是否公正呢？

答：根本不公正，一点也不。他们对来自中产管理的人如此同情。即使是 BBC 的节目，也没有任何的中立和公正。[①]

该项目的下一部分是对各个小组的访谈结果进行分析和解释。作者承认，由于接受采访的小组样本太少，不足以保证结果的代表性，因而对之所作的阐释也只能是尝试性的结论。同时，作者也强调，在解读这些问题的时候应该保持一种批判的态度。对于"银行经理"来说，他们几乎没有对节目内容做出任何评论，似乎非常认可"全国新闻"的假设框架，以致节目的内容对他们而言只是一种常识，就没有值得争论的地方。"印刷部门经理"是一群正在接受培训的年轻的部门经理，他们对"全国新闻"的解读是"抵抗式的"，他们认为，这是一个"社会主义"的节目，是"激进民粹主义"的复杂的混合体，而且在处理经理/工会问题上严重偏袒工会一方。"大学文科学生"对"全国新闻"的解读并不局限在某一特定模式中，而是对"全国新闻"给出的诠释框架进行了新的限定，并做了非常明显的协商式解读和抵抗式解读，比如在对"全国新闻"的话语模式进行解读时，他们基本上采取了对抗式的解读方式；然而，在面对具体的政治、经济事件的时候，他们则认为"全国新闻"的大框架没什么问题，从这里可以看出，即使是同一小组，在面对同一节目的不同内容的时候，其解码方式并不是一成不变的，而是不断变化的。"师范类学生"的政治倾向与保守党相似，但是，他们接受的高等教育使得他们的解读更接近"协商式"解读。"成教学院学生"几乎都来自于城市中心区的黑人工人阶级社群，他们的文化背景与"全国新闻"的文化符码几乎完全不同，这使得他们很难

---

① 戴维·莫利：《电视、受众与文化研究》，史安斌译，新华出版社 2005 年版，第118—125 页。

接受"全国新闻"的解读，因为这些解读和他们的生活几乎毫无关联，他们对之也没有什么认同感，这就导致他们对"全国新闻"的态度是出人意料的沉默，如果非要说成是"抵抗式解读"的话，那也是一种沉默的"抵抗式解读"。"学徒工"是所有这些受访小组中与"主流符码"最为接近的小组，他们的解码与"全国新闻"的主控意义或者倾向性意义最为一致。"工会成员"则由于他们终日面临着来自各个方面的综合压力，他们的解读是带有一种民粹主义色彩的协商式符码。而"店员小组"的解读却是所有这些小组中最明显、同时也是最完全的抵抗式解读，他们完全不认可所谓的"我们"的民族主义想象的定义，他们对事件进行了重新定义，并在节目之外另找参照，比如说，他们会"先按照古典经济学的观点对'全国新闻'中隐含的财富起源'理论'进行解释，然后又明确地转向劳动价值理论，对其进行解释"。①

最后，作者通过一张图形（见图 3 - 4）向我们形象地展示了这次访谈的最终分析和一些结论，认为"不能单用个人心理差异来解释

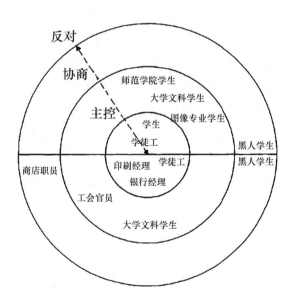

图 3 - 4

---

① 戴维·莫利：《电视、受众与文化研究》，史安斌译，新华出版社 2005 年版，第126—132 页。

上述反应和诠释的差异，这些差异建立在嵌入社会结构内的文化差异上……要想搞清一条信息的潜在意义，我们需要一张信息目标受众的'文化地图'，来显示出受众中的各个次级群体中所能获得的不同文化内容与符号资源"①。同时作者也认为，只有嵌入文本中的符码与不同受众群体所具有的符码发生互动的时候，"意义"才能够产生。另外，作者认为，不能直接从阶级地位出发来直接判断解码的过程，阶级地位确实重要，但是从上述的解码过程分析中我们也能发现，实际上是阶级地位所构成的复杂结构影响了解码的过程，而不是直接决定。作者提出，有必要对建立在帕金模式上的解码模式做进一步精细划分、全面的精炼，以便建立一个更加适合的受众模型，一个更加完备的将所有相关的差异和分析包含在内的概念体系。

第三节　《十字路口》：肥皂剧受众研究

1982 年，多萝西·霍布森出版了《十字路口：肥皂剧》（*Crossroads: The Drama of Soap Opera*）一书。作者在书中提到，这本书是由她在中心所作的博士研究计划生发出来的研究项目。从严格的意义上来说，该书并不能包括在本书的考察范围之内，一是由于其研究时代已经超出了本书所界定的研究范围；二是该书出版的时候作者已经离开了伯明翰大学当代文化研究中心，但是由于该项研究在中心受众研究中，尤其是女性受众研究中的重要性，及其在中心受众研究脉络中的承继性，所以有必要在本书中体现出该研究的重要特质。虽然该书长期以来一直被认为是中心受众研究的重要一环，但是就像作者在前言中所介绍的那样，其实在该书的结构中，对于节目制作者的论述是和对受众论述一样多的。而我们在查看该书的结构时也可以发现，该书的关注点很多，绝不仅仅限定在受众和制作者方面，但是由于该书的偏好设定，还是着力在受众研究方面。

该书的研究方法如同莫利"全国新闻"节目研究一样属于浸入式

---

① 戴维·莫利：《电视、受众与文化研究》，史安斌译，新华出版社 2005 年版，第132 页。

研究方法，但是和莫利所采取的分组观看、讨论、访谈的方法不同的
是，霍布森采用的是一种无结构性的参与式研究方法。作者在该书中说
道，对于受众研究的考察都是基于与观剧者一起观看节目以及对观看者
所作的访谈而做出的。[①] 也就是说，对受众的研究是从两方面进行的：
一是与受众一起观看《十字路口》并做一些即兴的谈话；另一方面则是
作者刻意为之的无结构性，在受众观影结束以后对她们进行的访谈。之
所以是"无结构性的"，是因为作者并没有制作调查问卷以及有意设计
一些相关的问题，与之相反，作者让受众自己决定什么是有趣的、什么
是她们在意的、什么是她们喜欢的或者什么是她们不喜欢的，同时也能
够让受众指出该剧受欢迎的原因以及提出自己的批评意见。作者发现，
"不同的受众选择观看不同的节目，其原因也是不同的，而且她们会对
这些节目做不同的'解读'，她们所说的大部分都是由她们前在的思想
和意见所决定的，只不过这次是针对这个节目而已，而且这些信息很可
能在她们对肥皂剧发表自己的意见的过程中发生了变化和进行过加
工。"[②] 同时，作者也注意到，当访谈录音转化为研究文本的时候，有
一些元素，诸如语音语调、笑声、悄悄话、笑话等都消失不见了，尽管
这些元素对于了解受众对于肥皂剧的真实想法很有帮助，但也只能是空
留遗憾了。另外，作者发现，尽管人人都是不领薪水的电视批评家，但
是由于普通受众的知识结构以及专业素养的不足，她们不可能使用一些
非常专业的批评术语，比如说"叙事结构""扁平人物""现实"等，
与之相对的是，她们的评述建立在长期自主选择的观影经验之上，以及
来自于日常生活的经验之上的。

　　该书对于肥皂剧的受众研究在一般的批评者看来，主要存在以下两
个方面的问题：一是受众研究的相关理论准备以及运用不足，未能有效
承继中心建立在"编码/解码"模式之上的受众研究；二是该书的参与
式访谈研究方法对研究结果以及研究内容的真实性有可能会产生一定的
干扰。针对第一点，作者在该书中提到，她认为，该书并不是一个理想
的场所，可以对其中所涉及的学术研究方法以及理论原则进行一个冗长

---

① Dorothy Hobson, *Crossroads*: *The Drama of Soap Opera* (London: Methuen, 1982), p. 105.
② Ibid. , pp. 105-6.

的阐释；① 在随后出版的《肥皂剧》（Soap Opera）一书中，在论及该书的研究方法时，作者坦承该书承继了莫利的"倾向性阅读"和参与式访谈的研究方法，而且首次提出了"媒介循环"的相关定义。② 依笔者之见，该书深入发展了中心受众研究的民族志研究方法。如此评价《十字路口》一书，是因为对于像大家公认的中心受众研究的民族志研究方法的典范之作《每日电视："全国新闻"》以及《"全国新闻"观众：结构和解码》，其实还不能算作严格意义上的"民族志"研究，其实是一种将分组调查、焦点访谈等结合在一起的定性式研究模式；③《十字路口》的研究则相对来说更符合民族志研究方法的标准定义，即通过亲自参与其中，观察与了解其他文化或族群内部的行为方式、思维理念，按照作者的说法，也就是将对特定片段或节目的生产过程的理解与对这些内容的理解和观众接受联系在一起加以考察。④ 对于第二点，作者也在书中为自己所使用的方法做了申辩。她认为，毫无疑问，一般的批评家们都认为这种介入式的研究方式必然会对一个私密空间产生一定的影响，而实际上，这其实是整个研究的一个组成部分，而且受访者并没有受到作者的影响。作者举例说，很多受访者并没有因为作者不在现场就不对节目发表意见，她们也不知道她们对节目的讨论会在书中体现出来。当然，严格来说，作者在这一点上的自辩似乎还有些牵强，我们也许都有这样的经验，就是当你的观影环境由于某些人的加入而有所改变的时候，通常是不会表现得如同你独自或和你的家人一同观影的时候一样的，你可能会隐藏你的某种想法或回避一些敏感性的问题，而且作者在随后的论述中也提到，当她出现的时候，受众对节目的评论虽然并未受到抑制，但是很显然，她们知道是和谁一起观影，而且通常会抱怨说"今天的节目有些令人失望"，或者是"今天晚上的节目不咋样"，等

---

① Dorothy Hobson, *Crossroads: The Drama of Soap Opera* (London: Methuen, 1982), p. 107.

② 多萝西·霍布森：《肥皂剧》，叶欣怡、林俊莆、王雅莹译，弘智文化事业有限公司2004年版，第8—9页。

③ 戴维·莫利：《电视，观众与文化研究》，冯建三译，远流出版事业股份有限公司1995年版，第25页。

④ Dorothy Hobson, *Crossroads: The Drama of Soap Opera* (London: Methuen, 1982), p. 107.

等。① 很明显，这些受访者受到了作者的影响，她们的观影环境因作者的介入多少会有些变化，她们的心绪也会随之波动，对于同样的剧集也会有不同的感受，但是，如果完全撇开研究者的介入，也就不会有民族志这一方法或学科了。

当然，在被问及她们为什么坚持观看这么一个"名声不那么好"的连续剧的时候，这些受访者显然并不是那么在意所谓"专家"的专业意见。有些人不仅给出了不同的意见，而且还给出了自己的理解。

多萝西·霍布森：当你听到这些评论者们抱怨的时候你是怎么想的？

M：嗯，我想，这些人抱怨总是有他们抱怨的理由吧，不是吗？我读到了很多这样的东西，确实很惊人，但是我想都是些废话。所以我说，那就是别人的意见而已，不是吗？我想我并不是很在意这些评论者们怎么说。我有我自己的想法：如果我喜欢的话我就会去看。

而有的受访者则对这些抱怨和攻击感到很不开心，并且暗示说，如果这些评论者们观看《十字路口》的话，他们绝对不会受到蔑视；而对那些抱怨肥皂剧的其他观影者们，她们同样表达了她们的不开心，并且认为对于这些人来说并没有足够的选择去看别的连续剧。

W：但是你有你自己的选择，不是吗？你可以打开电视也可以关掉电视啊。

S：我想人们用《十字路口》做靶子并写下这样的东西，这就是一堆垃圾，应该把这些统统都扔掉，而不是仅仅每周三天播放，这样是不对的。你不想看的话你可以关掉电视啊。我也有很多不合口味的电视节目，但是我不会给电视台写信说把这些统统都扔掉的，因为我知道别的人可能喜欢这个节目，我所做的只是关掉电视

---

① Dorothy Hobson, *Crossroads: The Drama of Soap Opera* (London: Methuen, 1982), pp. 107-8.

而已。

另外一位年轻女性在回答这个问题时则给出了非常有趣的答案，她认为，这是因为《十字路口》太过真实和多愁善感，所以男人多半不喜欢这个节目。

综上所述，作者在"为什么观看《十字路口》"这个问题上作了总结，总体来说，占其分析篇幅的绝大部分是这样三种应对态度：一是独立的、有个性的；二是感性、不越界的；三是擅长分析和总结的。以上三类受众一般较不易受到来自家庭以及社会的影响，对所谓的专业意见也有自己的一套应对策略。与之相反，作者也发现，还有一些受访者则对观看肥皂剧感到内疚和抱歉。

作者进而发现，观看电视是受众每天生活中的一部分，往往既不是一种在绝对安静和舒适的环境下进行的独立活动，也没有那种类似媒介会议那样专门的观影环境，更不是严格学术分析的基于录像设备的学术活动。对于要照顾她们的孩子和丈夫的女性来说，观看电视不是在下午茶时间轻松时光中进行的，作者发现，很多妇女喜欢的节目实际上并没有安排在下午茶时间播出，而是安排在了她们一天中最为"疯狂"的一个时间段里，即傍晚时分播出。要知道，在这一时间内，这些女性需要做好准备迎接孩子们和丈夫的归来，同时还要妥善安排他们的活动。此外，做饭、吃饭、洗碗、茶点、水果、零食、洗漱、就寝等一系列活动也都要安排在这一时间段里进行。由此看来，对于喜欢肥皂剧的女性受众来说，她们会选择什么样的观看方式呢？虽然最理想的方式无疑是停下手中所有的家务劳动，静静地、在没有干扰的环境里享受《十字路口》中起起伏伏的故事情节，但是对于该书中的大多数受众来说，这种情况是几乎不存在的。

首先来看玛乔丽，一位上了年纪的老妇人，她是将家务活和看电视交织在一起进行的，但是她只需要照顾好自己就行了，所以她可以自主决定工作和休闲的时间。她告诉作者，她从"一点钟新闻"就把电视打开，要不是她织的毛衣出现了一点小问题，她会一直把电视开着。当她观看"十字路口"的时候，她表现出了她的独立思维。"如果有人来的话，我会说，'嗨，我喜欢看《十字路口》，如果你不介意的话，我会一直开着电视。'……我不会一直看着电视而不管她们，但是我想，让她们在一旁坐上半个小时，也不会对任何人造成伤害的吧。"同时，她也告诉作者，如果当她正在看一个很有意思的节目的时候，有人来访，她也不介意说上一些诸如"一会儿就要出去"之类的谎话。对于作者来说，与玛乔丽一起观影的经历是美好的，这是因为一方面作者受到了非常热情和友好的接待，另一方面则是因为玛乔丽是一个人居住的，所以在和玛乔丽一起观看《十字路口》的时候没有任何干扰，因此访谈也是可以在一种非常舒适、惬意的情况下完成的。

接下来的这位访谈对象，戴安娜，是两个孩子的母亲，她的观影环境和玛乔丽比起来，有着强烈的反差。作者强调，尽管她是坐着的，却不是坐在客厅沙发上，而是坐在一所大屋子里面的饭厅的板凳上。因为是晚饭时间，戴安娜需要给两个孩子喂饭，同时看着冰箱上面黑白电视中的《十字路口》。作者抱怨道，她几乎不可能专心在她的研究项目上，而且这些孩子也根本没有对该项研究给予起码的尊重，一个要求作者帮她喝茶，另外一个则给作者展示她在学校的画作和她的新鞋子。虽然录音能帮助作者重新回到现场并专注于她的研究对象，但是显然这个环境对于作者来说并不是一个理想的研究环境，可是，这样的环境对于作者的研究对象来说，却是她们观影活动中的一部分，而且她们已经养成了这样半看半听的观影方式。

DH：总体来说，你是有规律地观看《十字路口》吗？

D：是的，我可能错过了一两集，而且我并不是总能坐下来看这部剧，但是我一直在听。我知道剧情是如何发展的。我想我也许更喜欢听吧。

DH：这么说你很少到客厅看这部剧了？

D：是的，我很少去客厅看肥皂剧。只有很少的时候，有人说发生了一些有趣的事情，或者发生一些大事件，比如说婚礼什么的，我会去看看彩色电视……通常我就是在这儿。

和珍妮特比起来，戴安娜也许还算是幸运儿了，起码，她还能半听半看，有时候还能看一会儿彩色电视，就像很多其他的女性受访者一样，珍妮特，由于丈夫毫不妥协，最终只好用听的方式"看"完了大部分节目。因为《十字路口》播放时间的安排，正好与晚间这段最忙碌的时间相冲突，所以大部分女性受访者不得不在家庭责任和兴趣爱好之间做出自己的选择。

尽管《十字路口》有着这些限定因素，这个节目却仍然有着较高的上座率。除了我们上面已经讨论过的诸如感性、冲突、事件等因素以外，还有时尚、习惯、熟悉感以及猜疑等因素。

希拉以及她的两个女儿（分别是 12 岁和 16 岁），都是"肥皂剧迷"。在作者对她们的访谈中，她们几乎是迅速地完成了她们的简单晚餐以及清洗工作，就是为了能一分钟不落地观看《十字路口》。作者认为，显然这个家庭是存在一定问题的，她们缺乏家庭责任感，希拉甚至连一顿晚饭都不能做好。希拉和她的女儿们不仅是肥皂剧迷，同时她们对电视新闻也很热衷，在作者对她们的访谈中，她们声称，她们绝对要看彩色电视，这是因为她们对戴安娜王妃非常着迷，会迫不及待地挖掘出"她到底穿的什么颜色的衣服"。前面谈到的戴安娜女士也说，她会看这些演员们都穿了些什么。可见时尚对女性确实非常具有吸引力，这些女性受众在谈到这些的时候也使用了诸如"跳跃""猛扑"之类的词汇来表达她们迫切一见的心情。

显然，作者认为，那种认为只要电视上有节目，受众就会不加甄别地观看的说法是经不起检验的，而且对某些专业节目制作人所说的受众会傻乎乎地盯着空白屏幕看个半天的说法也并不认可。回到这个项目上来，有些受访者告诉作者，她们之所以坚持观看《十字路口》，是因为这已经是一种"习惯"。作者通过考察发现，受众之所以这么说，不仅仅是因为《十字路口》的连续播出，而且是因为这部肥皂剧已经成为生活中必不可少的一部分，就像每天的晚饭、每天的下午茶一样，是一种生活习惯了，但是其中更为重要的原因恐怕就像是一些受访者所说的那样，她们无法逃避每天的家庭责任，必须在做完所有的家务活以后才能有自由的时间可供支配，所以，在繁忙的晚间收看《十字路口》对于她们来说既是一种奢望，也是不应该做的事情，如此她们才会自我解嘲，将这种行为称为一种"习惯"。而且《十字路口》的制作方也确实在这方面做足了功夫，他们一般是在每个单元结束之前提醒观众接下来会发生什么，以此说服观众收看接下来的剧集，而且他们的这种策略也确实奏效了。

　　DH：那么你为什么还会看《十字路口》呢？

　　D：嗯，我想我已经知道什么会发生，那些特定的场景是什么了。但是我还是想知道接下来会发生什么以及故事是如何结束的。不管接下来发生的事情是多么愚蠢，我还是想知道所有的来龙去脉以及故事是如何结束的。

　　显然，这位受访者已经完全掉入节目制作方巧妙设计的陷阱之中了，她明知道这是一个圈套，却仍然无法自拔。接下来的这位受访者则是为了摆脱自己无聊的家庭主妇生活，而刻意为自己制作了一套路径，那就是准时收看《十字路口》。

　　DH：你为什么喜欢《十字路口》？

　　A：就像你知道的那样我就是想知道接下来会发生什么。我知道这些演员很糟糕，而且你知道，我能看穿这个。我只是，一直在想，"天啦，这样做真蠢。"我对正在演什么并不是十分感兴趣，我想知道的只是接下来会发生什么。我想我很好奇……

　　这位受访者住在9层楼的高层公寓之中，为了摆脱每天的无聊生活，只好观看这些愚蠢的肥皂剧，作者对这位受访者的处境也给予了深切的关注，认为在这种缺乏沟通的环境下，除了找一些虚幻的补偿还能怎么做呢？接下来的受访者则提供了另外一种解读。

　　DH：你说你一直在看《十字路口》，能告诉我为什么吗？

　　L：这是一个很难回答的问题，一方面恐怕是看这个剧集已经成为每天生活的一部分了……另一方面则是，我是说，我并不认识她们，但是你却认为你认识她们。你知道我想说什么吗？她们对于我来说已经很熟悉了。

很显然，对于这位受访者来说，"习惯"和"熟悉"已经绑定在一起了，这样会对受众产生更强的吸引力。而对那些对剧集持批评态度的人来说，她们仍然有足够的兴趣去看《十字路口》。

> DH：那么，这个故事你认为是愚蠢的，你已经意识到你知道这个故事是愚蠢的，但是你却还在看它……
> D：我在听、在看、在想，"真是一堆垃圾"，但是我还是在继续看，想知道这部剧还能够再怎么烂。

"接下来会发生什么"，我们在上面已经看到不少受访者说到了这一点是她们继续观看《十字路口》的动力之一，而这一点其实正是肥皂剧讲述故事的方式。关于什么是肥皂剧，作者在书中给出了自己的定义："肥皂剧拥有特定的场景以及一群核心的人物角色，剧中主要的故事发展就是围绕这些主角的生活而编织。有一些额外的角色来来去去，而这些临时角色的生活则是以某种方式和主角们搭上线。在每一集的剧情安排中都有数个主轴，而故事便是顺着这些主线发展，每一集即将播完时都会以扣人心弦的情节来让观众欲罢不能，并在下集播出时准时打开电视机。……传统上，这些连续剧都会安排数个坚强的女性主角，而此种走向也已经被证实是肥皂剧引起观众热烈回响的重要特质。它们设定不同年龄、阶级和人格特质的女性角色，安排一些能够引起女性观众同情心的人物。肥皂剧也通常会设定数个男性角色，这经常是为了来一场罗曼蒂克的爱情，有时则是作为剧中的喜剧人物或者是要担任坏蛋的任务，不过，在最普遍的情形下，男性都并非连续剧中的主要角色。"[1]从中我们可以看出，故事主线、讲述故事的方式以及肥皂剧的叙事结构才是受众观看肥皂剧的主要原因，作者同时认为，这里也不存在什么纯粹的快乐，说穿了，肥皂剧之所以如此风行，只是因为它是在按照一定的模式讲述故事而已。[2]

接下来，作者针对学界关于受众的一些理论观点做了独特的梳理，

---

[1] Dorothy Hobson, *Crossroads: The Drama of Soap Opera* (London: Methuen, 1982), p. 33.
[2] Ibid., p. 108.

即使用访谈内容来作为理论依托，对学界提出自己鲜活的意见。第一，关于节目应该有娱乐功能的说法，作者认为是正确的，而且有一位叫琳达的受众认为这个功能非常重要，她在90%的收视时间里都是非常享受的。第二，作者认为，那些被广泛认可的所谓肥皂剧的受众是为了逃避现实的说法实际上是有问题的，受访者中一位叫简的16岁女孩就认为，她和她的朋友之所以非常喜欢看《十字路口》，恰恰是因为《十字路口》非常伯明翰化，发生的故事也都在米德兰郡，而她们并不喜欢看《达拉斯》，因为其中的生活离现实太远。再次，在肥皂剧最吸引受众的地方是什么这一问题上，作者发现，这可能是受众和那些批评家们之间差异最大的地方了，受众普遍认为，她们最感兴趣的是那些反复出现的家庭元素，例如角色、叙事、故事情节等，特别是她们认为，《十字路口》是非常贴近生活的。那位叫玛乔丽的受访者就认为，无论是吉尔人生的起起伏伏，还是梅格对孩子归来的渴望，都是现实生活中实实在在发生了的。第四，对那种认为受众毫无批判性的观点，作者显然也是不认可的。作者在访谈中发现，受众拥有大量关于故事情节、场景和角色的信息，而这些只有少数专业人员才能与之匹敌。而且，她们对于剧集的批评往往是积极的、正面的，且往往包含一些建议以及改进的意见，这是和空洞的社会批判截然不同的。比如，在对剧中一位名叫卡特的女子的讨论中，受访者就提出了自己对这个角色的感受以及改进意见。第五，作者则认为，所谓的被动受众的神话已经被击得粉碎。从作者的访谈中我们可以看到，这些受众并不是就坐在那儿观看并且将其全盘接收，相反，她们有自己的思维方式以及创造方式，她们能够把握故事情节、理解其背后的理念，并且能够构建自我对于框架的理解。

从以上的分析中可以看到，霍布森对《十字路口》受众的研究的确在某种程度上深化了中心民族志研究的传统。此外，她还在文章中提出了她对于电视节目创作发展模式的理解，也就是电视节目可以说是由三个部分所组成的，分别是生产过程、节目、对节目的理解。而且作者强调，以往的那种精英主义的电视批评研究对于受众的蔑视和忽视是错误的，就像中心女性研究的主将夏洛特·布朗斯顿所说的那样："与那些抱怨肥皂剧过多的批评者不同的是，我所建议的是，在这些肥皂剧变得令人满意之前，我们应该对其中的受众部分给予大力的关注和介入。"[①]

伯明翰当代文化研究中心（CCCS）成立以后，受众研究成为中心媒介研究的重中之重，在继承和发展中心创始人的相关理论成果和贡献，在对美国传播研究以及西方马克思主义的批判和吸收以后，中心发展出一套与以往的受众研究截然不同的面貌，为受众研究的发展起到了积极推动、承上启下的重要作用。总体来说，可将中心受众研究的特点概括为：受众研究的对象从被动的、消极的、毫无还手之力的媒介俘虏变为主动的、积极的、拥有自主意识的"阅听人"；受众研究也不再是效果研究的附属品，而是相关研究的焦点核心所在；"编码/解码"理论的提出和发展以及相关的实践；民族志、田野调查等社会学、人类学方法在受众研究领域的首次应用；承袭文化研究的跨学科特性，CCCS的受众研究在理论和方法上也融合了诸如符号学、社会学、语言学、哲学等理论话语。诚如道格拉斯·凯尔纳所言："文化研究的主要传统至少结合了社会理论、文化批评、历史、哲学分析以及特定的政治参与，因此通过克服人为的学科专业化而超越了标准化的学科划分。文化研究通过跨学科的概念而进行操作，而这些概念依赖于社会理论、经济学、政治学、历史、传播研究、文学与文化理论、哲学以及其他理论话语。"[②] 上述总结虽是对文化研究跨学科特性的界定，但是对中心的受众研究来说，也同样拥有这些一般化的特点。在伯明翰大学当代文化研究中心的受众研究里面，除了对美国传播学界研究方法的借鉴以外，还广泛吸收了社会学、文学、结构主义、符号学、马克思主义、女性主义、人类学等学科的研究方法，任何单一的研究方法在中心那里都是片面的和低效的，中心的研究学者们敢于打破学科壁垒，在日渐封闭的、冷暖自知的学术科研领域开启出了一片新的天地。

莫利说道："战后受众研究的历史，可以看作是在下面两种观点之

---

① Charlotte Brunsdon, "'Crossroads': Notes on Soap Opera," *Journal of Screen*, 22 (4), 1981, pp. 32-37.

② 道格拉斯·凯尔纳：《批评理论与文化研究：未能达成的结合》，保罗·史密斯（Paul Smith）等著，陶东风编：《文化研究精粹读本》，中国人民大学出版社 2006 年版，第145 页。

间的振荡：一种观点强调文本（或信息）对观众的影响力，另一种观点意在'保护'受众不受信息潜在效果的影响。"① 如果说中心受众研究确实发现了前期研究中被主动忽视的"受众"，将"受众"重新纳入学术研究的政治版图的话，那么美国文化研究的出现，尤其是费斯克的"积极受众"理论的广泛传播，不能不说是对中心早期受众研究的一个过度和极端的推动。布德等人认为，美国文化研究有五大致命缺陷："第一，它高估了受众在接受时的自由度。第二，它简直无视政治经济学所分析的受众的商品化性质。第三，它无法区分大众广告与专业性媒介。第四，它将积极的接受与政治上的积极行动混为一谈。第五，它把偶然发生的对立亚文化中的进步解读当成了普遍状况。"② 莫利在考察《重组话语频道》这本书的时候，非常认可希尔弗斯特的说法，即"虽然书中一再表示我们不但需要电视符号学，更要研究电视社会学，此书最终还是完全以文本为中心的，尽管书中一再强调电视不能仅仅被视作一种文本现象。"③ 同时，霍尔也认为："文化总是通过文本性进行工作，但是与此同时仅有文本性也是远远不够的……文化研究必须始终活在张力之中，这种张力就是赛义德所说的在对文本的研究必须始终与对'机构、政府机关、代理、阶级、学院、集团、群组、意识形态化定义的政党、专家、民族、种族和性别'的研究结合在一起进行。"④

---

① David Morley, "Changing Paradigm in Audience Studies," *Remote Control*: *Television*, *Audiences*, *and Cultural Power* (London: Routledge, 1991), p. 16.

② 转引自文森特·莫斯可《传播政治经济学》，胡正荣等译，华夏出版社 2000 年版，第 242 页。

③ 戴维·莫利：《电视、受众与文化研究》，史安斌译，新华出版社 2005 年版，第 7 页。

④ Stuart Hall, "Cultural Studies and Its Theoretical Legacies," *Cultural Studies* (London: Routledge, 1992), p. 284.

第四章　监控危机

　　1972 年 11 月，在伯明翰汉兹沃思地区发生了一起行凶抢劫案件，由于媒介报道的不断升温而引起中心成员对这起案件的关注，而在 1973 年 3 月的法庭判决中，对三名犯罪嫌疑人过重的刑罚以及随后针对这次案件所引发的争论，尤其是媒介连篇累牍的报道引起了中心成员的强烈关注。他们在中心主任霍尔的组织下，成立了"行凶抢劫项目"（Mugging Project）研究小组，在对种族问题提出政治性考察的同时，也对媒介在其中所扮演的角色进行了认真的分析和细致的研究。① 这个项目，不仅时间跨度大，而且相关的研究成果也非常丰富和富有成效，这其中，最早的研究可以追溯到 1973 年托尼·杰弗逊（Tony Jefferson）和约翰·克拉克（John Clark）的论文《走过穷街陋巷：行凶抢劫的意义》（Down These Mean Streets：The Meaning of Mugging，中心油印刊物第 17 期），还有 1973 年专门讨论社会反响的《二十年》（Twenty Years）②，1974 年约翰·克拉克、查尔斯·克雷彻等人合著的《证据的选择及防范种族主义：对议会选择委员会关于种族关系和移民的报告的批评》（The Selection of Evidence and the Avoidance of Racialism：a Critique of the Parliamentary Select Committee on Race Relations and Immigration，中心油印刊物第 15 期），1975 年斯图亚特·霍尔等人的《行凶抢劫和"法律与秩序"》（Mugging and Law-and-Order，中心油印刊物第 35 期），1975 年中心工作报告第 7 期和第 8 期合集《通过仪式进行抵抗》（Resistance through

---

　　① Centre for Contemporary Cultural Studies, Seventh Report, 1972-1974, pp. 15-16.
　　② 有趣的是，这是中心行凶抢劫小组（Mugging Group）的作品，署名却是"保罗，吉米和马斯蒂支持委员会"（The Paul, Jimmy and Musty Support Committee）。"保罗、吉米和马斯蒂"正是汉兹沃思事件的三位犯罪嫌疑人。

Rituals, *WPCS*7/8, Stuart Hall and Tony Jefferson edit.) 中出版的《关于社会控制文化与新闻媒介之间关系的一些笔记：法律与秩序运动的创建》(Some Notes on the Relationship between the Societal Control Culture and the News Media：The Construction of a Law and Order Campaign)，1976 年霍尔等人的《新闻制作与犯罪》(Newsmaking and Crime，中心油印刊物第 37 期) 以及霍尔本人在英国广播公司所作的两次关于"行凶抢劫"的报告。最终，项目的研究成果汇聚成令人生畏的《监控危机》一书。

1978 年，中心出版了《监控危机：行凶抢劫，国家以及"法律与秩序"》(*Policing the Crisis*：*Mugging*，*the State*，*and Law and Order*) 一书。该书甫一出版，就引起了学界的广泛关注，并被誉为是英国最重要的关于种族关系的著作之一。[①] 而弗兰克·韦伯斯特也认为，中心在媒介研究方面厥功至伟，《监控危机》更是一部力作。[②] 霍尔后来在《文化研究及其理论遗产》中则这样说道："《监控危机》既代表了我也代表了中心的一个决定性的转折。此外，这却是在漫长的有时又有点艰辛的针对内部令人诧异的无意识沉默所做的斗争的过程中才能取得的成果。"[③] 可以看出，该研究并未得到中心成员应有的重视和反响，而在 2003 年再版的《通过仪式进行抵抗》(*Resistance Through Rituals*) 一书的前言中，编者认为"行凶抢劫"项目是中心有史以来规模最大、影响最为深远的研究，并且奠定了《通过仪式进行抵抗》一书的理论和方法论基础。[④]

第一节 "行凶抢劫"：一种新型犯罪形式？

"行凶抢劫"（mugging）一词，首次进入战后英国社会，应该从

① Lee Bridges, "Book Reviews：Policing the Crisis：Mugging, the State, and Law and Order" By Stuart Hall, Chas Critcher, Tony Jefferson, John Clarke and Brian Roberts（London, MacMillan, 1978), *Race & Class* 20, 1978, p. 193.

② Frank Webster, "Sociology, Cultural Studies and Disciplinary Boundaries," *A Companion to Cultural Studies*（Oxford：Blackwell, 2001), pp. 315-348.

③ Stuart Hall, "Cultural Studies and its Theoretical Legacies," *Cultural Studies*（London：Routledge, 1992), p. 283.

④ Stuart Hall, Tony Jefferson, etc., *Resistance Through Rituals*：*Youth Subcultures in Post-War Britain*（London：Routledge, 2003), p. 6.

1972 年 8 月发生在伦敦滑铁卢车站附近的一起抢劫案件说起。1972 年 8 月 15 日，阿瑟·希尔斯先生在从剧院回家的路上被刺身亡。由于案件发生时已经无法安排报纸重新排版，所以，相关的报道到了 8 月 17 号才出现。1972 年 8 月 17 号，《每日镜报》援引一位警官的话，将这起案件称为"走向歧路的一起行凶抢劫"（"a mugging gone wrong"）；报纸的头版头条则是这样描述这起案件的："随着暴力犯罪率的不断攀升，一个通常是在美国使用的词汇走进了英国报纸的头条：行凶抢劫。对于警察来说，这是一种可怕的新型犯罪形式。"我们可以假设一下，如果一个读者看到了这样的报道，如果他对这种"新型犯罪形式"一无所知的话，他将从这样的头条中得到什么信息：这是一种新的犯罪样式，以前这是在美国才有所耳闻的，现在则进入了英国，无所不能的警察都对之感到震惊。随后，《每日镜报》对这个案件进行了详细的报道和解说，提供了对这个词语（行凶抢劫）的一个定义，并给出了"行凶抢劫"以及犯罪率上升的统计数字。由于当时现场并没有目击证人，《每日镜报》甚至对这个案件进行了想象性的重构，声称希尔斯先生在回家的路上遭到三个 20 岁出头的年轻人抢劫，由于他的不配合甚至回击这些年轻人，最终导致在搏斗中被刺身亡。"行凶抢劫"（mugging）一词，按照《每日镜报》的说法，来源于美国的这样一种说法，即"攻击傻瓜：一种简单的犯罪形式"，并且引用了美国警察的话，将"行凶抢劫"描述为"用锁臂挤压受害者的头部或喉部攻击受害人或者使用武力抢劫受害人，无论是否持有武器的一种攻击行为"。下面则是一组数据，一是说美国在 10 年之中"行凶抢劫"案件增长了 229%；二是指在过去的三年之中，伦敦地铁每年有 150 起"行凶抢劫"案件记录在案。《每日镜报》随之向我们暗示："行凶抢劫正在向英国慢慢袭来"。

那么，我们首先来看这究竟是不是一种新的犯罪形式呢？霍尔等人注意到，在 1972 年 10 月 20 号《泰晤士报》刊登的一篇文章中，法律学者路易斯·布洛姆—库珀这样认为："世上没有什么新的事物，说到'行凶抢劫'，其实也并不是什么新的现象，要说有什么疏漏的话，只能说《牛津英语辞典》的疏忽。不超过 100 年前在伦敦的街头就有一种暴力抢劫形式的出现，叫作'绞杀'，是一种通过暴力方式使受害人窒息以进行抢劫的犯罪形式。"两相对照，我们就可以发现，美国式的

"行凶抢劫"和英国 100 年前的"绞杀"在很多地方都很相似，比如说暴力形式，比如说使人窒息，比如说最终是为了达到抢劫财物的目的，等等。针对媒介的这种疏忽或者故意，霍尔等人辛辣地指出："在定义'行凶抢劫'的努力中，英国报纸参照了美国的相关定义，殊不知在美国人初次定义这个词的时候，他们至少也参照了英国的相关事例。"①这种引用看似引入了大西洋对岸的某种新型犯罪形式，却不知道其实相关的犯罪形式早在 100 年以前就在英国出现过了，这无疑是对所谓的新闻价值的一种绝佳讽刺。而在 19 世纪，类似的街头犯罪在英国并不少见，比如说富有的旅行者被马车夫打劫、独自出行的受害者被拦路抢劫或被妓女诱骗，等等。19 世纪 50 年代，"绞杀"抢劫在曼彻斯特和伦敦出现了一个小的高潮，到了 1862—1863 年，在伦敦又有一轮新的爆发，并引起了媒介的广泛关注。其中 1863 年的一期上的文章《康希尔杂志》这样写道："再一次，伦敦的街头不再安全，无论是白天还是黑夜。公众的担忧几乎就要变成一种恐慌。"同样的报道也出现在兰卡斯特、约克、诺丁汉等地，"轻信变成了一种社会的债务""绞杀者潜伏在墙壁的阴影之下，加快了跟随独自行走者的脚步，他们已经成为这个国家的梦魇……有着粗俗外貌的人被攻击，仅仅是被怀疑他们就是绞杀者。"反绞杀者运动此起彼伏，1863 年被处以绞刑的人数是自"血腥法典"（Bloody Code）被废除以来最多的。从中我们可以看到 1862—1863 年与我们所讨论的 1972—1973 年的某些相似之处，但是就像《维多利亚地下世界》的作者切斯尼所评述的那样："其中存在着一定的问题……其真正的关键之处恰恰在于绞杀引起公众的兴奋和关注之后他们能够更顺利地接受相关法律制度的增强以及公众秩序的加速改进。"② 可见，和"行凶抢劫"类似的犯罪形式我们可以在 100 年以前的相关报道中找到，就算是"绞杀"也并不是一种新的犯罪形式。"窒息比尔，即通过抓住受害者衣领使之失去反抗能力从而实施抢劫，在地下世界已经是

---

① Stuart Hall, Chas Critcher, Tony Jefferson, etc. , *Policing the Crisis*: *Mugging*, *the State*, *and Law and Order* （London: Macmillan, 1978）, p. 4.

② Kellow Chesney, *The Victorian Underworld* （Harmondsworth: Penguin, 1972）, pp. 162-165.

一种固定的犯罪模式。"①

伴随着媒介对这种犯罪形式花样翻新的命名方式的，是公共管理机构、警察对这个所谓的新型犯罪形式的警觉，他们似乎并不认可这是一种新型犯罪形式，反倒是对"行凶抢劫"背后的传统内涵更加重视。伦敦大都市警察总监在其1964年的年度报告中，在评论增长率高达30%的抢劫案件的时候，特别提到："即使是回到公路响马和拦路抢劫的时代，伦敦也总是抢劫的高发地区。"②当然，在这份报告中，警察总监也没有使用这个方便易用的标签："行凶抢劫"。而当1972年，内务大臣要求警察长官们提供关于"行凶抢劫"的统计数据的时候，一位来自南安普顿的警官则又一次对这种"传统犯罪"形式的"新型标签"发表了自己的看法。他认为，很难把"行凶抢劫"和以前发生过的对海员进行推拉（roll）的案件区分开来。③ 而有意思的是，在著名的汉兹沃思案件中，犯罪嫌疑人在阐述作案动机的时候，也没有使用"行凶抢劫"一词，而是同样使用了"推拉"一词。在1973年3月20日的《每日邮报》的编者按中，甚至认为"行凶抢劫"与"原罪"一样古老。从这些事例出发，中心行凶抢劫研究小组成员们发现，要想在"行凶抢劫"中精确发现其新颖的元素实在是一件极端困难的事情，与之相反，在普通的抢劫案例之上所贴的这个标签，倒确确实实是非常新颖奇特的。作者又继续比较了另外几起相似的案件，比如说1968年12月12日据《每日镜报》报道，一名保守党议员在海德公园受到四名年轻人的袭击，他们踢打他的脸部和肋部，最后抢走了9英镑和一块金表，这里面并没有提到"行凶抢劫"。再比如《每日电讯》在报道希尔斯先生的案件时候提到的一桩四年前发生的案件，肖先生被两名20岁出头的无业青年枪杀，不知道什么原因导致1973年的案件被定性为"行凶抢劫"，而1969年的案件就不是。那么是不是从中就能得出这样的结论，实际上并没有什么新型的犯罪形式，有的只是新的标签而已。毫无疑问，新闻是追求"新奇"的，同样毫无疑问的是，媒介希望能从大

---

① Stuart Hall, Chas Critcher, Tony Jefferson, etc., *Policing the Crisis: Mugging, the State, and Law and Order* (London: Macmillan, 1978), p. 4.

② Ibid., p. 5.

③ *Sunday Telegraph*, 1 November 1972.

西洋彼岸借鉴一些新鲜的元素，也许有一些偶然的因素在里面，但是，作者最后强调，所谓的"行凶抢劫"恐慌，和之前的"绞杀恐慌"以及其他对犯罪和"危险阶级"的"巨大恐惧"一样，都不是那么简单或者看似偶然的，而是有一定深意的。[①]

第二节　"行凶抢劫"新闻简史

从 1972 年 8 月希尔斯案件开始，到 1973 年 8 月结束，"行凶抢劫"受到英国媒介的广泛关注和大量的覆盖性报道。不仅内容丰富，其中既包括案件报道、法庭陈述，也包括警察的回应、受害人和施暴者本人及家属的采访等；其样式也包罗万象，几乎涵盖了当时的所有报道形式，包括头条新闻、专题报道、专家访谈、读者来信等。在这 13 个月当中，随着媒介报道的逐渐深入或逐渐淡化，公众对之的关注度也随之起起伏伏。

首先，当然是"行凶抢劫"标签的始作俑者，1972 年 8 月 17 日的《每日镜报》《每日电讯》等报纸都有对希尔斯案件的相关报道。在这之后，有一段短暂的间歇期，相关的报道较少。而在 9 月后半段一直到 11 月早期，却迎来了"行凶抢劫"新闻报道的大爆发，这段时间是这 13 个月新闻报道的高峰，其最明显的特征就是对"惩戒性判罚"的刻意强调和反复出现。只要是暴力形式的抢劫犯罪，几乎没有什么例外，必须对之施以"威慑性的"判决，感化和再教育是第二选项或者直接被选择性忽视了。简而言之，这是司法体系对"行凶抢劫"的宣战。报纸则采用了编者按和专题并举的方式，编者按主要是关于处理判决"公正性"的问题，当然，最终的结论几乎是毫无例外地支持法院对"行凶抢劫"所作的判罚；而专题文章则主要是对之进行深入的挖掘，比如说"行凶抢劫者的形成""为什么要出去抢劫"等是其重点，绝大多数文章的数据很充分，信息很丰富，但是其最后的结论却不是那么客观，往往带有各自的主观阐释。这其中有一两篇文章显得并不那么合

---

① Stuart Hall, Chas Critcher, Tony Jefferson, etc. , *Policing the Crisis：Mugging, the State, and Law and Order* （London：Macmillan, 1978）, p. 7.

群，比如前面提到的路易斯·布洛姆—库珀的文章，仿佛就像是荒野中孤独的行者一样，独自与法院的严苛判罚做斗争。警察们也经常在相关的报道中出彩，比如说 1972 年 10 月 15 日《星期日镜报》所报道的"皇家公园清场运动"以及 1972 年 11 月 3 日《卫报》上关于伦敦地下铁巡逻增加的报道，等等。早在 1972 年 10 月 22 日《星期天电讯》就宣告，针对"行凶抢劫"的战争即将取得胜利，但是，我们参看接下来的媒介报道，似乎这场战争并没有丝毫弱化的迹象。1972 年 10 月 26 日，《每日邮报》报道警察总检察长声称要对"行凶抢劫"进行全力打击并且将其作为警队工作的"最高优先级"；1972 年 11 月 1 日《泰晤士报》则报道了内政大臣要求英格兰和威尔士的所有警察局长上报"行凶抢劫"的详细报告。在这篇报道中，内政大臣对"行凶抢劫"的定义却多多少少产生了一些问题，他认为，"行凶抢劫"是"两人以上的年轻人对在开阔地域独自行走的人实施抢劫"。"两人以上"这一断语否认了有独自一人实施抢劫的可能性，"年轻人"和"开阔地域"则对"行凶抢劫"的犯罪认定带来了一定的问题。

1972 年 11 月 2 日《泰晤士报》刊登的爱丁堡公爵在皇家全科医师协会上的发言，认为"行凶抢劫"就像是社区的疾病一样，必须想办法找到治疗的方法。直到 1972 年底，与"行凶抢劫"相关的报道大幅度减少。有少数文章对多种"反行凶抢劫"行动的效果表示怀疑，但是最重要的文章无疑是 1972 年 11 月 10 日《每日邮报》刊登的民意调查结果。很明显，行凶抢劫一定触碰到了公众最敏感的神经，在民意调查里，90% 的人希望采取更严厉的处罚措施，而超过 70% 的调查者则希望政府能采取紧急措施。

1973 年 1 月，关于"行凶抢劫"的新闻覆盖率较 1972 年 12 月有所提升，但并不是很高。1 月 25 日，内政大臣在《每日镜报》上发表书面回应，称这场针对"行凶抢劫"的战争并未恶化，相反，在某些领域还有所提高。然而，3 月 8 日《卫报》以及多家国家级报纸的头条标题却是"伦敦行凶抢劫事件在过去四年里上升了 129%"；3 月 15 日《泰晤士报》则报道了特别行动小组骚扰和威胁黑人青年的事件；3 月 19 日对汉兹沃思事件的"威慑性"判决则催生了更多的专题文章；3 月 30 日《伦敦标准晚报》报道伦敦地下铁的安保措施加强……随后，在 5 月 4

日的《每日邮报》和 5 月 6 日的《星期天镜报》上，内政大臣不得不承认之前的乐观估计有误，并转而敦促英国各警察局长提升对年轻行凶抢劫者的战争级别。

仅仅过了几天，5 月 11 日《伦敦标准晚报》就刊出了汉兹沃思警察局长宣告"行凶抢劫"战争胜利的消息。而 4 天以后，也就是在 5 月 15 日的《每日邮报》上，伦敦警察局长却宣称要增派更多的力量去打击犯罪，特别是"行凶抢劫"。5 月 23 日，内政大臣又一次宣告了对"行凶抢劫"的乐观估计，这次还是在《每日镜报》上面，内政大臣在一次保护妇女大会上告诉 1200 名妇女代表，针对"行凶抢劫"的战争即将取得胜利。尽管多方对战争的预期和结果的估计各不相同，但是"行凶抢劫"正在慢慢淡出人们的视野，特别是在报刊上面的曝光率大不如前，整个 7 月和 8 月才有一篇关于"行凶抢劫"的报道，而在 7 月 29 日的《观察家》上，英国首相祝贺了这个国家针对"行凶抢劫"所取得的胜利。

1973 年 10 月 1 日，《每日镜报》报道称，诈骗已经取代了"行凶抢劫"，是当前英国最大的最令人头疼的犯罪形式。历经 13 个月的"行凶抢劫"新闻报道暂时告一段落。①

第三节　标签的旅行

在本章的前面，已交代了霍尔等人对"行凶抢劫"（mugging）一词在英国媒介中使用情况的分析，以及"行凶抢劫"一词定义的发展和变化情况。此外，霍尔等人分析了作为一种标签的"行凶抢劫"是怎样从大洋彼岸来到英国，并逐渐为英国大众所熟知，而且在发生相关事件的时候迅速将二者以及标签所携带的意涵联系在一起，从而在公众、媒介、管理阶层这三方能够很快达成一致，形成共识。贴标签（labeling）这种行为，无论是在西方还是中国，都是我们比较熟悉的一种行为，但是由于这种行为具有一定的风险，且需要一定的权威性，所

---

① Stuart Hall, Chas Critcher, Tony Jefferson, etc., *Policing the Crisis: Mugging, the State, and Law and Order* (London: Macmillan, 1978), pp. 7-9.

以这种行为一般都是由专家、学者、媒体从业人员、管理者等享有较高声誉或具有较高专业素养的人群来进行的。当然还存在个人或小团体、社区对某些人进行分类，比如说犯罪社会学中的"标签理论"（label theory），就强调当行为人受到社会减等标签的影响时，就会产生"衍生偏差行为"（Secondary Deviance），从而成为一个严重的犯罪者。当然，此说的各种偏颇之处，并不在本书的讨论范围之内，我们在这里想要强调的是，霍尔等人如何从这样细微的角度，揭示出媒介是如何自觉或不自觉地操控这个标签（行凶抢劫）的使用的。

由于这个标签是英国报纸借自美国，所以，霍尔等人考察了美国"行凶抢劫"这个词的发生发展情况。他们发现，"行凶抢劫"首次在现代意义上的使用，出现在 20 世纪 40 年代。按照勒琼和亚历克斯的考证，"'行凶抢劫'这个术语来自于犯罪领域和警察术语，指称小规模的惯犯或小偷对受害人实施抢劫或伤害，通常是 3 人或以上"[1]。而这个定义则在六七十年代被重新引入英国。

霍尔等人随后有了重要的发现，他们认为，"标签"非常重要，尤其是对引人注目的公共事件来说更是如此。但是，"标签"并不仅仅具有放置和鉴别事件的作用，它还有一个更重要的功能，那就是给事件加上背景（context）。因此，当你在使用"标签"的同时，你也将事件与整个参照体系、所有的相关意涵和隐含的意义连接到了一起。所以说，当英国媒介在六七十年代向美国同行借来"行凶抢劫"这个标签的同时，他们也引入了这个标签所具有的内涵、背景和关联义。我们可以简单地以当下中国的一个流行语汇作为例证。"雾霾"，是现今中国绕不过去的一个话题，现在常被用来作为灾害性天气预报。但是，"雾"是"雾"，"霾"是"霾"，二者区别很大。"雾"是指"在水气充足、微风及大气层稳定的情况下，如果接近地面的空气冷却至某程度时，空气中的水汽便会凝结成细微的水滴悬浮于空中，使地面水平的能见度下降的一种天气现象"[2]，一般来说危害性不大，当然，在极端条件下也会

---

[1] Stuart Hall, Chas Critcher, Tony Jefferson, etc. , *Policing the Crisis*：*Mugging*，*the State*，*and Law and Order*（London：Macmillan, 1978），p. 19.

[2] http：//baike. baidu. com/subview/10616/6493411. htm.

出现危险水平极高的诸如酸雾、碱雾的情况。而"霾"则是指"原因不明的因大量烟、尘等微粒悬浮而形成的浑浊现象。霾的核心物质是空气中悬浮的灰尘颗粒，气象学上称为气溶胶颗粒"[1]。现在一般将二者并用，由于公众对"霾"的认识不足，而平常生活中对"雾"则多少有所接触或了解，所以在二者并用的情况下，公众很容易就将二者混淆在一起，且以"雾"为重，而忽视了"霾"的现实危害性。"行凶抢劫"与"雾霾"二者虽有不同之处，但却都有相似的贴标签方式，只是在夸张的程度上走了两个方向：一个是放大了相关事件的危害性并与民族、社会等大的方面联系在了一起，另一个则是有意降低相关事件的严重程度，都属于媒介对相关术语的"误用"。

而且还有很关键的一点就是，霍尔等人提醒我们，到了19世纪60年代，"行凶抢劫"一词在美国已经不仅仅作为一种特定犯罪形式的描述或者识别术语，而是已经成为不断搅扰美国社会和政治生活的一种总体性的象征了。正是由于上面提到的"行凶抢劫"作为标签的功能之一，也就是包含言外之意，这时候的"行凶抢劫"则象征着这一整套美国社会危机的主题，这其中包括犯罪中的黑人介入和毒品成瘾；黑人政治和社会力量的增长以及黑人社区的扩张；潜在的城市危机和崩塌；对犯罪的恐慌和对"法律与秩序"的期望；60年代随着尼克松竞选的胜利和他所谓的"沉默的大多数"运动而日益紧张的政治斗争和抗议示威运动等。最终，"行凶抢劫"进化成了一个意义体系，涵盖了上述所有主题。

随后，作者发现，在60年代的美国，"行凶抢劫"的主要发生地点是黑人贫民区。但是，由于黑人社区的急剧扩张，逐渐威胁到了白人社区的"安全"。首先是工人阶级白人，由于两个社区之间的界限被打破，白人工人阶级的安全一再受到威胁，对他们来说，其本就有限的经济、社会、地理的空间被黑人一再入侵，再加上尼克松"沉默的大多数"运动的鼓动，使得他们在对黑人的态度上变得日益强硬；而白人中产阶级虽然在前期受到黑人社区扩张的影响较小，但是，随着黑人社区的不断扩展，白人中产阶级社区也逐渐变得混杂和混乱，便捷和舒适

---

[1]　http://baike.baidu.com/subview/33760/11192562.htm.

的"城区生活"已经变得连安全都无法保障，白人中产阶级便选择了"飞向郊区"。尽管也许这些白人并非抢劫的受害者，但是他们会认为，他们都是潜在的被侵犯的对象，毫无疑问，互相之间的"信任"已经荡然无存。到了 60 年代后期，"行凶抢劫"则承载了对急剧震荡的社会的担忧以及一整套复杂的态度。

1968 年、1969 年英国媒介对美国的社会危机以及"行凶抢劫"做了大量广泛而生动的报道。1969 年 4 月 16 日《星期日泰晤士报》刊载了一篇题为"纽约梦魇"（New York Nightmare）的专题文章，文中是这样描述的："纽约城最主要的问题就是不断蔓延的贫困问题，而这些又是和不断上升的犯罪、破坏、暴乱以及吸毒等问题联系在一起的……《纽约手册》中有一大块儿是告诉人们如何防范窃贼的，将房门双锁、关紧门窗以及'在街上要走在灯光明亮的人多的地方'……纽约最糟糕的问题就是一群人对另外一群人的蔑视和仇恨……"而在 1968 年 3 月 10 日的《星期日泰晤士报》上则刊登了一篇名为"分裂的国家"（The Disunited States）的文章，文中描述了这个国家的分裂以及"不知道怎么回事儿，美国精神已经四分五裂了"。还有一些相关的报道，就不一一列举了，但是这些报道已经使得英国的民众对大洋彼岸发生的故事以及"行凶抢劫"足够熟悉了。霍尔等人注意到英国媒介和美国媒介、美国报道以及美国故事之间的一种独特的关系。对于英国媒介来说，美国的相关报道总是在非本国报道中占据着一个特殊的地位，且由于历史的和当下的原因，对于西方世界来说，美国总是扮演着一个趋势领导者的角色，其他国家都把美国当作一个朝拜的圣地来看待，由于特殊的历史原因，英国更是如此。20 世纪 50 年代，美国是作为一个丰裕社会的典型代表出现在英国媒介之中的；而到了 60 年代，美国则成为危机中现代资本主义社会的象征。在每一种呈现中，英国媒介都犯了"选择性夸张"（selective exaggeration）的毛病。对于英国媒介来说，美国似乎总是"高于生活"（larger than life），跟英国国内的事物相比，美国总是更夸张、更奇特、更炫目、更耸人听闻。而当美国国内的情况恶化的时候，英国相应的报道也有夸大的成分在内。在对美国国内的种族和犯罪问题进行报道的时候，英国媒介一方面复制了相关的定义，另一方面则通过"选择性夸张"将本来联系并不紧密的黑人动乱、种族间关系紧张、扩张的贫民区以及犯罪联系在一起。所以说，在英国媒介开始报道英国的"行凶抢劫"之前，美国版本的"行凶抢劫"及其语境已经为英国读者、英国社会所熟知。比如说如下的两篇文章：1969 年 1月 29 日《星期日泰晤士报》："很多华盛顿人都已经习惯了与犯罪为邻，就像伦敦人学会习惯闪电战一样……白人很害怕他们会在这个超过67% 人口是黑人的城市更加不安全……过去，报纸总是要避免在犯罪报道中带上种族身份的字眼……如今，这已经太显眼了……这也就标志着旧的自由主义信念已经被这场犯罪潮所彻底击垮。"[①] 另一篇刊登在1969 年 2 月 23 日《星期日快报》上的文章则以作者的亲身经历告诉大家，在纽约黑人抢劫已经到了一个多么可怕的地步。这两篇文章，虽然一个是综合性的，另外一个则是具体的个人事例，但其本质却是相同的，那就是给英国读者提供了语境化的"行凶抢劫"术语。所以当1972 年 8 月 15 日希尔斯事件发生以后，英国的媒介就不假思索地开始使用"行凶抢劫"这个名词，却全然没有顾及这个名词已全然是语境化的一个名词，在这个名词的后面还有一整套社会、政治、法律、犯罪、媒介的背景包含其中。一般来说，"贴标签"的过程都是先由具体案例入手，然后经过归纳、总结，再行综合应用。到了英国媒介对"行凶抢劫"一词的使用上，这一切都翻转过来了。首先，英国媒介全方位地介绍和引入了美国关于"行凶抢劫"的定义及其相关的引申、关联、语境等，这时候，英国的读者不但熟悉这个词的定义，而且熟悉与之相关联的美国语境，诸如种族问题、黑人抢劫、白人逃离城区、种族间的冲突、贫民区的扩张、黑人权利运动等一系列主题。然后，当 8月 15 日发生希尔斯事件以后，一些报纸引用了警察的评述，即"走向歧路的行凶抢劫"，而另外一些报刊则给出了自己的定义，比如说 8 月17 日的《每日镜报》是这么说的："用锁臂挤压受害者的头部或喉部攻击受害人或者使用武力抢劫受害人，无论是否持有武器的一种攻击行为。"接下来，则是英国媒介通过一种转换，即"自然化"的方式，将"行凶抢劫"这个标签从美国语境中抽离出来，和英国本土环境结合在

---

① Stuart Hall, Chas Critcher, Tony Jefferson, etc., *Policing the Crisis*: *Mugging*, *the State*, *and Law and Order*（London: Macmillan, 1978）, p. 22.

一起。①

　　具有讽刺意味的是，英国媒介对美国"行凶抢劫"报道的顶峰恰恰出现在"汉兹沃思案件"庭审前两周的时间里，1973 年 3 月 4 日《星期日泰晤士报》刊出了乔治·费弗的长篇专栏文章《纽约：给全世界上的一堂课》（New York：a Lesson for World）。这篇文章长达 18 页，且配有插图，杂志首页复制了《纽约每日新闻》的封面，标题是"暴徒、抢劫、毒品：恐怖都市"（Thugs，Mugs，Drugs：City in Terror），还有对美国"行凶抢劫"的大量分析，其中包括了几乎所有的主题：南方黑人的涌入；贫民区的扩张；各种白人社群的反应；福利制度的失败；毒品问题；教育系统的崩塌；警察的腐败以及在处理日益突出的犯罪问题方面的无能，当然，最关键的还是来自街面上的暴力威胁。前面我们也提到了英国媒介与美国的特殊关系，美国仿佛是"民主的实验室"，而英国媒介则不断寻找着"平行和预言"模式，虽然在时间上有所滞后，但是，按照霍尔等人的说法，英国是一个更加传统和保守的国家，这使其更乐意采取一些措施来防止类似的事件在本国发生。相关的文章有 1971 年 5 月 2 日安格斯·莫德在《星期日快报》上发表的《内部的敌人》（Enemy Within）以及 1968 年 9 月 22 日亨利·费尔利的文章。随后，霍尔等人分析认为，美国在这个标签的旅行中所具有的并不仅仅是一个模式和范式提供者的身份，与之相反，美国在其中应该是一个更加活跃的角色，如果不是通过直接的文化影响，那么也是通过榜样的力量和模仿的冲动，不断向英国输送各式各样的社会病菌。②

　　霍尔等人认为，"行凶抢劫"这一标签在道德恐慌的发展中是一个关键的要素，而大众媒介则在术语、标签、语境的连接和转换上功不可没。当然，这个过程并不简单：首先，是有一整套关于"行凶抢劫"的美国经验；其次，英国媒介将已经经过充分分析的美国"行凶抢劫"主题呈现在英国读者面前，其中包括种族冲突、城市危机、犯罪率上升、"法律与秩序"的崩塌、自由主义阴谋、白人的强烈抵制等；最后，在精确包

---

　　①　Stuart Hall, Chas Critcher, Tony Jefferson, etc., *Policing the Crisis：Mugging，the State，and Law and Order*（London：Macmillan，1978），pp. 23-24.

　　②　Ibid.，p. 26.

含其中强有力的和具有威慑性的社会主题的前提之下，"行凶抢劫"这一标签被应用到英国情境之中。[1] 这就是"行凶抢劫"含义的演化过程，同时也是标签的本土化和自然化的过程，通过这个旅程，"行凶抢劫"彻底剥去了其美国属性，成为一个地地道道的英国本土产品。

第四节　从"行凶抢劫"到道德恐慌：新闻的社会生产

"新闻"在《现代汉语词典》中的定义是："①报社、通讯社、广播电台、电视台等报道的消息。②泛指社会上新近发生的事情。"[2] 《辞海》则将其解释为："①新近发生或变动的事实信息。②指新闻文体。广义包括消息、通讯、特写等体裁。狭义专指消息。③指最近发生的新事物、新消息。④新的知识。"[3] 从《现代汉语词典》的定义中，我们可以看到"新闻"指的是"消息"或"事情"，而《辞海》的定义则重点强调了"新""最近发生"等特点。新版《辞海》所强调的特点也正合英文中"news"的本义，"新的事物"（new things）强调的是事物的属性。而英文"news"则指称现代意义上的"新闻"，也就是"广播或电视的时事节目"（radio or television program presenting current events）则始自1923年。[4] 我们都知道，一般来说，新闻总是将其标榜为"客观"（objectivity）、"平衡"（balance）、"公正"（impartiality）的化身，[5] 但是，新闻，尤其是早期新闻的载体——报纸，从一开始就是逐利的，要为其自身的生存谋求更多的关注度，按照新闻机构的说法，则是要追求"新闻价值"（newsworthiness）。回到我们的研究当中，即对"行凶抢劫"的相关研究，中心的学者们给出了一份不同的答卷。在对"行凶抢劫"的相关研究中，中心学者抛弃了以往那种肤浅的内容分析以及

① Stuart Hall, Chas Critcher, Tony Jefferson, etc., *Policing the Crisis*: *Mugging*, *the State*, *and Law and Order*（London：Macmillan，1978），p. 27.

② 中国社会科学院语言研究所词典编辑室：《现代汉语词典》，商务印书馆2012年版，第1450页。

③ 夏征农、陈至立：《辞海》，上海辞书出版社2009年版，第2550页。

④ http：//www. etymonline. com/index. php？term＝news. 12 June 2013.

⑤ Stuart Hall, Chas Critcher, Tony Jefferson, etc., *Policing the Crisis*: *Mugging*, *the State*, *and Law and Order*（London：Macmillan，1978），p. 57.

简单的"效果"研究，转而提出了这样的问题：新闻，作为一种社会产品是如何生产出来的？

首先，霍尔等人发现，媒介并不是简单地或显见地报道那些"天生"具有新闻价值的事件，与之相反，"新闻"其实是一系列复杂进程的最终产品。这些进程包括对事件和主题进行系统的排序、筛选，相应地，这些事件和主题则要符合一定的经过社会建构的类别和范畴。[1] 霍尔等人的这种认识是建立在第二次世界大战之后，尤其是在麦卡锡极端保守势力所制造的事件见诸报端以后，美国的民众对这些事件感到很困惑，但是那种陈旧的描述性新闻报道方式却不能解决民众亟须知道新闻背后的"WHY"和"HOW"的问题，于是，"解释性报道"（interpretative reporting）就应运而生。当柯蒂斯·麦克杜格尔将其一本原名为《新闻报道入门》的著作改名为《解释性报道》的时候，甚至还引发了一场不大不小的风波。[2] 从"倒金字塔"形的描述性报道到解释性报道，被称为新闻报道的第三次革命。解释性报道克服了描述性报道的简单、肤浅、表面化的缺点，具有深度、透彻、全面等优点，所以从 20 世纪 60 年代开始，解释性报道在报业占据了大量的篇幅，并且在与新兴媒介的竞争与挑战中占据了一定的优势地位。但是，霍尔等人却从中看出了解释性报道在新闻的社会生产过程中的某些结构性特点。

柯蒂斯·麦克杜格尔在其著作《解释性报道》中说道："在每个时刻这个世界上有数以亿计的事件同时发生……所有的这些都是潜在的新闻。只有当新闻从业人员对其做出解释，这些事件才会成为新闻。换句话说，新闻不是事件本身，而是对之的阐释。"[3] 由此，中心的学者们敏锐地发现，在这种所谓的解释性报道当中，新闻从业人员面临的就是如何从数以亿计的事件中挑选出符合新闻特质的事件加以报道和阐释。这其中的影响因素主要有：新闻行业的劳动力组成（专家通信员和部门、机构间关系的培养等）、报纸的结构（专注的范围，国际、国内、体育、政治等），最后也是最重要的因素是所谓的"专业意识形态"

---

[1] Stuart Hall, Chas Critcher, Tony Jefferson, etc., *Policing the Crisis：Mugging, the State, and Law and Order*（London：Macmillan, 1978），p. 53.

[2] 李良荣：《西方新闻事业概论》，复旦大学出版社 2007 年版，第 194—195 页。

[3] Curtis MacDougal, *Interpretative Reporting*（New York：Macmillan, 1968），p. 12.

（professional ideology）。"专业意识形态"，也就是新闻从业人员自认为的成就好新闻的关键因素，也可以称之为"首要的或关键的新闻价值"（primary or cardinal news value），这里面包括打破期待视野、出离常规、非凡离奇等新闻原则，这也就是你经常能在报纸上看到精英人物、戏剧人生或者幽默、悲伤或者足球、板球等永恒主题出现的原因。新闻从业人员通过这种所谓的"新闻价值"来决定哪个故事是有新闻性的，哪些没有；哪些故事是主线，哪些又是副线；哪些故事能够上报，哪些又必须抛弃。通过上面的阐述我们知道，在新闻的制作中新闻业的组织形式、新闻价值都非常重要，同时由于其突出的特征而易于被识别，但是，同样重要却又不那么显明的是新闻的制作过程。新闻从业者们需要假想一个目标受众群体，假设他们是这个群体的代表，他们为这个群体代言，通过一系列的专业选择和构建、鉴别和语境化以后，将经过阐释的故事呈现给读者。这里需要注意的是，在这种简单的呈现背后，受众所看到的并不仅仅是故事本身，还包括从业者对这个故事的阐释，也就是在告诉读者发生了什么的同时，还给他们提供了理解的"正确"方式。

我们有时候会说，媒介是统治阶级的传声筒，也有的人会说，媒介是民主的看门狗。具体到"行凶抢劫"这一事件来说，我们会惊奇地发现，所谓独立、自主、民主的媒介几乎完全和统治集团站在了一起，他们按照警方的意愿报道所谓新出现的"行凶抢劫"犯罪潮，和法官们配合默契地报道和支持所谓的"震慑性判决"，只有极少数的报道，对统治集团的言说，无论是对警察还是对法官，都提出了些许的质疑。中心的研究者们认为，要弄清楚其中的原委，不能简简单单地因为媒介的资本主义产权属性就把相关的报道归入阴谋论范畴中去，如果这样，你就会无视媒介的"相对自主性"；霍尔等人提醒我们，要想知道为什么在对"行凶抢劫"的报道中，统治意识形态和专业意识形态贴合得如此紧密，最终再生产出当权者的思想、框架、概念和理论，我们就必须分清"首要定义者"（primary definer）和"次级定义者"（secondary definer）。① 我们都知道的是，媒介并不会主动创造或捏造新闻，

---

① Stuart Hall, Chas Critcher, Tony Jefferson, etc., *Policing the Crisis: Mugging, the State, and Law and Order* (London: Macmillan, 1978), p. 57.

实际上，媒介是对发生的事件和故事进行报道和阐释，所以，媒介并不是"首要定义者"，而是"次级定义者"。按照保罗·洛克的研究，媒介的主题是由定期且可靠的机构提供的："机构可为记者提供定期的报道素材，当然，有些机构通过戏剧化的方式或通过新闻发布的方式主动参与新闻构建；而法庭、议会等机构则制造了那些被新闻机构采用的新闻。"① 而格雷厄姆·默多克则认为，由于新闻机构的内部压力，它们倾向于通过事先安排报道事件的方式来解决其内部存在的问题，但是却使得新闻机构对新闻源的依赖越来越强。② 另外，新闻机构有其专业要求，即"公平""客观"和"平衡"，以及解释性报道的要求，即在事实和意见两个层面上，要分别符合"客观"和"可信度高"的要求。我们以汉兹沃思案件为例，新闻媒介为了符合它们的"客观"要求，自然会尽可能地还原当时的场景，但是，由于科技手段的限制，在20世纪70年代并不能做到实时监控和事后调取相关影像资料，所以，受害人、犯罪嫌疑人、目击者、警察就成为还原事件的重要人证。在汉兹沃思案件中，受害者已经死亡，犯罪嫌疑人的证词可信度较低，目击者作为个体不能把握全貌且有可能出现记忆偏差或误识、误记，所以，只有作为相关领域专家的警察，其可信度最高且最终被采信的概率也最大。而在随后对汉兹沃思案件的庭审过程中，同样作为相关领域专家和社会道德、标准捍卫者的法官则又一次成为可信度较高的信息源。这样，这些相关领域、相关机构的发言人则摇身一变，成了媒介的"首要定义者"，而媒介，虽然是"次级定义者"，但这也并不意味着媒介只能机械地复制"首要定义者"的发言和评论，相反，媒介有着"相对的自主性"，或者说，媒介具有一定的"选择自主性"。

如果说媒介在新闻源的选择上是被动的，如卡尔·马克思所言"统治阶级的思想在每一时代都是占统治地位的思想"，也就是说，统治阶级不仅在生产资料方面占据着统治地位，而且在思想的生产方面同

---

① Paul Rock. "News as Eternal Recurrence," in Stanley Cohen and Jock Young eds. , *The Manufacture of News: Deviance, Social Problems and the Mass Media* (London: Constable, 1973), p. 77.

② Stuart Hall, Chas Critcher, Tony Jefferson, etc. , *Policing the Crisis: Mugging, the State, and Law and Order* (London: Macmillan, 1978), p. 57.

样占据着统治地位，那么，相对而言，媒介在接下来的新闻制作过程中，如上所述，是具有一定的自主选择权的，虽然管制、压制、限制、边界依然存在。霍尔等人将媒介的新闻制作分为两个部分。第一部分是意识形态的再生产过程，即媒介通过对"首要定义者"所提供的新闻源进行筛选，从中挑选出符合自身专业、特点、偏好的新闻来加以再生产，从而塑造出每个新闻机构与众不同的"社会人格"；第二部分则是体现媒介机构各自的"创造力"的绝好时机，CCCS 的研究将这个阶段称为"变形"（transformation）。① 这一阶段是事件变为最终新闻单元的关键时期，每一家报纸都有其独特的组织框架、新闻感觉和读者构成，所以，也都发展出了各自独特的言说模式。由于目标受众的不同，其言说模式也不尽相同，但是，无论媒介针对的目标群是精英、中产阶级还是下层民众，其资本的属性决定了媒介的目标群体从长期目标来说必然是大众，所以其变形的第一步就是将"事件"由专业的语言转换为"公众习语"（public idiom），也就是要使"事件"能为大众所接受、所理解。这个转换很关键，而且也绝不仅仅是一种语言的转换，同时也已经完成了意识形态的转换。也就是说，当看到一则新闻的时候，我们看到的不仅仅是通俗化、口语化、大众化的"事件"本身，我们同时接收到的还有已经经过编码和转换的主流意识形态。这也就意味着，通过媒介的主动、能动、有意"变形"以后，一条表面是"公众习语"、内部是主流意识形态的完整新闻诞生了。让我们来看 1973 年 6 月 14 日的《每日镜报》，这一期报道说，总督察在年度报告中认为"在英国和威尔士，暴力犯罪案件发生率的升高引起了公众的正当关注"；而《每日镜报》则将其变形为一个更戏剧化、更具内涵和更通俗的形式，一个新的大写标题："暴力英伦：暴力男孩的'无脑犯罪'困扰最高警官。"通过变形，我们看到原本呆板的官样文章变成了更富戏剧性的新闻样本；而其通俗化的用语"AGGRO"，一方面形象生动，更贴近民众生活，另一方面则借助习语的使用，增加了报道的可信度和客观性。媒介的这种主动变形，既不是完全自主的，因为要受到信号源的影响，也不

---

① Stuart Hall, Chas Critcher, Tony Jefferson, etc., *Policing the Crisis：Mugging, the State, and Law and Order* （London：Macmillan, 1978）, p. 61.

是完全被动的，二者的结合恰恰使得这个新闻的制作过程环得以闭合，从而达到更好的传播效果，即使得事件、新闻、阐释、主流意识形态为受众所熟悉、理解、接受。

当然，霍尔等人发现，媒介的主动并不仅仅体现在上述的意识形态再生产和变形阶段，在公众意见形成的过程中，尤其是在报纸编者按的编辑过程中，媒介可以按照自己的意愿，发出自己的声音，应用公众的言说模式，为公众代言。看上去一切都是那么美好，编辑们似乎第一次成了民众的代言人，报纸也有了自己独立的声音。但是，且慢，当中心的研究者们仔细研究了相关编者按以后，却发现其实在这所谓的美好表象的下面，实质上隐藏的是和意识形态再生产过程相似的流程——公众习语的使用，主流意识形态的再现，等等，而且，前者的隐蔽性更强，危害性也更大。这些编者按看起来似乎是那么正常、那么自然、那么理应如此、那么深地嵌入传播媒介当中，其实，其内在的目的都在于再生产和支撑主流意识形态。可是，如果我们不是有意地思考如下问题，则确实很难发现其中的端倪："除了已经说的，还有什么能够说？""什么问题被忽略掉了？""为什么这些问题——总是有某种特定的答案——会一再地出现？""为什么另外的那些问题就从来没有出现过？"等等。按照霍尔等人的考察，编者按和再生产过程不同的地方在于，编者按遵循的是一种"三步走"的模式：第一步，再生产和支撑有利于权势阶级的境况定义；第二步，主动在初始阶段雇佣权势阶级设置讨论主题；第三步，对某些区域实行战略性静默。在这里，前两步我们都可以在意识形态的再生产中找到类似的操作方式，但是，其战略性静默则是媒介的首次使用。在相关主题的讨论中，如果只能听到一方的观点，显然，这不是一个自由、民主意义上的编者按，相反，这其中包含的是种族的、阶级的、政治的不平等待遇。按照霍尔等人的说法，通过编者按这种貌似自由、客观、公正的编辑模式，统治阶级实质上把对民众的欺骗又加深了一步，而且，如果说前面新闻的制作在经过意识形态的再生产以及变形之后，整个新闻环得以闭合，也就是能够"自证"（self-evidence），那么，现在经过编者按这种形式的扩展，新闻环可以说是又一次完美地"闭合"了，编者按既在公众意见的形成过程中起到了中介的作用，同时又与当权者的观点和行动完美地融合在了一起。

第五节 案例研究：汉兹沃思案件

汉兹沃思（Handsworth）是英国中部城市伯明翰的一部分，紧邻市中心，位于城区的西北方向。在 1764 年之前，汉兹沃思还只是一个小村庄，在这一年里，一位当地的制造商马修·博尔顿（Mathew Boulton）在汉兹沃思创建了一家名为"索豪"的工厂（Soho Manufactory），并在周围修建了工人宿舍，从此，汉兹沃思这儿开始繁荣起来。值得一提的是，马修·博尔顿是詹姆斯·瓦特的合伙人，瓦特大家都知道，他改良了纽科门蒸汽机，奠定了工业革命的基础。而实际上，工业革命的成功是和这位博尔顿先生密不可分的，正是他与瓦特 25 年良好的合作关系，才使得第一次工业革命取得了极大的成功。这也是汉兹沃思地区发展的一个注脚，也就是说，从汉兹沃思地区开始发展的那一刻起，它就注定要和工业革命紧密地联系在一起，而"汉兹沃思案件"的发生，也正和该地区工业产业的特点有着千丝万缕的联系。到 1851 年，汉兹沃思拥有超过 6000 名常住人口；到了 1911 年，汉兹沃思的人口则达到了 68610 人。第二次世界大战以后，大量的印度人，尤其是印度西部旁遮普邦的锡克教徒涌进伯明翰，根据 1961 年人口普查统计数字，伯明翰当时的西印度人口达到了 1.7 万人。这些人的文化水平普遍不高，因此他们只能是在铸造厂或者汽车生产线上工作，工作辛苦且薪水较低，加之汉兹沃思地区工人阶级人群较为集中，在 60 年代早期，当地的种族问题就比较突出，在 1981 年、1985 年、1991 年、2005 年、2011 年，该地区都爆发了较大规模的种族骚乱。[①] 就是到了今天，我们虽没有身临其境，却能够通过网络了解到当地的帮派活动仍然十分频繁，而这就发生在离伯明翰市中心 1 英里远的地方。[②]

在了解了汉兹沃思地区的大致背景之后，让我们把时间的指针重新定位到"行凶抢劫"犯罪潮开始的 1972 年 11 月 5 日。这一天晚上，罗伯特·基南先生离开小酒馆回家，当走到汉兹沃思地区维拉路的时候

[①] http：//en. wikipedia. org/wiki/Handsworth_ West_ Midlands. 12 June 2013.

[②] http：//www. channel4. com/news/one-mile-away-driving-young-people-from-crime.

(维拉路恰好就在汉兹沃思地区工业发源的起点上,索豪工厂的对面,仅仅相隔一条马路),遇上了三个年轻人,保罗·斯道雷、詹姆斯·杜伊格南以及穆斯塔法·福阿德,他们拦住了基南先生并问他要香烟。随后,这三个年轻人不知道为什么动起手来并把基南先生打倒在地,然后把他拖到了一块荒地上,开始抢夺他的随身物品。这几个年轻人的运气似乎并不是很好,他们只从基南先生身上抢了30便士、几把钥匙以及5根香烟。随后三人离开了这块荒地。在一般情况下,事情到这里也就结束了,可是,当过了一段时间三人又回到这里的时候,发现基南先生还在那里,于是三人上去又是一顿拳打脚踢,其中詹姆斯和穆斯塔法踢了基南先生几脚,保罗则拿起一块砖头向基南先生砸去。悲剧的是,当三人打完基南先生离开以后又返回这里的时候,基南先生仍然在原地没动,于是他们又对基南先生实施了殴打。也许是感觉到有点不太对劲了,詹姆斯和穆斯塔法决定叫一辆救护车并且报警,声称他们在维拉路发现了一位受伤的男子。在接下来的几天里,他们在不同的场合接受了几次关于这次事件的采访。而11月8日,在他们和其他两位目击者在警局录完口供之后,三位年轻人都被逮捕并被控有罪。

1973年3月19日,三位年轻人在伯明翰法庭上被控犯有如下罪行:保罗·斯道雷被控试图谋杀和抢劫,詹姆斯和穆斯塔法二人被控试图造成严重的人身伤害和抢劫,三人当即认罪。三人的辩护律师请求法庭考虑三人都有减轻处罚的情节:保罗来自于一个充满暴力的破碎家庭,这样的环境可能会导致思维错乱以及完全无法解释的行为举止;詹姆斯和穆斯塔法则受到了保罗的教唆,是从犯。法官并未采纳律师的建议,相反,他在法庭结案陈词中认为,这是一件"非常严重和非常可怕的案件",而保罗的多次、恶意的攻击行为,实在是令人发指,最后,依据相关法规,判处保罗·斯道雷有期徒刑20年,詹姆斯和穆斯塔法则被判有期徒刑10年。

1973年5月14日,上诉法院法官詹姆斯拒绝给予三人上诉许可,且不能被假释。

1973年6月28日,上诉法院的首席法官支持了上诉法院法官的决定,拒绝给予三人上诉许可。

以上是汉兹沃思案件的大致进程,案件一开始,由于汉兹沃思地区的特殊性，该案件引起了各家媒介的广泛关注。中心研究者认为，这种媒介的关注度是所谓的"行凶抢劫"犯罪潮发生以来前所未有的，这其中媒介采用的栏目形式也是五花八门、多种多样，但是，无论是头版头条还是编者按，无论是专栏文章还是辩论环节，其中所包含的核心的新闻价值、新闻性却都是相似的。作者们认为，他们之所以选择汉兹沃思事件作为一个典型案例来进行研究，并不是要对这些媒介进行直接的内容分析，相反，作者们对隐含在新闻报道背后的意识形态操作则更感兴趣。说是媒介研究，倒不如说是媒介的意识形态操演研究更为恰当。①

1973 年 3 月 19 日，汉兹沃思事件宣判以后，英国的各大报纸几乎无一例外，均把该判决放在了头版头条：

入狱 20 年——对 16 岁行凶抢劫者的令人震惊的判决（《每日镜报》）

行凶抢劫者被判 20 年——宣判后 16 岁男孩当庭哭泣（《每日快报》）

16 岁行凶抢劫者被判入狱 20 年（《太阳报》）

通过行凶抢劫来找乐趣的 16 岁少年被判入狱 20 年（《每日邮报》）

16 岁少年因为行凶抢劫而获 20 年刑罚（《卫报》）

16 岁的行凶抢劫者获刑 20 年——从受害者那儿抢了 5 根烟和30 便士（《每日电讯》）

16 岁的行凶抢劫者获刑 20 年，同伴获刑 10 年（《泰晤士报》）

"行凶抢劫"案件中 16 岁男孩获刑 20 年（《晨星》）

以上是英国几份主要报纸的新闻标题，从中我们可以看到，每个标题都提到了 16 岁和 20 年这两个主要的同时又是非常震撼人心的要素。新闻中的标题必须简单、直接、精确，而且必须能够暗含文章的主题。

① Stuart Hall, Chas Critcher, Tony Jefferson, etc. , *Policing the Crisis*: *Mugging*, *the State*, *and Law and Order*（London：Macmillan, 1978），pp. 81-83.

我们尚未看到文章的具体内容，单是看到 8 份报纸的新闻标题，其倾向、态度就已经跃然纸上。这其中，刑期在前的有《每日镜报》《每日快报》，岁数在前的则有《太阳报》《每日邮报》《卫报》《每日电讯》《泰晤士报》《晨星》；几乎所有的报纸都给案件贴上了"行凶抢劫"标签，其中只有《晨星》在"行凶抢劫"上面加了引号，表示其对该标签的困惑；《每日电讯》的重点在 30 便士上，而《每日邮报》则强调了"乐趣"。新闻标题形式的职能之一就是快速抓取读者的注意力，要做到这些，就必须使用一些具有强烈冲击力的字词，比如说"震惊""轰动""丑闻""戏剧"等。可以说，这些媒介在这方面可以说是相当成功的，"行凶抢劫"标签的使用以及"16 岁"和"20 年"之间所形成的强烈对比和冲击效果，已经牢牢地抓住了读者的眼球，同时也标志着 1972 年 8 月以来的"行凶抢劫"犯罪潮的媒介报道达到了一个高峰。但是，作者提醒我们，汉兹沃思案件并不是一个故事，而是一系列问题的集合；同时，我们必须注意到这样一种现象，即"行凶抢劫"标签在 3 月 19 日的庭审中并未涉及，反而是这些媒介在庭审以后迫不及待、毫无例外地使用了这个标签，虽然其中有《晨星》这样一个例外，但还是能很清晰地揭示出媒介在其中的"创造性"角色，以及在随后的"辩论"中所体现出来的很浓重的"推论结构"（Inferential Structure）痕迹。

当进入文章具体内容分析的时候，作者们发现，几乎所有的报纸都遵循着这样一种结构模式：标题："16"和"20"的并置；一两张照片；对法庭诉讼的解释；来自亲友的诉说；机构发言人的一般评论。这里面《泰晤士报》和《卫报》增添了一系列政治和司法的陈述，以说明震慑性判决的必要性，《泰晤士报》还有对统计数字的引用。尽管有这么多共性，但是，这两份报纸仍然有很多不一致的地方，比如说读者群、风格、布局、政治倾向等，二者在对汉兹沃思案件报道中的着眼点也很不一致，但却都将各自的新闻探索自动放置在对新闻价值的共同理解范围之内，真可谓"随心所欲而不逾矩"。让我们一起来看看这两份报纸（《每日电讯》和《每日镜报》）的具体内容。《每日电讯》的标题强调了"30 便士"，这很符合《每日电讯》一贯的"客观"写作风格，通过具体的抢劫金钱的数目，强调了这次犯罪的非理性和无意义；在文章的随后，《每日电讯》引用了来自苏格兰场的格林·伍兹警官的数据（45%

的"行凶抢劫"受害人受到了伤害）和声明（"我们绝对不会让这些暴徒得逞"）。这里，来自苏格兰场的机构发言人伍兹先生作为"首要定义者"，其发言具有一定的权威性和客观性，这样则增强了《每日电讯》的客观风格。《每日电讯》作为次级定义者，又反过来通过对机构发言的引用，支撑了司法机构打赢这场战争的决心和信念。《每日镜报》对汉兹沃思的报告，则是个人化的、戏剧化的，且引用了多方的观点，也符合其大众的、通俗的报纸形象。《每日镜报》的新闻标题除了上述的共同要素以外，最重要的就是对判决的"震惊"、不理解。在新闻标题下面并列着对亲友和警察联合会的采访。左边，是母亲对20年判决的震惊和失望，"20年对一个男孩来说太长了"；右边则是警察联合会认为，"帮派似乎把'行凶抢劫'当成了一项体育运动了"。从这里，我们可以看到《每日镜报》似乎更开放，它提出来的问题也处在一个尚待解决的状态之中；而《每日电讯》则似乎通过引用首要定义者的言说给予"行凶抢劫"一个暂时的解决方案。但是，实际上，作者们认为，这都只是表面上看来如此而已，实际上，二者采用的是同样的新闻价值主题、平衡的各方观点，基于同样的故事元素而编织着各自的变音转调、抑扬变化。[①]

　　如果说媒介对于汉兹沃思事件的主要报道是向我们提出了很多问题的话，那么媒介后来的相关文章，比如说编者按、专栏文章等则可以说是对这些问题的回应。八份主要报纸中有三份并未就此事发表编者按，这是否说明这三份报纸对汉兹沃思案件不太重视呢？作者们发现，事实并非如此，比如说《卫报》没有就此事发表编者按，一方面是因为之前在报道中就已经涉及关于刑罚改革或者被忽视的社会问题的诸多报道、访谈，另一方面也是因为在当时的大环境之下，似乎并不能挑战"行凶抢劫"运动的权威性，也不能给出合理的另一解决方案。《太阳报》则是因为其在主要新闻报道中已经包含了很多编辑的意见和判断、评论、建议等，似无必要再专门发一篇编者按。而《每日镜报》则是由于在之前就已经针对"行凶抢劫"发表了一篇重要的编者文章，文中提

---

① Stuart Hall, Chas Critcher, Tony Jefferson, etc., *Policing the Crisis: Mugging, the State, and Law and Order* (London: Macmillan, 1978), p. 88.

倡对减轻社会剥夺开展渐进式的改革，同时也坚决呼吁要采取强有力的行动将"行凶抢劫"赶出我们的社区。在剩下的五家报纸中，只有《晨星》反对这次判罚，并强烈要求削减刑期并对男孩们进行矫正式治疗；在其他四家中，《每日电讯》最冷漠，也最尊重法律；《泰晤士报》则显得非常谨慎和"左右逢源"；《每日快报》和《每日邮报》则全力支持法官的判决并强烈谴责野人般的暴力行为。限于篇幅，我们仅以《泰晤士报》的编者按为例。因为《泰晤士报》在之前的主要报道中受到了一些限制且没有和其他报纸一样在随后对汉兹沃思案件做出细致分析，所以《泰晤士报》的编者按占据了比较多的版面且提供了详细的分析。编者按以"对未遂凶犯判处 20 年刑罚"为题，并不像其他报纸那样有较为鲜明的立场，相反，《泰晤士报》不仅批评了"20 年刑期"过长，而且谴责了男孩们的"野蛮"行径。最后，编者按以这样一段话作为结束："很难想象这样的一种示范性判决能不能起到威慑的作用，但是，如果说这次判罚没有一点点威慑效果那也是很奇怪的。公众有权在暴力犯罪范围、强度不断增强的情况下受到警示，同样他们也该看看法律到底能为他们提供什么样的保障。"贾尼斯·温希普认为，这是一种扭曲的、拧巴的，为了达到平衡而做出的泯灭良知的"艰难"抉择。[①] 在考察了这些编者按的具体内容之后，中心的研究者们从中归纳出一个大致的轮廓和主要观点：（1）这次案件即使是在"行凶抢劫"案件中也是特别恶劣的；（2）这次的判决是策略性的和有象征意义的；（3）这次案件是永恒的美好与罪恶之间斗争的一部分；（4）对公众的保护是至高无上、不容置疑的；（5）法律必须在这样的情况下坚守自己的责任和信念。仅仅从上述的归纳和总结中我们仿佛看到的是一些客观、公正、为全社会甚至全人类谋求福祉的媒介精英们的呼吁和请求，但是温希普提醒我们，实际上，上述呼吁只有在三种情况下才可能发生：（1）无条件接受某些前提，诸如"暴力犯罪不断扩张""行凶抢劫犯罪潮已经产生""对公众的保护要远比对罪犯的改造重要"；（2）将事件抽离出任何特定社会语境，从而使得"社会"变得抽象和空洞；（3）法律必须

---

① Stuart Hall, Chas Critcher, Tony Jefferson, etc., *Policing the Crisis*: *Mugging*, *the State*, *and Law and Order* (London: Macmillan, 1978), p. 90.

在代表全部公众利益的前提下，自动响应公众的相关意见。这里，第一条和第三条都过于极端，姑且不说民众无条件接受这些前提的可能性是否存在（因为不需要讨论，这种极端情况基本上不可能出现），单就法律所响应的全部公民利益来说，一个抽象的能够代表所有群体的利益是不存在的，那么这个利益也就只可能是部分人的利益、少数人的利益，只是披上了"公众"的外衣而已。针对第二种情况，温希普认为，通过将具体的社会语境消解为抽象的"社会"概念，实际上，编辑们玩的是抽象概括和神秘化的手段，行的是虚话、空话、太极之实。①

"首要新闻"和"编者按"提供了对"汉兹沃思"案件的前景描述，其中包括事件、主题、困局、问题等，而当我们的视线转移到"专栏文章"上的时候，就会发现二者已经有了很大的不同，从"首要新闻"和"编者按"到"专栏文章"发生了非常重要的转变。作者认为，前者主要关注事件、主题、困局、问题，后者则将注意力主要放在原因、动机以及阐释上面；如果说前者是"前景描述"，那么后者则更加专注于"背景问题"（1973 年 3 月 21 日《卫报》副标题）；更重要的是，无论是"首要新闻""编者按"，还是"专栏文章"，都是在一个更为宽广的意识形态范围内进行操作的，前者主要论及针对突然爆发的犯罪浪潮所采取果断行动的正当性，而后者则更加关注这样的犯罪潮最初是如何产生的。通过对专栏文章的分析，作者给我们提供了一个表格以帮助我们更好地理解从"首要新闻"到"专栏文章"的转变以及"专栏文章"操作的不同形式和方法。

在"新闻常识"这个层级上，记者们信奉这样一条原则，那就是"眼见并不一定为实"（There is more to this story than meets the eye.）。也就是说，当你看到某个事件发生时，你心里可能会认为，"哦，原来是这样的"；也许，当你经过仔细思考或稍加梳理以后，你会发现整个事件似乎和你第一眼看到的时候所认为和感觉到的那个事件完全不同。针对"汉兹沃思案件"的背景，记者们提出了如下问题：是什么样的年轻人犯下了如此罪行？他们的社会背景如何？随着这一罪行出现了哪些社会问题？而"新闻常识"和"专栏动力"这两个层级，其天生就

---

① Hall, *Policing the Crisis*, p. 93.

表4-1 专栏新闻的价值维度：一种模式

阶段	新闻常识	专栏动力	意识形态框架
（1）主要新闻故事	戏剧化的、轰动的、新鲜的元素（比如，判决时间和犯罪类型）	首要新闻主要着力于"即时新闻"及其影响	对"新闻价值"的感觉源自并增强了社会的意识形态概念
（2）制作专栏	对事件进行评估：有背景且未被首要新闻覆盖（比如，犯罪和罪犯都有社会背景）	深挖可信新闻源的"反应"和"阐释"（比如，那些立即卷入相关事件的，和/或说客、专家）	解释和语境化：将事件和演员放置在社会"地图"之上
（3）专栏的种类	选择那些带有背景同时有相关解释的事件	挑选出那些具有典型性的事件或者有隐含象征意义的问题	社会问题同一性（汉兹沃思地区被定义为"问题区域"）
（4）专栏的元素	选出那些带有相关经历和准阐释的演员和地域（受害人、行凶抢劫者、警察、街区等）	将演员和区域置于报纸设置的彼此关系之中	在影像之下主题的小标题（住房、就业、种族、警察等）
（5）专栏重新整合进报纸的统治话语	对已定义问题的可能解决方案	表面的一致：将各元素放在一个关注点上	事件及其含义可资管理（不破坏、不改变社会基本结构）

是意识形态化的，这是因为他们所做的其实就是在将事件语境化的同时将之纳入整个社会的轨道中来。正是在这个从"首要新闻"到"专栏文章"的转移过程中，媒介通过一系列操作使得关于犯罪的"世俗意识形态"得以为广大读者所熟知。而且在这里，温希普引入了罗兰·巴特的相关符号学研究思想，认为在"专栏文章"中，记者们大力挖掘诸如草根意见、本地专家（议员、社会工作者等）、"学术"报告或调查，但是却并不给出报纸的倾向性意见，而是将各种意见并重，从而达到其"平衡"（balance）的目的。[①] "非此非彼：我在这里要陈述的是这个神话包含着两个相反的意涵，而且要用一个去平衡另外那个，以

---

① Stuart Hall, Chas Critcher, Tony Jefferson, etc., *Policing the Crisis*: *Mugging*, *the State*, *and Law and Order*（London: Macmillan, 1978）, pp. 95-106.

便将二者全部抛弃。……非此非彼则拥有一种降级的形式：以占星术为例，好运气和坏运气总是相伴相生，它们各自提供了一种谨慎的补偿角度，而最终的等式则将价值、生活、命运呈现给我们，等等。也就是说，你所要做的并不是选择，而是接受。"① 这段话是"汉兹沃思事件"案例研究中不多的引用之一，作者在分析了诸多形式、诸多种类、诸多面向的"汉兹沃思事件"的报道以后，发现媒介仿佛是在真空中提供了一系列的解决方案，但是由于其并没有解决问题的诚意，相反，甚至做出了一些完全颠倒是非、因果的分析，并且将种族问题完全表面化了，从而达到其意识形态操演的目的。

第六节　读者来信

在考察了"汉兹沃思事件"的相关媒介报道以后，中心的研究者们又把注意力投向了素有"立场独立、仗义执言"② 美誉的"读者来信"上面，当然，其关注点还是集中在"汉兹沃思案件"上。在西方媒介研究中，对"读者来信"的相关研究并不充分，尤其是采用马克思主义视角的相关研究则更是少之又少。从这个角度来说，《监控危机》中的这部分研究可以说是开创性的。就像前面所述及的，"读者来信"一直被认为是报纸中受到干扰最少的、最能反映普通人内心的栏目，虽然这些读者来信是经编辑选择过的，但是，其所论及问题的范围和态度的多样性并不是编辑都能过滤掉的，可是，我们也不能就此把"读者来信"当成"公众意见"的代表，也不能认为"读者来信"就能远离新闻的结构性构建。作者在这里将"读者来信"分为两部分对之进行分析，分别是全国性报纸中的"读者来信"和地方性报纸的"读者来信"。

全国性报纸，作者选取了两个星期的样本时间，在排除了那些并未针对"汉兹沃思案件"本身而是讨论、议及一些从这个案件里生发出来的其他信件以后，最终得到 26 封"读者来信"（见表 4 - 2）。

---

① Roland Barthes, *Mythologies* (New York: The Noody Press, 1991), p. 154.

② ［加］赵鼎生：《比较报纸编辑学》，人民日报出版社 2009 年版，第 253 页。

表 4 - 2

报纸	读者来信	日期
《晨星》	1	1973 年 4 月 2 日
《卫报》	8	1973 年 3 月 22 日、26 日、28 日、31 日
《泰晤士报》	3	1973 年 3 月 24 日、30 日，1973 年 4 月 2 日
《每日电讯》	7	1973 年 3 月 22 日、23 日、28 日
《每日镜报》	3	1973 年 3 月 24 日
《每日邮报》	4	1973 年 3 月 23 日
共计	26	

　　作者发现，在这 26 封读者来信中，绝大多数都是关于判决的，而只有少数论及"行凶抢劫"。从这个角度来说，"读者来信"和"专栏"文章一样，也脱离了所谓的"新闻价值"，但是，很显然，新闻的架构永远是第一位的。首先，作者认为，这些批评对汉兹沃思男孩做出的判决的读者来信，实际上可以用"自由"视角来加以说明。这些"自由"视角的"读者来信"主要有两种论题：一种可以称之为"犯罪管理学"视角，也就是主要关注判罚的本身（比如说，关注刑罚对减少犯罪率的有效程度）；另一种则同样关注判罚，但是其参照谱系的范围则较为宽广。作者发现，这种"犯罪管理学"视角的"读者来信"主要论及的是控制和限制的策略，也兼及论述对罪恶的改造以及对其他人的威慑。在这些来信中，只有一封信认为，这次判罚是"过度杀戮的野蛮行径"，还有四封信认为，更少的刑期会带来更多的改造希望，更多的刑期则未必能带来实际的威慑效果。一直以来，传统评论会将罪犯定义为"未开化的"，而在这些所谓的"自由"视角来信中，我们同样能够发现这些类似的定义，只不过这次是将矛头对准了判决，有三封信形容其为"未开化的"，一封信将之称为"血腥的欲望"，另外一封信则称之为"野蛮的"，还有一封信直接问杰弗里法官是不是也被复活了。[1] 无论是传统的角度，还是

---

① 这里应该是暗指"汉兹沃思案件"的判罚堪比"血腥法典"时期（Bloody Code，1688—1815）一样的冷酷无情，杰弗里法官是从那个时期被挖掘出来的，等等。

"自由"的角度，二者都将"文明""开化"作为讨论罪与罚的至关重要的原则之一，所不同的是，传统视角将之运用在犯罪上面，而自由视角则把它作为"严厉的判罚"的一个评判标尺。作者特别引用了一篇名为"贫困社区能够自助"的读者来信，其内容如下："除了心智上的疾病，我不会否认罪犯应对他们的罪行负责，但是我们所有人都会受到来自外部的压力，而且有些人甚至被完全剥夺了受到良好影响和教育的机会，这是我们所以是我们的原因所在。靠自己力量成功的人，从首相一直往下，可能会说，'我征服了环境，为什么别人不行呢？'但是别人没有他的那种能力，而且身处伯明翰贫民区，向上的机会被严格限定住了。"这封信最大的特点就是把高深的、复杂的理论转化为普通、易懂的通俗文字，同时，他也强调了环境在个人成长中的重要作用；但可惜的是，这仍然是"世俗意识形态"的一个翻版，是贫民窟、黑人青年、罪犯、温床等共识的另一种言说。

在 26 封"读者来信"中，有 14 封信支持"汉兹沃思案件"的判决，这其中既有传统主义的视角，也有"自由"的视角。这其中，呼声最高的主题要属"保护公众免受犯罪的侵害"了，有时还会附加这样的需要，"如果父母不能控制这些暴徒，那就让社会来吧"。对于罪犯的改造提及很少，只有四封信提及较长刑期的威慑价值。对犯罪的语境化经常出现在这些来信中，自由视角主要关注的是社会环境和反对判决，传统主义者们则更关注道德污染和规训与秩序的衰落。

表 4－3

报纸	自由的	传统的	监狱管理学的	激进的
《卫报》	6	2	4	
《泰晤士报》	1		1	
《每日电讯》	2	5		
《每日镜报》	3			
《每日邮报》	4			
《晨星》				1

从上述统计中，作者认为，这也基本上符合一般对这些报纸的定

位，《卫报》不仅是刊登"自由"视角读者来信最多的报纸，同时也是讨论语境化、社会化犯罪问题最多的；《每日电讯》是最传统的；《每日邮报》也属于传统主义阵营；《每日镜报》的分类最独特，这是因为一贯在政治问题上属于左派自由主义的《每日镜报》，在社会、道德、刑罚等问题上却是相当保守的。

在伯明翰当地的报纸中（《伯明翰邮报》和《伯明翰晚间邮报》），作者采用了一个7天的采样时间和28封读者来信样本。这其中，12封来信可以归入自由范畴，而16封则属于传统主义，但是其中的差别很细微，所以并未将二者区别出来而是放在一起加以分析。同样，读者来信中边缘的、枝蔓较多的来信并未包括在这个样本池里面。

因为案件就发生在伯明翰，所以该事件在当地报纸中引起的反响和关注度也更高一些。这里面最突出的主题仍然是带有"犯罪管理学"倾向的对判决的批评：严厉的判决并不能改造罪犯。有四封读者来信专门谈这个问题，其中包括一位监狱的心理专家，虽然反对威慑性判罚，但是仍然认为这些罪犯是"不成熟的、不负责任的人，不懂得规划他们的人生"，但是行动起来却"完全随心所欲"；还有一封读者来信的作者是一位社会工作者协会的工作人员，他认为环境、社会在产生罪犯和具有偏差行为的少数族群方面具有不可推卸的责任；而在一位已经刑满释放的服刑人员的信中，他认为："我知道的是刑期越长，那你就会变得越糟……如果你总是和垃圾混在一起，那么你也会变成'垃圾'的。"

信件中大部分都是传统主义视角的，而且毫不奇怪的是，其中很大一部分都是回应自由视角的，而且大多是通过个人经验以及常识来进行回应的。"为什么这些做好事的人总是在埋怨环境？我和其他成千上万的人都在贫民窟长大，我们小的时候从来没见过什么行凶抢劫。"在这样的信中，环境的问题并不存在，相反，道德崩溃恐怕才是其中最主要的原因。

在这些读者来信中，除了本地读者的来信以外，还有一封信是海外伯明翰人所写的；另外还有一批信来自和斯道雷年纪相仿的孩子们。作者认为，在这些读者来信中，有着一种刻意的安排，那就是平衡。比如说，由于保守主义的信件较多，所以，自由视角的读者来信一般都被安排在首要的位置上。再比如，一封典型的保守主义来信，其中加上这样的一个主题，那就是其他人也是这样认为的，当然不会明白地说出来。"毫无疑问，英国人在他们自己的祖国，有权受到保护免遭这样的暴徒侵害。"在这里，无论如何，英国也同样是保罗·斯道雷的祖国。

随后，作者发现，由于读者来信与报纸的公共属性所对立的私人属性，其在表达上较之主要新闻、编者按来说都更自由一些，会导致一些辱骂性、随意性的语言出现。比如说，"他们该被吊死！""滚回牙买加去！""别担心你婊子养的，该关心的应该是受害者！"等等。可以说，读者来信的作者们应该知道他们是给报纸写信，这些信件如果被采用的话，也就相当于你在和公众对话，但是这些"辱骂性的"来信则大多是匿名的，作者将之描述为"拒绝社交"，和他们所用语言的极端性一样，都属于一定程度的"放任"。

通过上述对当地犯罪案件以及当地或全国读者来信的考察，作者发现支撑"公众意见"的传播形式多种多样，尤其是所谓的"非正式渠道"的传播，比如说留言、"非正式新闻"和观点等。只有极少数的"非正式渠道"传播最终进入了公共传播渠道，但是，就像作者所说的那样，公共意见的形成并非随机的，这些非正式传播也并非天真无邪的，它们从一开始就是被世俗意识形态和意见所渗透和贯穿的，所以说，越多的非正式传播通过媒介进入公共领域，它就会越来越受到统治犯罪意识形态的掌控；越多的犯罪话题进入公共领域，它就会变得越来越结构化，越来越受到现存的理解和阐释框架的制约，越来越受到社会校验过的感觉、情绪和态度的影响；一个话题越是公开化，就越能感受到一个关于这个话题的意义和感觉的巨大网络的存在，就越能感受到一个高度结构化的，虽然并非完整、连贯或内部一致的犯罪意识形态的存在。

中心对媒介在"监控危机"方面的研究首先与其对底层人民的生活状况的持续关注有关，其次则来自于中心媒介研究的传统，即对媒介在社会中所扮演角色的时刻警醒，最后也和前人所作的关于"道德恐慌"的相关研究有关。可以说，中心对"行凶抢劫"在媒介中的持续发酵表达出其作为一个"有机的"知识分子也好，机构也好对社会问题的密切关注和对相关问题的深入剖析。中心一直对媒介在社会中所扮演的教育角色非常感兴趣，应该说，中心通过它对媒介的持续分析和关注，实际上正是给底层人民提供了一个自我教育和提升的机会，通过它对政治问题、媒介问题、种族问题的去魅，从而给广大民众呈现出一件事情的本原。

第五章　女性媒介研究

我有意使用了这样一种隐喻：女性主义就像是"夜晚之贼"，它破窗而入、搅扰了文化研究的进程，发出不安的声响，瞅准机会，在文化研究的桌子上拉了一泡屎。①

——斯图亚特·霍尔

我们发现想要参加和融入中心的研究小组是极为困难的一件事，这些小组的研究工作和研究环境都是由男性进行主导的。②

女性研究小组

20世纪六七十年代，美国及欧洲的妇女运动逐渐从实践层面走向话语批评层面，妇女在其接受教育和寻找工作的过程中发现，虽然经过争取选举权的斗争，妇女获得了一些平等权利，但这些权利并未给她们带来平等的机会。无论是在教育领域，还是在政治、经济和社会领域，妇女仍然遭受着不同程度的性别歧视，有些甚至是对她们权利的践踏和对她们劳动的剥削。为了争取自身的合法权益，妇女们组织起各式各样的妇女组织和妇女小组，交流各自的生活经验，相互启发和共同提高，并通过开会、讨论、上街游行等方式宣传自己的政治主张，甚至影响舆论，形成了新的一轮声势浩大的妇女运动。由于战后欧美国家的经济快速增长，接受高等教育的妇女越来越多，参与到妇女运动中的知识女性

①　Lawrence Grossberg, Cary Nelson and Paula A. Treichler, *Cultural Studies* (London: Routledge, 1992), p. 282.

②　Women's Studies Group, *Women Take Issue: Aspects of Women's Subordination* (London: Hutchinson, 1978), p. 11.

也越来越多。这一方面促使妇女运动走进校园，另一方面使得妇女运动越来越具有理论色彩，从而为妇女解放运动走进课堂、走进研究领域奠定了基础。

随着参与妇女运动的知识女性对妇女所受到的剥削与压迫的深层社会原因和政治原因的深入探索，在20世纪70年代初，有关妇女问题的出版物大量出现。到1971年，在美国已经有超过100种与妇女解放运动有关的杂志和报纸，还有为数众多的女性研究理论论著，较为著名的包括贝蒂·弗里丹（Betty Friedan）的《女性奥秘》（*Feminine Mystique*）、凯特·米利特（Kate Millett）的《性别政治》（*Sexual Politics*）、罗宾·摩根（Robin Morgan）的《姐妹情谊是有力的》（*Sisterhood is Powerful*）、舒拉米思·费尔斯通（Shulamith Firestone）的《性别辩证法》（*Dialectic of Sex*）、霍希诺·阿尔特巴赫（Hoshino Altbach）的《从女性主义到解放》（*From Feminism to Liberation*）以及巴巴拉·莫立（Barbara Moran）的《性别歧视社会中的妇女》（*Women in Sexist Society*）等。这些论著从不同侧面探讨了女性在男权世界中所受到的不公正待遇，这既是妇女运动向学术界的延伸，同时也为之后的女性研究的发展提供了重要的理论武器。

此外，女性意识的觉醒也使得知识女性不满于人文社会科学的现状，从而对传统的学科知识提出质疑。1969年，美国康奈尔大学与加利福尼亚圣迭哥学院都开启了女性研究的科研计划，到1970年底，美国各大学中开设的相关课程约有110门，此后这一数字持续增长；20世纪80年代初，全美大学与学院中的相关课程已达到3万多个，而跨学科的女性研究计划的数目也达到500个；1991年，68%的美国大学都提供女性研究的课程。与美国类似的是，在英国，1973年，兰卡斯特大学开设了英国的第一个女性研究课程，而1976年在曼彻斯特召开了第一次全英女性研究大会。当然，英国妇女运动的发展最初并不是由学术界人士所倡导，而是围绕着妇女运动逐渐形成的。第一个英国妇女权利小组是在赫尔成立的，目的是支持由莱尔·比洛卡领导的渔妇们要求改善拉网捕鱼者安全装备的运动；另一个是1968年成立的支持缝纫机工要求同工同酬和妇女权利的行业工会组织。英国女性研究在早期特别关注诸如"健康与传媒"这样一些专题，并经常探讨妇女历史，以便为当时的运动提供佐证。这些运动中较为引人注目的有争取妇女堕胎权利的运动（National Abortion Campaign）和妇女的援助（Women's Aid）。[①] 英国的女性研究者们在这一时段里，在学术研究领域开辟了广阔的空间，生发出较多的研究流派和学术研究中心，这其中即包括伯明翰大学当代文化研究中心的女性研究。

中心的女性研究工作，从我们外在研究者的角度来看，总是充满了张力，似乎女性主义者们总是抱怨她们没有发言权、没有受到应有的尊重，等等，而对于中心的领路人，霍尔来说，则又是另外一个版本的故事。霍尔在多个场合、多篇文章中都曾经提及中心的女性主义发展问题，措辞激烈而又感伤，对来自中心内部的"叛乱"感到无比的伤心、难过和失望。霍尔在《文化研究及其理论遗产》一文中着重谈及了女性主义给中心带来的影响，他说道："中心的研究工作至少受到两种思潮的干扰，其一是女性主义，其二是种族问题……对文化研究（以及其他许多理论项目）来说，女性主义的介入是明确的和决定性的，是一种撕裂，它用一种非常具体的方式重组了整个研究领域。第一，女性主义将个人问题视为一种政治问题，革命性地以理论和政治的方式改变了文化研究的对象。第二，对'权力'概念做了激进的扩展，以致我们再不能用同样的方式使用'权力'这个术语（在早期霸权问题域中是非常关键的）。到目前为止，这个概念已经在'公众'概念框架内和公共领域内得到了非常充分的发展。第三，将性别与性的问题置于中心位置。第四，重新开启我们已经不再讨论的以及危险的主体领域的问题，将这些问题寄居在中心并作为中心的一种理论实践。第五，重新开启已经关闭的社会理论与无意识理论之间的边界——心理分析。想要描述文化研究领域中这种新的研究领域的开创或形成是非常困难的，同样，想要理清女性主义、心理分析以及文化研究之间的关系也是很不容易的。也许，可以借用杰奎琳·罗斯所说的'不稳定的关系'（unsettled relations）来形容这种至今尚无法定义的复杂关系。"[②] 实际上，霍尔也多

---

① 刘霓：《西方女性学》，社会科学文献出版社 2001 年版，第 1—11 页。

② Stuart Hall, "Cultural Studies and Its Theoretical Legacies," *Cultural Studies* (London: Routledge, 1992), p. 282.

次谈到，在文化研究领域，女性主义研究在很早的时候就已经提上了日程，并且在 70 年代早期中心就已经完成了一项女性主义媒介研究项目，可是不知道什么原因，在即将刊行的前夕，这份稿件不翼而飞了。所以，作为女性主义的坚定支持者和最初倡议者，在面对来自中心内部的质疑的时候，难免言辞过激，心怀愤恨。"我们知道女性主义打入了文化研究内部，但是我们却不知道它是如何和从哪里进入的。……我有意使用了这样一种隐喻：女性主义就像是'夜晚之贼'，它破窗而入、搅扰了文化研究的进程，发出不安的声响，瞅准机会，在文化研究的桌子上拉了一泡屎。"① 当然，女性研究者们也许并不认同这种所谓"夜贼"的身份，在 1978 年出版的《女性有话说》(*Women Take Issue*) 中，女性研究小组的成员们认为，实际上女性问题以及女性研究在中心的所有层面上都存在问题，她们不仅不受重视而且没有相应的研究课题，即使是在中心女性研究小组以及中心的女性成员内部本身也有着很多不同的声音。当然，抛开悲观的论断，中心的女性研究中也存在积极的一面，那就是女性研究小组有男性组员的参加，且中心的第一份女性媒介研究成果，即是由中心第一位博士研究生，一位男性研究者，特雷弗·米勒姆 (Trevor Millum) 所著的《女性影像：女性杂志中的广告》(*Images of Woman*: *Advertising in Women's Magazine*) 一书。

第一节　女性影像：女性杂志中的广告

《女性影像：女性杂志中的广告》一书于 1975 年正式出版发行，作者是 1967 年注册入学的研究生特雷弗·米勒姆。② 本书是中心第一部专门研究女性形象的专著，研究完成于作者在中心就读博士学位的 1968—1970 年间，其关注的核心是女性杂志中的视觉广告，其样本取

---

① Stuart Hall, "Cultural Studies and Its Theoretical Legacies," *Cultural Studies* (London: Routledge, 1992), p. 282.

② 这本书基于作者 1967 年开始在伯明翰大学当代文化研究中心所作的相关研究，最终作为博士学位论文提交并获得通过。从作者离开伯明翰大学当代文化研究中心以后的轨迹来看，他并没有继续从事相关的媒介或者女性研究工作，而是从事教育以及诗歌研究工作。ht-tp：//www. trevormillum. org. uk. Centre for Contemporary Cultural Studies (1968), *Centre for Contemporary Cultural Studies Annual Report*, 1966-67, p. 6.

自 1969 年英国女性杂志中的广告，特别是《妇女》(Woman) 和《我们妇女》(Woman's Own)，且于 1972—1974 年被列入中心年度出版的计划之列。① 本书的研究目标有二：一是帮助理解作为一种文化作品的广告的本质，考察广告是如何在销售信息之外蕴含文化意涵的；二是发展出一种普遍适用于文化研究领域内的分析方法。如前所述，作者关注的研究样本是视觉广告而非言辞广告，这种传播模式一直以来虽受到媒介研究人员的普遍关注，但是却一直未能得到研究上的足够重视，学界这方面的研究很不充分，从这个意义上说，本书具有开创意义，而且是第一本专注于女性形象的专著，可以说开创了中心女性媒介研究的先河。

该书开篇即对广告的相关研究著作做了一些介绍，围绕着广告所引起的一些论争也做了一定的梳理，但是由于作者并未对广告的定义给出一个简要的介绍，为了保证研究的完整性，笔者在这里先对广告做一个简单的说明，以引导读者进入广告的世界。美国总统罗斯福说过，"不做总统，就做广告人"；而且我们在日常生活中，无时无刻不与广告打着交道，或者擦肩而过，可见广告在当今社会中的重要地位。但是，广告意味着什么呢？广告在当今社会中究竟扮演着一种什么样的角色？我们受到了广告什么样的影响？社会又在广告的影响下发生了哪些改变？这就是该书的研究目标之一，作者说："本研究的其中一部分工作就是为了能提供一种方式深入了解广告这种媒介的本质以及它的操作方式。"② "广告"一词源自拉丁文 advertere，意为"唤起大众对某种事物的注意，并诱导于一定的方向所使用的一种手段"。"广告"一词在英文中有两种写法：一种是"advertisement"，另外一种是"advertising"。一般认为，"advertisement"指的是一种孤立的、静态的广告，主要用于指称印刷品广告；而"advertising"则指的是一种动态的、总体的广告，一般用来指称电视等动态媒介中所使用的广告，同时也用来指称整个广告策划、投放、播放、研究的整个过程。而该书虽然研究的是杂志中所投放的静态广告，理应使用"advertisement"一词，但是我们可以

---

① Centre for Contemporary Cultural Studies (1974), *Centre for Contemporary Cultural Studies Seventh Report*, 1972-74, p. 13.

② Trevor Millum, *Images of Women: Advertising in Women's Magazine* (London: Chatto & Windus, 1975), p. 13.

看到，作者的副标题使用的是"Advertising in Women's Magazines"，从中可以看出，该书所研究的并不是一个孤立的、静止的杂志中的广告，而是要研究广告研发、调研、创作、投放的整个过程及其与社会、经济、政治、文化之间错综复杂的关系。

潘诺夫斯基是一位来自于艺术和艺术赏析世界的学者，他关于肖像学的研究在艺术学研究领域有着广泛的影响。肖像学关注的不是图像的形式，而是其主旨或意义。对于潘诺夫斯基来说，"形式感知"包括光线、颜色、形状和移动，而"实际意义"则包括对形式感知的基本理解，"表达意义"则不能通过简单的统一化而是要通过"移情"才能加以把握。上述这些是我们都很熟悉的日常生活实践经验，潘诺夫斯基将意义分为三个层次，按照潘诺夫斯基的命名，我们可以将上述的意义称为"首要的或自然的主旨"，属于日常感知阶段。第二层意义则是"次要的或传统的主旨"，其关注更为广泛的文化、习俗及它们之间的联系，比如说，我们可以从朋友脱帽示意来判断其中所蕴含的文化意涵。第三层是"内在的意义或内容"。按照潘诺夫斯基的说法，一个有经验的观察者可以从脱帽者的行动看出其"个性"。第三层意义和前两层意义"不同，它不是现象性的，而是具有本质性的"①。"要把握内在意义与内容，就得对某些基本原理加以确定，这些原理揭示了一个民族、一个时代、一个宗教和一种哲学学说的基本态度，这些原理会不知不觉地体现于一个人的个性之中，并凝结于一件艺术品里。"② 作者认为，这种分类研究方法既与巴特的符号学图像研究方法，也和文化研究对文化艺术品的研究方法相似。我们可以确定一个图像表征的组成部分，而且能相当迅捷地解释其中的意涵、主题和概念，虽然没有绝对的把握，但人们是如何进而确定凝缩在作品之中所隐含的原则的，还远未那么明了。这是文化研究成立初始就已经开始关注的问题。但遗憾的是，在分析文化作品方面，文化研究在具体术语方面所能给予的帮助是有限的。"文化阅读"是文化研究初期所使用的理解、研究文化产品及其"文化

---

① 欧文·潘诺夫斯基：《图像学研究：文艺复兴时期艺术的人文主题》，上海三联书店2011 年版，第3—5 页。
② 同上书，第5 页。

重要性"的探索性方法。从"阅读"这一词语中我们就可以看出其与文学研究之间的关系。文化研究的主要原则之一就是允许研究材料为自己言说，在追踪更广泛的联系之前应将之作为"物自体"（thing in it-self）进行理解和体验。虽说从"物自体"到其与社会和文化之间的联系，中间还存在着一定的问题，但是，文化研究的首要任务，即如何在初期对研究材料进行认真而又细致的分析问题，还是得到了一定程度的解决。

随着符号学在电影研究领域内的成功应用，其对图像的研究方法也引起了文化研究学者的广泛关注，特别是巴特的"图像修辞学"，对研究广告中的图像很有帮助。在"图像修辞学"中，巴特以一个广告图片为例，向我们解释了符号学的应用过程。"意义是如何进入图片的？意义在哪里结束？如果意义结束，那么在此之外的又是什么呢？这些问题是那些以图像为主题并对其中所包含的信息进行光谱分析的人想要问的问题。在研究开始的时候我们把问题难度大大降低为：我们只研究广告图像。为什么？这是因为在广告中图像的意义肯定是有意为之的。"①作者认为，巴特有点言过其实，这是因为广告中图像的意义就算是广告制作者虽有意为之但却是无法把握的，广告中图像传递的意义是多元而又复杂的，并不是单一的和固定的。当然，这不是巴特研究的重心所在。巴特认为，广告图片包含了三层信息，分别是"语言信息"（lin-guistic message）、"编码图像信息"（encoded iconic message）、"解码图像信息"（decoded iconic message）。这第一层信息也就是"语言信息"，可以很容易地与其他两层剥离开来，但是后两层信息由于其实体的一致，所以很难进行分离。但是，我们可以将这些信息视为一个挨着一个依次出现的，这样就比较容易进行区分。巴特坚持认为，"语言信息"在所有的视觉形式之中都有呈现，但是，作者对之也提出了自己的不同意见，他认为，虽然相关例证较少，但确实是存在这样的例证的，比如说，某些张贴广告中确实看不到"语言信息"的存在。"语言信息"有两大功能：一是"锚定"（anchorage）功能，也就是通过图解文字以帮

---

① Roland Barthes, "The Rhetoric of the Image," *Working Papers in Cultural Studies* 1（Not-tingham：Partisan, 1971）, pp. 37-51.

助我们迅速调整到最佳感知层级；二是"接力"（relay）功能，即语言承担着一个辅助的功能，帮助图像补充说明一些无法表达或者难以表达的内容，同时交代故事背景以及即将发生的事件。"接力"功能在静态视觉艺术中较为少见（多见于幽默画和连环画中），一般在电影中所起的作用更大一些。第二层信息，即"编码图像信息"，是一种文字图像，也是一种外延图像。而第三层信息，即"解码图像信息"，则是那种具有内涵的"符号"信息，属于解释层。从这个角度来说，两种图像信息之间有某种类似于语言中的"能指"和"所指"那样的关系，"编码图像信息"是没有内涵的物体或存在，而"解码图像信息"则是蕴含其中的内涵、所指、文化价值等。尽管阅读的变化并不是完全武断的和混乱的，但是对于图像的阅读却可能有着千差万别、千人千面的解读，而且对于意涵的分析也缺乏相应的工具。

综上所述，作者认为，对文本或者说对文化的研究，最有帮助的两种系统化的分析方法无疑是潘诺夫斯基和巴特所提出来的图像分析方法。巴特提出了语言层面通常作为图像的锚定层级，而外延图像信息和潘诺夫斯基的"首要主旨"非常相似，内涵图像信息则又可以对应为潘诺夫斯基的"次要或传统主旨"，巴特未曾涉及的是潘诺夫斯基的"内在主旨"。"语言信息"概念的提出及其所具有的"锚定"和"接力"功能，对我们分析广告应该会有所助益。"外延图像信息"是鉴定和列举层，我们可以从重复和形式中发现有价值的例证。而"内涵图像信息"层级是最重要的同时也是不那么清晰的。人们是如何认定内涵就该如此以及是如何解释符号或隐喻的？隐喻和相似方法的使用使得我们能够理解外延和内涵信息是如何发生联系的。虽然目前学界并没有一套系统的、针对视觉传播的分析方法、准科学、测试工艺，但是我们也不能放纵自己完全沉迷于个人的和主体的"奇思妙想"之中，而是要在细察（scrutiny）的基础上精确地阐明每个细微的部分，说清楚原因以及操作步骤和接下来该做什么，推演必须说明白从哪里来到哪里去，而结论则必须在充分认识到个体的局限以及个人世界观的基础上得出。只有这样，我们才能尝试处理"内在主旨"，只有这样，才能认识到更广泛的联系和假说，也只有这样，才能建立与社会生活脉搏以及"那些能揭示一个民族的基本态度的隐含原则"之间的联系。

广告是一个非常独特的媒介传播形式，那是因为其唯一的目的就是为了将潜在的消费者转化为实际的消费者，所以，其实际上是一个有很强目的性和主观故意的传播形式。来自于客户和社会的双重压力使得广告业者必须在广告的制作过程中格外小心，只有这样，才能保证最终的广告技能既满足客户的要求，也能与潜在的消费者达成共识，当然，这是通过对社会现实的改写和加强来实现的。广告制作的过程具有细致、专业、昂贵和神秘的特点，为了让读者直观地感受广告的制作流程，作者特地以图例的方式进行展现。

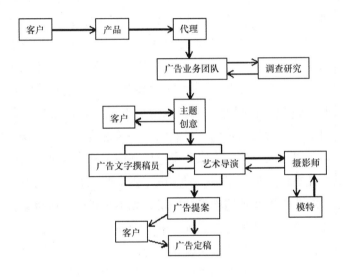

图 5-1　广告是如何制作的

作者认为，虽然广告出自多人之手，但是毫无疑问某些人、某些想法会起到更重要的作用。下面即是其中重要的节点：其一，广告业务团队与客户之间的关系，他们的沟通和决策决定着广告的创意、主题和内容；其二，艺术导演与其他同事之间的关系，艺术导演是整个广告创作的灵魂，关键的创意以及背景、内容的设置均由艺术导演决定；其三，摄影师与导演之间的关系，摄影师相当于"导演之手"，很多创意、内容、表现都需要借助摄影师的高超技艺，而且摄影师与模特之间的关系也是其中关键的节点之一。

当然，广告定稿并付诸印刷并不像很多人认为的那样就是广告业务的结束，相反，广告公司随后会对广告投放初期的效果进行相关调查和研究，并在接下来的时间段内对广告效率进行调查、分析和研究。在书中，作者引用了所谓的"专业"批评家——实际上广告业者的代言人——的文章，他们认为，广告投放最主要的功能实际上是传播，不是通过垂直的方式，而是通过水平的方式在社会严格分层的英国进行传播；而麦克卢汉在《理解媒介》中则认为，广告业者投入了大量的人力和物力去创作广告、收集研究社会数据、研究测试其产品及相关反应，并且积累了大量的社区共享经验和感觉材料。[1] 作者认为，正是通过这些后期的研究，广告业者才能真正掌握"什么是正确的""什么是合适的""什么是感觉正确的"，并通过强调或改造现实的某些方面，有选择地植入某些想法、价值、意义；媒介从业者所传递、接力的那个世界、那种文化，当然是他们所熟悉的世界和文化，也就是他们自己的"有品位的"、内视的世界和文化，从地理上说是大都市的，而从社会意义上说则是一个特定的阶层。虽然没有必要说这是一个阴谋，但是很显然，我们可以从大量的广告以及彩色增刊中看到，这种典型代表和典型情境虽然并不特指某一阶层，但是以广告中的家庭主妇为例，她们的品味、她们的选择以及她们珍爱的一切，无不是以中产阶级家庭主妇作为一种标准、模板以及规范的。她们的生活即使不是唯一的，也是最好的生活。于是，广告的描绘很快就从"这就是事物之所以如此"，变成了"这就是事物应当如此"。广告成为某种无意识的非官方的独裁者和品味标准的制定者，它们所呈现的生活方式不是某种暗示或者可能，而是直接将一种业已接受的生活方式呈现在受众的面前，其中，个人的、地区的、社会的、种族的差异几乎消弭于无形，而只留下了一种放之四海而皆准的视觉影像，悠然自得、品味独特、眼光独到的中产阶级家庭主妇形象。

在确定了特定的研究领域以后，接下来，作者所面临的问题就是从哪里开始以及确定研究方法的问题了。作者放弃了那种"满怀希望"

---

① Marshall McLuhan, *Understanding Media：The Extensions of Man* (Massachusetts：The MIT Press，1994), p. 228.

直接进入的研究方法，而是采用先进行勘探的办法。通过先期的侦查，研究者才能准确地了解研究领域的内容、边界，而且，研究者也不必假装自己的研究领域从未被研究过。实际上，作者也坦然承认，就某些兴趣点而言，比如说"作为意义的外貌""头发的使用""化妆品""女性气质"等，已经有很多相关的研究、思考。所以，作者认为，在开始设计一套分析和分类系统之前，除了获得一个整体性的洞见以外，研究者还必须知道如何创建这个分析系统、哪些因素应该重点考虑、哪些方面又是应该抛弃的，等等。在一个广告中，从人的角度来说，最吸引人的当然就是演员本身了。当我们观看一个广告的时候，首先映入眼帘的就是广告所刻画的模特儿，但是由于每个演员都是如此复杂，而且整个图片还附加了很多关联、情感以及意义，所以对于受众来说很难进行系统分析。作者认为，意义的载体包括以下这些层次：第一层是演员的表情和姿态；第二层是头发、服装和饰件等；第三层则是总体的外貌、总体的印象以及年龄和背景等。有的研究认为，不同文化之间的人们之所以能够互相交流，是因为在各个文化之间有着共同的文化要素，具体到外貌上说，其确实能够承载一定的意义①，但是，按照作者的看法，这种意义并不是内在的、天生的，而是后期在文化中习得的。和面对面的交流不同的是，广告是一种静态的、某一时刻的固定呈现，并不能给观看者提供一个连续的和动态的观察过程，这就使得其意义越加固定和单一，也就越能传递某些社会中的理想形态，以便读者能够顺利接受。具体到文本的研究对象，那么其中"女性气质"这个概念则是这些女性杂志所极力想要推销的理想形态了。"女性气质"的核心要素就是母性、从属、被动和性感②，套用国内非常流行的俗语就是"上得了厅堂，下得了厨房"。社会在利用一切可能的意识形态工具对女性进行"女性气质"塑造，这其中既包括家庭、学校、社区，也包括文本的研究主题，广告。广告并不像很多人所想的那样是不计后果和不会打扰你

---

①　作者在这里引用了社会学家、心理学家以及符号学家的观点，其中，既包括保罗·艾克曼的《文学和非文学文化中面部表情的认知和展示》，也包括罗兰·巴特的《服饰体系》和《符号学原理》。

②　Alva Myrdal, Viola Klein, *Women's Two Roles*: *Home and Work*（London: Routledge & Kegan Paul, 1956）, p.191.

的平静生活的，与之相反，广告实际上与其他种类的大众媒介一样，是一种社会调节器。作者认为，广告作为社会调节器，其中既有经济的因素也有政治的目的：在经济层面，在狭义上，广告肩负着把女性转化为可靠的消费者的任务，在广义上，广告则是为了维持家庭中的免费劳动力和工厂中的低薪女性劳动的现有状态；在政治层面，当然是为了能让男性统治社会中的主要领域。作者也认为，通过考察这些问题，能把妇女解放运动推向深入，同样，能为今后深入考察文化在解释如何成为"女性"或"男性"方面的决定性作用提供一些帮助。[①]

作者在该书的最后部分重点考察了广告的意义体系，并指出，尽管研究人员可以根据一定的方法、原则和准则对广告进行分类、定义和命名，但是仍然会出现读者对这些广告、分类、命名进行不同解读的可能。作者认为，没必要对这种情况做出过度的反应，这是因为，一方面，由于意义的复杂性和读者的知识结构的不同，想对意义做出外科手术般的精确分类是不可能的；另一方面，人们对于"优雅""静谧""快乐"等意涵还是有相当程度的共识的，所以，对意义的分类和解释又是可能的。作者随后对广告的意义体系进行了分类，首先是道具，其中包括六种意涵：（1）女性气质意涵：鲜花、毛皮、耳环、丝带等。（2）良好的品味，文化和区别能力：原始画作、咖啡桌、书本、红酒、烛架等。（3）自然或接近自然：鲜花、植物、鸟、太阳等。（4）儿童和婴儿：小书包、玩具、拨浪鼓等。（5）休闲娱乐：气球、足球、卡丁车等。（6）家务劳动：洗衣机、熨斗等。当然，这其中的意涵也是可以重叠的，比如说，熨斗同时也可以指称对一项艰巨任务的完成。其次是布景，分类如下：（1）女性气质和罗曼司。（2）好的品味、优雅、奢华、传统等。（3）健康向上、精神饱满。（4）孩子、温柔、明快。（5）兴奋、快乐、多姿多彩、异国情调。（6）家庭的、功能性的，或者是现代化的、简约的。在最后对演员的意义考察中，作者将男性和女性演员的意涵做了如下分类：（1）敏感的、自恋的、性感的、内向的、美丽的；（2）优雅的、精致的、鉴别能力强的、时髦的；（3）自然的、

---

① Trevor Millum, *Images of Women: Advertising in Women's Magazine* (London: Chatto & Windus, 1975), p. 79.

健康的、细腻的、完美的；（4）温柔的、忠诚的、平静的、纯真的、关心的；（5）主动的、无忧无虑的、充满活力的、年轻的；（6）有竞争力的、有能力的、朴实的、令人愉悦的。[①] 作者认为，显然，这些意义是经过提炼的，是不断重复的和不断加强的，尽管这些意义必须要放到特定的语境之下才能更好地理解，但是，我们从这些最纯粹的和未经修饰的概念中能看到在广告中，到底哪些意义在不断重复和反复再现。通过将这些意义与特定的生活方式、特定的生活领域以及一定的生活品格联系在一起以后，作者发现，其实，这些意义是对一种正面的生活状态的奖励，这些意义实际上就是经过社会检验、得到社会认可的价值体系。就像作者在该书前面章节中说过的那样，广告传播不仅仅是一种售卖商品的信息，实际上，广告是一种意义的复杂结合体，既直接又间接地与特定商品的销售相关联。这些意义，不管是有意的还是无心的，都是广告制作中的一部分；这些意义并不是单单限定在宣扬产品的品质方面，而是从整个文化场域中选择合适的意涵应用在广告之中，从而达到其实际目标。在妇女形成世界观的过程中以及妇女在寻求社会角色正当性的过程中，广告在其中分别扮演了模具和法官的角色，而妇女在其中则被塑造成了一个理想女性，那就是美丽、居家、时尚，同时又做得一手好菜，但是在同一过程中，女性却被物化、失去了个体的独立性、返回家庭，在被要求成为过去和未来的守护神的同时，又被要求在性方面的吸引力足够强……作者认为，这些现象一再发生，持续而又不断积累，但是，女性的另一面，独立、自主、平等的女性形象仿佛是硬币中消失的一面。当然，作者也承认，在广告中，男性形象也同样受到了损害，他们的形象通常是受到限制的和陈词滥调的。[②]

　　女性的角色和广告的作用是该书关注的双重焦点，《女性影像》一书揭示了广告呈现妇女形象的方法以及广告对妇女是怎样或应该是怎样的编码方式，对女性心理学的特别关注，女性气质是内在的还是文化获得的，提供了丰富的原始材料以供女性解放运动的辩论之用。该书的关

[①] Trevor Millum, *Images of Women: Advertising in Women's Magazine* (London: Chatto & Windus, 1975), pp. 80-147.

[②] Ibid., pp. 148-182.

注点主要是在图片上，也就是在意义的视觉传播模式之上。通过深厚的学术素养及其对相关理论的纯熟应用，加之其对当代社会以及文化的深入理解，米勒姆博士揭示了到目前为止还仅是模模糊糊有些怀疑和并不能完全理解的传播运作方式。

由于中心媒介研究的重要一环的缺失，即上面提及的《疗救婚姻》初稿的丢失，导致在进入 20 世纪 70 年代以后中心的女性研究出现了一大段空白，这种情况直到 1974 年中心成立女性研究小组才使得相关研究得以延续。女性研究小组共同撰写了《媒介中的女性形象》(*Images of Women in the Media*)，并于 1974 年 11 月以油印不定期论文第 31 期的形式出版。在此之前，也有中心的两位男性研究者注意到了媒介中的女性体育明星形象的报道，并指出，这些女性运动员实际上陷入了两种歧视的陷阱之中，她们既不被当作女性，同时也不被当作运动员看待，她们试图通过从事体育运动以打破社会壁垒的行动也很难取得成功。①

第二节　媒介中的女性形象

1974 年 11 月 13 日，《卫报》刊登了一则国家航空的广告：

我将带您飞往迈阿密，就像您之前从未飞往那里一样。

我是莱斯莉。

下一次你就会知道你正在错过什么，乘坐在我宽阔的机舱之中，一站不停，从伦敦直达阳光迈阿密。②

开篇，中心女性研究小组的成员们选取了一则这样的广告，显然，是有一定的意涵的。首先，"莱斯莉"是一位女性的名字，这里用它来指代英国国家航空；其次，我们仿佛能看到一位笑意盈盈的女性正在走向读者。这样的一则广告显然会给读者带来一种美妙的感觉，但是这则

---

① Charles Critcher, Paul Willis, "Women in Sport," *Working Papers in Cultural Studies* 5 (Nottingham: Russell, 1974), pp. 3-37.

② Helen Butcher, Ros Coward, Marcella Evaristi, Jenny Garber, Rachel Harrison and Janice Winship (1974), "Images of Women in the Media," CCCS stenciled paper, No. 31.

广告是关于什么的呢？是销售国家航空的国际航班的广告，还是出卖妇女色相（仿佛她就是一个待价而沽的妓女）的广告？作者认为，这个广告非常典型，可以从这个广告出发来对媒介中的妇女形象做一个更深入的解读。第一，这则广告并没有描绘出一种现实，而是把现实情况通过一种变形的方式重新呈现在观众面前；第二，它提出了这样一些问题：为什么女性的性别特征被用这样的一种方式加以呈现？为什么不是男性来做这样的广告？第三，它揭示出在妇女形象展示中的矛盾所在，也就是在媒介中的妇女形象几乎很少有那种主动的、活生生的个体，而几乎都是那种标准化的女性形象；第四，它指出了妇女形象的意指价值，那就是一个简单的影像，一张笑意盈盈、惹人怜爱的脸庞，性的或是幻想对象，快乐的或是阳光的，兴奋的或是权力的，这一切都是为了男性而打造；第五，作者不无讽刺地说道，在这则广告中还体现了男性和女性的平等地位，那就是"我将会带你飞往……"与"你……乘坐我宽大的机身……"

在日常生活中，我们每天都会在电视、报纸、杂志等媒介上面发现各式各样的妇女形象，当我们走在大街上、在地下通道里、在各种交通工具上都会听到或看到妇女形象，我们也许早就已经习以为常了，这些妇女形象对我们来说非常"自然"，而且这些形象本身是那么孤立无援，这不仅仅是因为我们已经对这些形象相当熟悉，它们已经是我们生活中的一部分了，而且还因为我们并不了解这些形象的生产过程，当然更重要的是，我们已经把这些形象社会化，纳入了某些范畴之内。当然并不是妇女形象本身，也不是媒介决定了这些媒介中的妇女形象，作者认为，这是一种性别歧视的意识形态从外部结构、决定了媒介中的妇女形象，因此，作者认为，通过比较、分析不同媒介中的妇女形象，从而揭示出隐含其内的意识形态结构，是非常有必要的。作者分析的样本区间取自 1974 年 10 月 20—26 日；样本形态共分为六大类：新闻（主要是报纸）；性（报纸、电影、杂志）；幽默（报纸）；自我呈现（主要是妇女杂志）；广告（主要是妇女杂志和彩色附页）；小说（电视和妇女杂志）；作者分析的层面包括妇女在媒介中被压制和剥削及其发生的过程和不得不发生的语境。

一 女性作为新闻

作者首先将六份报纸分为两个方阵：一个是中产阶级阵营，其中包括《卫报》《观察家》《伯明翰邮报》；另一个是工人阶级阵营，包括《每日邮报》《太阳报》和《晚间邮报》。作者接着追问了如下三个问题：

（1）新闻中的妇女形象看起来像什么？它们可以归入哪一类范畴？

（2）这些妇女形象出现在那儿依据的是什么原则？这些原则和处理男性形象时候的原则是一致的吗？

（3）这些妇女形象是如何被处理的？

作者归纳出六大范畴，并且和男性形象在相关范畴中出现的频率做了对比（见表5-1）。

表5-1

女性	男性	对女性形象的控制级别	刻板印象	被动/依靠男性
1. 政治家、专业人士	主要的报道	高	几乎难以胜任	主动、独立
2. 运动员	大量的	中等	主动运动很少	主动、独立
3. 罪犯	相似	低/中等	感情动物，很容易被误导	主动、独立
4. 不寻常的职业	很少	中等	被认为是"不寻常的"	主动、独立
5. 精英	相似	中等	令人着迷的爱人和结婚对象	主动、依赖
6. 借入状态	很少	低	背后支持的母亲和妻子	主动、依赖
7. 性对象——妓女？	缺席	低	身体性感迷人的狐狸精？	被动、依赖
8. 幽默	较少	没有	琐碎的、愚蠢的、无聊的、温和的	依赖
9. 社会环境的受害者	很少	没有	宿命论者、可怜的、脆弱的	被动、依赖

从表5-1中我们可以看出，范畴1—5中的女性按照新闻价值都是

相对独立的，而男性则是按照同样的价值准则出现在新闻中的，但是女性在这里的地位永远是从属的和第二性的。作者认为，也许在男性的世界中，只有极少数的女性被认为有能力去做"非凡的"事情，只有极少数的女性会成为男性眼中的"精英"。而在范畴6—7中，女性则是完全按照社会的期望进行塑造的，她们或是男性背后的那"坚强"的另一半，或者是男性的性对象。只有极少数男性出现在范畴6当中，那就是菲利普王子。在范畴8中，女性作为被嘲弄的对象，这时候的原则则几乎无关"新闻价值"，相反，只是"舒缓"情绪而已。而范畴9，则是社会对女性的一贯看法，女性在这里是软弱的、孱弱的、感性的，她们没有能力保护自己，相反，她们却能招来罪恶的关照。

当然，这些范畴并不是互相排斥、绝对独立的，相反，按照作者的说法，在大多数时间里，这些范畴是互相融合的，只是为了能更清楚地了解这些范畴的特性而做了这些分类。比如，在1974年10月24日的《卫报》上，刊登了帕特·阿罗史密斯申请上诉的新闻。帕特·阿罗史密斯出生于华威郡的上层中产阶级家庭，从这个角度来说，她从属于范畴5精英阶层；由于从事反核运动，被当局判定有罪，又被划入了罪犯的范畴，这种范畴的混合使得这则新闻更具新闻价值。另外还有一个相似的例证就是1974年10月26日《伯明翰邮报》刊登的新闻："俄国最有权势的女人，文化部长，去世。"这里是范畴1"政治家"和范畴4"不寻常的职业"之间的混合，之所以更具新闻性，恰恰是因为女性在这两个范畴中的人数是远远低于男性人数的。

从以上对女性新闻报道的分类中，作者得出这样的结论，那就是范畴6和范畴7是其中最"自然"的分类，而其他的分类则是为了展示"母性"而存在的。以下作者以范畴1，"政治家、专业人士"为例，进一步阐明媒介到底是如何处理女性形象的。例如在1974年11月16日晚上10点广播四台的节目中（请注意，这个事件并不在作者前面所设定的媒介样本池和时间范围之内），主持人布莱恩·雷德黑德在介绍《心理分析与女性主义》一书的作者朱丽叶·米切尔时，重点强调了"女性主义"，随后紧接着一个如释重负的"但是"，"我们今晚不会谈论这些"。类似地，作者认为，媒介对女性主义者们以及妇女解放运动缺乏足够的敬意，而且经常使用一些带有污蔑意味的字词嘲笑女性主义者们和专家，而且对这些"女性"专家和学者们所涉及的话题较不重视，或者说，更多关注的是其中"个体的"角色，而非她们在公共领域中所应享有的地位，这就好像是女性突然闯入了一个不属于她的领地，在这里女性是异质性的，是男性世界的陌生人。而且，还有一种典型的媒介处理方式就是通过强调女性专家的女性特质来质疑她们在相关领域中的正当性。在关于开业医生乌娜·克罗尔的报道中，就着意强调了"我们看到她推着婴儿车在和一名妇女说话"，而关于撒切尔女士则在报道中同时出现了"参加政治会议"和"准备星期天的早餐"。同样的情况还出现在女性运动员身上，作者引用一位女性田径运动员的话说，她要想赢得比赛，首先，她必须从象征意义上被称为男性，因为作为女性的她是不可能具有竞争性和侵略性的；其次，这个男性的形象还必须是一个"低级"版本的男性；再次，即使成功，她也会被污名化，既不是男性，也不是女性，而是一种"怪胎"；最后，在媒介的相关描述中，她总是被描述为既具有运动天赋又性感迷人，还是一位杰出的运动员，同时是一位母亲，但是其中的"运动"因素则总是第二位的。与男性不同的是，体育活动会确认和增强男性的身份特征，而女性运动员的女性身份则受到了挑战。

与报纸上连篇累牍的关于"明星"、王室成员、精英们的报道不同，很少有报道涉及普通家庭和实际的婚姻生活，而仅有的一些例子似乎又有一些不同的意味。1974 年 10 月 24 日《伯明翰邮报》报道说，一对米德兰斯的夫妇保证"五年内不要小孩"，以便能够从金融机构获取排屋的抵押贷款。作者认为，这里发生了某种"置换"，"爱情""婚姻"和"家庭"本来是妇女"真实"生活中的一部分，但是在这里却被置换、变形成了某种美妙的事物。这个梦幻世界给女性读者提供了一个远离阶级身份的机会，虽然这种身份只有通过与男性的关系才能获得，但还是给这些女性读者一个梦想，有一天我也会和她们一样，只是其中的破绽和弱点就是女性读者个人了。作者认为，这种"置换"与变形，也许用马尔库塞的"压抑性升华"（repressive sublimation）来概括似乎更加恰当。精英世界确实令人向往，但是所谓的"压抑性升华"恰恰是这个单调乏味、问题多多的真实世界的一个虚幻的解决方案。

二　女性作为色情对象

每天出版的《太阳报》都会在第三版刊登一幅女性的裸照，而到了星期天，有一到两份报纸会在每一页上都刊登这些迷人的照片，虽然这些照片的受众并不是特定的，也就是说，男性和女性都有同样的机会接触到这些照片。这些媒介的"自然语言"主要以下列方式进行呈现：《太阳报》《星期天镜报》《世界新闻》等报纸中的女性照片，广告中让人迷醉的女性身体的呈现，女性在图片中裸露以及在色情电影中的呈现，等等。当然，以上这些女性身体的呈现通常是重点强调胸部，一般不会裸露生殖器官。作者参照约翰·伯格的《观看之道》对裸体（nakedness）和裸像（nudity）做了如下的区分：西方媒介中的裸体一般意指悲剧和贫困，而裸像则是迷人的和完美的呈现。作者认为，二者的区别非常重要，"裸像"是对观看者的呈现，它属于"美丽""艺术""魅力"的范畴，而其中主客体的关系则消失了，就是说，"魅力"的意识形态指将这种呈现的观看固定在一个维度之上，而排除了那种妇女身份受到贬损的认识。

作者继续分析到，之所以会造成这种虚假的认识，正是因为图片的某种拜物教模式所导致的，在这种拜物教模式中，观者可以清楚地看到造物主的痕迹，比如说闪光、构型、布景的日益完善。[1] 同样，本雅明在《作为制作者的作者》一文中也指出，新的科技使得专家能够赋予图片某种恋物的状态。[2] 希斯也认为，这些图片作为一种恋物，代表了一种呈现和交换的结构，在这个结构之中，主体的某个方面得到反复的永不停歇的确认。[3] 这也就是说，身体在这里是作为一种纯粹的交换物而存在的，观者则被置于一种被动的状态，只要是这个社会中成功的个体，他们就有权享用这些照片，把女性的身体作为一种性的奖赏。

在这些媒介对裸像的呈现中，其中很有意思的则是试图解决这种女性性征公开呈现问题的一种解决方案。就像巴特在《文本的愉悦》中所说的那样，当意识形态变成一种虚构，同时又能达到一定的连续性的

① Roland Barthes, "The Rhetoric of the Image," *Working Papers in Cultural Studies* 1 （Nottingham：Partisan, 1971）, pp. 37-51.

② Walter Benjamin, "The Author as Producer," *New Left Review*, I/62, 1970, pp. 45-60.

③ Stephen Heath, "Lessons from Brecht," *Screen*, Summer, 1974, p. 108.

时候，如果能将所有事物笼罩在一种霸权语言之下，那么冲突就自然停止了。作者以《四海一家》《万岁》以及忏悔型的黄色电影为例，在这里，妇女的身体作为一种纯粹的快乐，既取悦了男性，同时也愉悦了女性自己。就像《万岁》杂志在其文章和图片中所宣扬的那样，女性作为性物取悦男性的那种传统看法已经过时，取而代之的是女性同时认识到了性的愉悦。但是正如朱莉亚·克里斯蒂娃所说，"女性永远不可能被定义"，存在的只是一种资本主义、父权主义的虚假意识形态而已，他们要求女性作为性的主题、性的身份而出现，但是却拒绝将男性纳入同样的范畴加以考虑。

三　女性作为幽默

作者发现，没有比大众出版物中的卡通更愿意把"女性"作为一种固定的呈现方式了。这主要是由幽默形式的内在特征和大众传播方法的本质所决定的，首先，卡通的本质就是通过夸张、漫画的方式将某些特征尽可能快地、尽可能容易地被读者所接受（女性的特征足够明显）；其次，由于卡通是一种静态呈现，所以必须通过一种简单的陈述方式或一种简单的行动，使得读者能够快速理解其中的含义（女性的思维比较简单、感性，易于认知）。作者在这里选取的研究样本是"嘲笑"，也就是取笑某人、拿别人的缺憾开玩笑等（这里的样本不包括对男性的嘲笑），样本时间段为1974年10月20—26日。

作者认为，取乐者在这些幽默中之所以能获得快感，是因为他们感受到了他人的低下以及自我的优越，就像霍布斯所阐述的"突然的荣耀"（sudden glory）一样，当然，作为取笑对象的妇女则落入了某种有损人格的状态。作者引用《幽默感》作者马克思·伊斯特曼的话为女性辩护，无论嘲笑者如何解释，我不是嘲笑你的缺点，也不是仇视你，实际上，被嘲弄的对象总会有一种非常不好的感觉，一种低人一等的感觉。当然，卡通中的幽默并不仅仅包含这种内在的娱乐本质，实际上，作者发现，还有一种深层的社会机制隐含其中，这个机制就是男性在有意或无意地维护他们的统治地位。这种机制告诉我们，一方面，男性的思想、行动、言语就是现实，就是标准，而女性则是偏离这些标准的；另一方面，女性恰恰是这种偏离的标准，正是女性的标准造成了这种偏离。当然，作者并不认可这种机制，与之相反，她们认为，这是男性强加给女性的另类标准，是为了维护男性的社会统治而掌控了这种媒介中的女性形象。

在卡通幽默中，为了迫使女性屈服于这种男性标准，我们可以看到，这种机制是按照如下方式运作的。首先是卡通幽默的排他特性。也就是说，男性气质和女性气质互不相容，其中任何一个性别都不能干预别的性别的工作。在这里，女性被绝对排除出男性标准之外并因"女性气质"而受到嘲讽，而男性统治则拒绝对二者进行任何程度的比较，因为其中并无相似或重合之处。其次是卡通幽默的包含特性，即尽管女性是偏离了男性标准之外的，但是，如果她们主动靠近男性世界或主动修正自身以靠近男性标准，那么这种行为是会受到男性社会的鼓励和嘉奖的，当然，即使如此，女性仍然不能在文化地位上得到提升，同时，只能保持自己"低人一等"的社会地位。因此，作者认为，那种"古老的"女性主义理论的双重概念其实并未过时，反而历久弥新，那就是，女性其实是既在系统之中又在系统之外的，她们"在同一时间里既是基础的也是边缘的"①。

四　女性的自我呈现

在前面的两个部分里，无论是"性"还是"幽默"，女性在媒介中的呈现基本上都是围绕着"母亲""家庭妇女""妻子"和"性对象"而展开的，其内在均有一种父权制的、资本主义的意识形态起着重要的支配作用，它创建标准并且要求女性必须按照这个标准行事。这样的妇女形象是负面的、被压制的，她们只能从属于男性，只能被男性消费。从第三个部分开始，作者开始转向女性杂志，考察妇女们用她们自己的语言是如何描绘女性形象的。

作者认为，女性杂志中的妇女形象及其与世界的关系应该会比由男性控制和主导的媒介所展现的女性形象更加符合其实际情况一些。但是约翰·博格说："女性就像男人看她们那样看她们自己，要求她们自己就像男人想要她们成为的样子。"② 而且也确实有部分杂志是这

---

① Helen Butcher, Ros Coward, Marcella Evaristi, Jenny Garber, Rachel Harrison and Janice Winship（1974），"Images of Women in the Media," CCCS stenciled paper, No. 31.

② Ibid.

么做的，1974 年 10 月 16 日《我们妇女》就呈现了如下的妇女影像：4
位"普通"长相的年长女性、5 位迷人的女性、22 位模特、两位母
亲、6 位工作人员，这样的完美女性的呈现确实有些残忍，因为"不
那么具有吸引力的"家庭妇女形象在杂志的文本中却是真正的主体。
在 1974 年 11 月的《宝贝》杂志中也有同样类似的分裂，但是这两种杂
志的类型确实截然不同的，《宝贝》主要面向"更加自由化的"年轻
女性，而《我们妇女》则面向传统女性，年纪也稍长些。从这些妇女
影像中，我们可以看到，模特更多的是将自己呈献给男性，而自恋的
影响则可以解释为女性爱自己胜过男性爱她。尽管从表象上来看，确
实如博格所说，但是，这毕竟只是表象，随着分析的深入，作者给出
了不同的答案。

　　西蒙娜·德·波伏娃说过："没有什么东西能够比女性的时尚更自
然的了……打扮是天生具有的权利……优雅是一种武器，一面旗帜，一
种反防御，一种束缚。"① 就像《宝贝》杂志中的一篇文章所暗示的那样：
"……没有什么能比表现你自己更为重要的了——你自己的风格。它通
过你选择衣服的方式，通过你搭配衣服的方式，通过你的化妆和你的头
发，通过你装修住所的方式，来展示自身。风格能更为确信地展现你的
品味、你的梦想、你的期望以及你自己。"② 这里面的时尚还包括对二
手衣服的热爱，"衣服永远不会死亡"，反而更加浪漫。通过"时尚"
"风格"这些有力武器，女性们似乎找到了脱离男性掌控的武器，她们
可以尽情地打扮自己，然而，她们的装扮总是要面对这个社会、这个世
界的评判，她们并非如看起来的那么独立。在同一期杂志中这种依赖于
商品支撑的"风格"遭到了否定，"你能成为一个懒蛋吗？"不必顾虑
家务所带来的烦忧，这篇文章鼓励妇女们，如果这是你喜欢的生活方
式，那就生活在混乱中又如何？更重要的是，"从来没有人叫男人懒
蛋""懒惰本质上就是女性的特质"。这里绝没有对传统女性气质的确
认，但是，这种"风格"却不是单个女人能够做到的。简简单单，仅

---

① Helen Butcher, Ros Coward, Marcella Evaristi, Jenny Garber, Rachel Harrison and Janice
Winship（1974），"Images of Women in the Media，" CCCS stenciled paper, No. 31.

② Ibid.

仅做一个"懒蛋"就显得"风味十足"，但是男人只喜欢后者，却非常讨厌前者。

1974 年 3 月的《四海一家》，则展示了女性的另外一种形象，卡萝尔·迪克斯认为"色情"很正常，我们要尊重自身的欲望，并认为，之所以男性不愿意承认女性的性欲望是由他们自己的不安全感和仇恨导致的。"卖淫是男性无法控制的生活领域。他们可能恨所有的妓女，因为她们嘲弄他们。而如果我们离开这个专业领域，那么我们很可能会走入一个由男性捏造的卖淫处境而遭到侮辱……"很显然，并不是男性害怕性本身，他们所担心的是对性缺乏控制力。

作者分析认为，《宝贝》杂志和《四海一家》杂志中的女性形象和传统的女性形象有着很大的不同，她们追求自我，追求独立，她们出外寻找自己的男人，她们离开安适的小窝去寻找自我尊重，她们独立于男性，虽然并不是没有男人。但是，作者转而担心这种形象是不是又有点过于乐观了？这样的阐释是不是自由过头了？但是，作者认为，这些杂志对妇女的形象做了多方面、多角度的解读，她们有时候是多面的，有时候又是单一的，有时候是如此"简单"，有时候又是那么"浓烈"，而对于妇女的复杂形象则还需要做进一步的解读。

五　广告中的妇女形象

作者认为，广告是一个虚假的场域，在这里，商品和消费混杂在一起；广告以售卖商品为最终目的，但其中的产品却完全隐藏了起来。而且，为了销售商品，广告要在产品之外找寻成功的机会，这就不能不令人感到奇怪，为什么实际上和从象征意义上说女性都应在这个场域之外，但却恰恰广泛地出现在这个领域，并作为一种"纯粹的"交换而呈现在男人面前。为了更好地分析广告，我们不仅要了解其外延，也要搞清楚其内涵。作者在这里选取了女性杂志和彩色附页作为她们的主要分析对象（如表 5 - 2 所示）。

在皇家女子部队的广告中，重点宣扬的是一种"有保障的未来"，"如果你在找一份不那么琐碎和无聊的工作，那么皇家女子部队可能正好是你的选择"；而米德兰德银行的广告则重点突出了"自信""独立""美好生活"；在本节开头提到的国家航空的广告则是彩页广告的典型代表。可以说，这些女性杂志中的广告为女性提供了另外一个视角去

表 5 – 2

	指称的形象	内涵	场所
女性杂志	工人	和男人一样独立	白天，主动，"现实世界"
	家庭妇女，母亲	爱意	在与男人和孩子之间的关系上是主动的（白天）
	妻子，女主人	整洁	（晚上）
	女朋友	漂亮，性感，敏感	"外来生物"
	自恋		
	"扭曲"	性感，有趣，梦幻	"梦幻生物"
	模特		
彩色附页	魅力女孩	性感，浪漫	难以准确定义
	"扭曲"	性感，有趣，快乐	
	用女性话语定义的商品	令人羡慕的，奢侈，成功	

认识男性所定义的女性气质，而彩色附页中的广告则将女性作为一种象征呈现在我们面前，当然更多的是呈献给男性，作为一个美丽的妖妇。作者认为，广告中呈现的妇女形象是破碎的、单一的、压缩的和零散的，一般来说，在广告中妇女只会呈现出其中的一种形象，当然也有例外。

六　剧本中的女性形象

在文本的最后一部分，作者考查了电视和女性杂志中的女性形象，并在有限的样本中总结出三类女性形象：

（1）家庭的，情感脆弱的，软弱的，依赖性强的妇女形象。

（2）职业的，坚强的，迷人的，有掌控力的独立女性形象。

（3）二者的结合：脆弱的职业女性。

在《四海一家》中，妇女的性欲得到了深度挖掘。一位"美丽的"女性，她是男人的坟墓，有男人因她而被杀，因她而堕落，她是一位母亲，一位聪明而拥有极端成功事业的女性，美丽而又性感，她需要男人。而在1974年10月26日的《我们妇女》杂志中，则有一位典型的脆弱的职业女性形象，她先后做过教师和打字员，后来开始帮助走失儿童重返家园。一开始，她丈夫不理解她为什么要做这些无聊的事情，但是后来她丈夫却开始理解和尊重她的工作，她最终俘获了她的男人。对此作者分析得比较粗略，但是她们还是希望至少能从这些女性自己的复合形象入手，帮助妇女解决她们所面对的实际问题。

作者在这篇文章中试图分析资本主义媒介是如何塑造女性形象的，而且坦率地承认由于女性形象的复杂性，她们并不能形成一种理论共识，同样对于这个复杂的影像制造系统也不能加以充分把握。文本的研究实际上是一种去魅、去自然化的过程，我们绝不能想当然地将媒介的"透明性"视作一种谎言，相反，将之作为一种自然态度的呈现似乎更为恰当。"这种自然的态度，将特定的现实视为理所当然，而且，在一些观念中，更是将之视为立即的和绝对的。"①

在对媒介将妇女作为性对象的考查中，小组中有的成员认为，这些妇女形象还是表现出了某种正面的积极意义，但是多数成员倾向于认为，这些妇女对她们的性感和"女性气质"的讨论，其实是资本主义意识形态的一种终极胜利。而在妇女对自身性快乐的讨论之中，作者认为也同样如此，资本主义意识形态通过唤醒女性自身的欲望，其实最终还是将其包含在与资本主义的最终妥协之中。最后，作者呼吁，必须为保持差异而斗争，必须在其中发出女性自己的声音。

第三节 杰姬：青春期女性气质意识形态

说起女性主义与意识形态这个话题，让人不由得想起我们在前言中提到过的霍尔离开伯明翰大学当代文化研究中心的经过，女性主义者们认为，中心过度重视男性、意识形态等过于"刚性"的研究素材，而忽视了女性、女性气质、女性受众、女性青年亚文化等一系列非常重要的题材。就像我们在前面说到的那样，按照霍尔，当时的中心主任的规划，是准备深入开展女性主义相关研究的，但是，由于这样或那样的原

① Stephen Heath, Colin MacCabe, Christopher Prendergast, *Signs of The Times*: *Introductory Readings in Textual Semiotics* (Cambridge, 1971), p. 79.

因，最后未能如期启动相关的研究程序，这一直是霍尔感到惋惜的地方。而有意思的是，中心女性主义的主将，70 年代在中心学习、现任伦敦大学金史密斯学院传媒与文化研究系教授的安吉拉·默克罗比，她的硕士论文却是关于女性主义与意识形态的。默克罗比的论文题目为"工人阶级女孩与女性气质文化"（Working-Class Girls and the Culture of Femininity），我们一般见到的是她从硕士论文中抽取的一些章节汇集成的油印论文《〈杰姬〉：青少年女性气质意识形态》（Jackie：An Ideology of Adolescent Femininity），后来在 1991 年结集出版的默克罗比论文集《女性主义与青年文化：从〈杰姬〉到〈正是十七岁〉》（Feminism and Youth Culture：From Jackie to Just Seventeen）一书中收录了这篇论文，但是做了一些改动，并把文章名改为了《〈杰姬〉杂志：浪漫个人主义及青少年女性》（Jackie Magazine：Romantic Individualism and the Teenage Girl）。这一方面说明了中心女性主义的抬头，另一方面也说明了相关女性主义者们的研究在潜入中心的初期，还是不能摆脱她们所认为的一些"僵硬"的路数，当然，从男性、男孩转向女性、女孩亚文化本身就是一种进步。下面让我们来看看《杰姬》这个杂志为什么、在哪方面引起了默克罗比的注意。

《杰姬》创刊于 1964 年 1 月，和中心创建时间几乎相同，这既是一种巧合，同时对之进行研究，也非常符合中心的研究旨趣，对一个同时创建的刊物进行研究，就像是看着自己成长的轨迹一样，研究起来也是别有一番风味的。此外，这份杂志是由位于苏格兰敦提市的 D. C. 汤姆森公司创办的，而默克罗比恰好是苏格兰人，对于来自家乡的杂志，想必是较为熟悉且更有研究趣味的。从创刊到 1993 年停刊，《杰姬》创造了英国青少年杂志一个又一个奇迹，至今，英国最好的青少年杂志的发行量仍不及《杰姬》最高峰时的五分之一。可见，《杰姬》是一个相当成功的青少年女性杂志，但是，很显然，默克罗比的本意并不是为了宣扬《杰姬》是一份多么成功的青少年女性杂志，进而对其成功做一些马后炮式的官样分析和研究。正好相反，默克罗比的研究恰恰指向了普通读者，从读者的角度研究女性杂志与意识形态之间的隐含关系，这是一般研究人员所忽视甚至刻意忽略的一个视角。也许有人会说，这是"愚蠢的马克思主义垃圾"，但是，这也正是这种严肃而系统的研究方法的威力之所在，即让一切隐藏在华丽外表之下的实质得以大白于天下。

　　默克罗比在论文开篇之处就指出，尽管《杰姬》这个杂志非常成功，但是作者的目标并不是要对其成功因素做一些似乎可以预测的事后分析，相反，她对《杰姬》做了一番严肃而又系统的批判研究。在这里，《杰姬》不是作为一个成功杂志的象征，而是作为一套信息系统、一套指意系统、某种意识形态的载体，具体来说，作为一种青少年"女性气质"构建的意识形态来进行研究的。而在1974年中心油印刊物第19期，保罗·威利斯撰写的论文《表演及其意义：体育中的女性，一种社会、文化视角》（Performance and Meaning：A Socio-Cultural View of Women in Sport）中，作者也贡献了相似的论点。在这篇文章中，作者提出了一种称之为"文化分析批判"（Analytic Cultural Criticism）的分析方法，并指出这种新的分析方法在分析这种新的社会、文化现象的时候，和以往那种"实用主义线性决定论"（Pragmatic Linear Determinism）的分析方法相比，所观照的是符号系统、社会态度以及文化价值的本质，而非仅仅追求社会样本的数量等级；通过对一种文化中的所有变量等而观之，则避免了"实用主义线性决定论"中即使使用了大量的样本却仍然无法得出其中的共生关系（co-variation）模型的弊病；最重要的当然是，不会将文化进程想当然地认为是一种线性关系。[①] 而实际上，让我们以社会和体育之间的关系为例，则可以清楚地看出，这二者之间的关系绝不是一种简单的线性关系，而是一种相互交织、相互作用、互相影响的关系，这其中，体育是社会中的一个组成部分，受到总体社会状态的影响，反过来，体育也会对社会构成、组成以及状态产生影响。毫无疑问，男性和女性在体育活动中的表现有很大差异，而且某些文化因素还可能会人为地扩大这种天然存在的裂隙。问题不在于这种裂隙是否存在或者科学地论证这种裂隙究竟有多大，而在于对这种差异的理解方式，以及这种差异是如何成为我们社会中的流行看法的。

　　作者发现，在现有的研究方法之中，能够将《杰姬》视作媒介和文化中的一部分来加以考察的，主要有这么几种：第一种是传统的研究方

---

① Paul Willis（1974），"Performance and Meaning：A Socio-Cultural View of Women in Sport，" CCCS Stencilled Occasional Paper，No. 19.

法。在这种保守论者的主题里，杂志被视作是一种流行文化（popular culture）或大众文化（mass culture），其品格是低下的、肤浅的、粗鄙的，其受众则被认为是脑残的大众阶级，那么它自然会被归入低等级的文化形式之中，是绝不能与"高级文化"或者"艺术"相提并论的。在阿尔德森关于女孩杂志的相关论述中，她认为，这些杂志给读者提供的关于生活的视角是狭隘的和有限的，而且她认为，女孩们应该读更好的文学作品，比如说《简·爱》。默克罗比认为，这种文化观是有问题的，首先，它缺乏历史感且基于一种不容置疑的价值判断之上；其次，无法解释这些文化形式是如何产生和如何传播的；最后，无法解释为什么某种特定的文化形式会激起某个阶级的回想而其他阶级则并不在意。第二种研究方法与第一种方法有些类似，但是其批评手段更加激进。这种研究方法主要基于"阴谋论"之上，认为大众文化是给大众提供的"饲料"，统治阶级通过这种喂养的方式使得大众温驯和顺从，并把他们的主要精力转移到娱乐上面去。在霍尔等人论述电视的论文中提到了这种研究方式，而奥威尔在论及20世纪30年代的男孩杂志的时候，也采用了相同的理论视角："很自然，《珍宝》和《魔石》在政治方面是保守主义的……所有来自于蘑菇图书馆的构思显然都经过统治阶级利益的筛选。"按照这个逻辑，《杰姬》仅仅是统治阶级的传声筒。在默克罗比看来，这种研究方式同样是缺乏历史深度的，而且易将社会中的不同意识形态国家机器混为一谈，不能有效地区分二者。第三种研究方法则反转了上面两种研究方法，认为大众音乐和大众文化的意义更加丰富。虽然，"……对今天的大多数年轻人来说……流行音乐和大众文化是他们唯一的输出管道"，但是，他们仍然可以通过反转的形式，通过将新的意义附加在大众文化形式之上而使得大众音乐和大众文化形式具有新的意识形态架构。作者认为，这种研究方法尽管和文本研究有一些相关性，比如说，确实女孩子们也可以通过自己的方式给《杰姬》贴上自我的标签，但是文本主要针对的还是《杰姬》所代表的强有力的意识形态，所以这种解读方式并不在文本讨论范围之内。第四种研究方法则主要是由媒介从业者推进的，霍尔将之称为"自由主义"研究方式。"节目的制作被简单地视作运动的一个'窗口'，因此，节目只是反映而不是形成、塑造这场政治辩论。简而言之，电视的目标是提供客观的信息……

所以他们（公众）可以通过一种'理性的'方式形成自己的观点。"按照这种逻辑，《杰姬》似乎仅仅是反映和精确描绘现实状况的兴趣点，给读者提供"她们所需要的"，并且提供有用的建议。

作者认为，正是《杰姬》所具有的强有力的意识形态特性及其受众的特殊性，使得对女孩杂志的研究和上述霍尔等人以及保罗·威利斯的研究有着明显的不同。作者认为，《杰姬》属于葛兰西所谓的"市民社会"的私人领域，在这个领域中，霸权并不是通过直接的强迫式的手段而获得的，相反，在这个相对自由的领域，霸权是通过非压制性的、间接的方式达成的。具体到《杰姬》，女孩子们对霸权的认可则是通过非强制性的手段以及主要是在她们的休闲时光中获得的。作者在这里引用西蒙·弗里斯的未刊手稿，指出"资本主义社会的休闲意识形态……是人们为了能够享受休闲活动而去工作。休闲是他们的'自由'时光，因此休闲活动所表达的价值和选择与他们的工作是没有什么关联的。而实际上，这些只不过是意识形态现状的结果罢了"。以《杰姬》的读者——女孩子们为例，她们会认为，学校和家庭是一种强有力的压制体系，而她们的休闲时光则是非常"自由"的，可以想做自己喜欢做的事情，比如说，这个样本中的女孩子们喜欢的消费活动：买衣服、买化妆品、买杂志，等等。而弗里斯在《影像效果》中说道，资本主义的休闲活动有三个主要目的：一是对劳动力身体的再生产；二是对劳动力意识形态的再生产；三是通过提供消费商品市场，确保剩余价值的实现。对《杰姬》的年轻女性读者来说，作者认为，尽管她们尚未进入生产领域，但是她们已经被推向了这个方面，而《杰姬》作为一种消费休闲类商品则涵盖了上述的三个主要目的。举例来说，《杰姬》鼓励它的读者拥有健康的身体以及提倡"美容觉"，这既是为了鼓励消费者日后的消费，同时也具有强烈的意识形态效果。如果把国家有组织的休闲活动与《杰姬》所提倡的休闲活动做一个比较，我们就会发现，前者的主要关注点是在道德训练、规训、团队精神、爱国主义等方面，而《杰姬》的关注点则主要是在有趣和罗曼司上面。

那么，什么是《杰姬》的独特属性？作者认为，第一是"轻快的"节奏，这一特征贯穿了整个杂志，特别是在色彩、图片和广告的使用上面表现得很明显；第二是在布局和样式上严格的连续性，使得观众对

《杰姬》的结构非常熟悉；第三是版面的巧妙布局，文章和专题经过仔细的安排，绝不会让内容严肃的文章接连出现；第四是稳固的感觉和拒绝改变使得杂志缺乏历史纵深感，《杰姬》的世界就是这个"真实的"世界；第五是《杰姬》主要处理的是个人世界的问题，它向内转，主要探讨的范围是灵魂、心灵或者情感。综上所述，《杰姬》就像它所象征的那个女孩打算被"观看"那样呈现在读者面前，而如何分析这样一个文本，这样的一个女性世界，作者给出了"符号学"（semiology）的答案。也就是说，作者使用了一个在当时来说尚处在发展初期的分析方法来分析《杰姬》，而不是使用当时已经发展得很充分的内容分析方法（content analysis）来进行分析。至于为什么要选取"符号学"的分析方法，作者认为，对《杰姬》的分析如果仅仅关注其表面数字化的统计结果，并不能真实反映《杰姬》实际的内容指向；量化分析既不能将媒介信息作为一个结构化的整体来进行理解，也不能对由结构、倾向、对立组成的复合体给予足够的关注。与之相对的是，"符号学"分析方法是从内部，或者说，是对文本或指意系统的内部结构进行分析。罗兰·巴特在《符号学原理》中将之称为"内在分析"（immanent analysis）："符号学研究的相关性，按照定义来说是紧紧围绕着分析对象的意义来进行分析的。分析对象只应该在它自己的意义关系中进行分析，而不是过早地涉及其他决定性因素（心理学的、社会学的或者物理学的），或者说，至少不应该在整个体系重建完成之前引入对这些因素的分析。当然，这些决定性因素也不能够弃置一旁……相关性原则显然将分析者置入了一个内在情境之中，他应当从这个系统内部考察这个系统。"[1] 如上所述，《杰姬》强大的意识形态力量及其一成不变的风格特点，使得它的存在仿佛是一种自然而然的事情，它的人工、生产以及商品属性都消失于无形，而实际上《杰姬》是现存的女性文化的一个载体，它通过编码原始素材或者再编码已编码材料，而呈现给读者一种新的意义体系。作者根据《杰姬》的特点以及分析的需要，把《杰姬》的符码分为四个子符码来加以深入分析：（1）罗曼司符码；（2）个人/家庭生活符码；（3）时尚和美容符码；（4）流行音乐符码。

---

① Roland Barthes, *Elements of Semiology* (New York: Hill and Wang, 1968), pp. 95-96.

在对罗曼司符码的分析中，作者总结出五种故事样式以及四种套路形式。故事样式：（1）传统"爱情"故事；（2）罗曼司冒险系列；（3）"流行音乐明星"特集；（4）"滑稽"故事；（5）历史罗曼司。套路形式：（1）"时间"或"时态"套路，其中包括"闪回"、日记、历史以及季节；（2）紧急状态套路，其中包括滑稽情节和可辨识社会场域情节；（3）幸运或巧合套路；（4）个人或家庭生活套路。这些故事正是通过这些套路的演绎，鲜明地表现了《杰姬》的罗曼司符码下所隐藏的主题：（1）女孩必须通过自身的努力去获得或者继续保有她的男人；（2）你永远不要相信另外一个女人，除非她已经老得和丑得无法进入这个故事序列；（3）尽管如此，罗曼司和作为一个女孩，还是"很有意思的"。就像杰梅茵·格里尔在《女太监》中所说的那样："罗曼司的英雄知道如何对待女性。鲜花、小礼物、情书，也可能是称颂她的眼睛和头发的情诗，以及月光露台上在柔和旋律伴奏下的烛光晚宴。不疾不徐，偶尔夹杂一些沉重的呼吸……神秘、魔力、香槟、彬彬有礼……女人永远没个够。"①

个人/家庭生活符码包括《杰姬》中的两个栏目：一个是"凯茜和克莱尔"，另外一个则是"读者的真实体验"。作者发现，和杂志中的大部分内容所体现出的有趣、梦幻和色彩相比，这两部分内容都把黑白照片放在显要的位置上面，以强调其严肃和现实的特性。"凯茜和克莱尔"栏目有三个主要的特点：一是这个栏目传播"非常有用的女性信息"，所以其读者就知道在遇到问题的时候该如何处理，或者女孩子们知道她们在这个年纪可能会遇到什么样的窘境以便预防；二是这些讨论和谈话是在一种秘密的、自信的和亲密的语调下进行的，它能激起女性之间的某种紧密联系，以及多方面的相互理解和同情；三是这个栏目和其他女性杂志一样都被安排在同样的位置：封三，这样做的好处是这些麻烦问题能够远离那些轻松的爱情话题。通过委身于绚烂和多彩的小型广告之中，它重新提振了已经委顿的兴趣，同时总结了这个杂志的意识形态内容。最终，它敲打着整个房间，在最后的单页中，所有前面所涉及的主流意识形态信念和价值，都以黑白图片的方式呈现了出来。说起

---

① Germaine Greer, *The Female Eunuch*（London：Paladin，1970），p. 173.

"凯茜和克莱尔"所处理的主要问题，第一种是不相干的问题，专栏作者也知道没有问题，所需要的只是维持现状、等待而已；第二种是和家庭生活有关的，专栏作者总是站在强势的一边，劝说女孩子们要么屈服，要么妥协；第三种是专栏每星期最主要的问题，就是男朋友的问题，当然，作者的回答也总是让女孩子们坚强、有自信；第四种是关于女孩子的工作和地位的问题，在这里，工作永远不是什么问题，有问题的是你的人际关系。综上所述，问题解决栏目和读者亲历栏目（警示故事）的作用就是不断重复其他栏目中的主流价值观，只不过，这次是以问题解决的方式呈现出来的，这样，女孩子们在《杰姬》的狭小世界中所关注的是其个体和自己的问题，这也就预示了她日后妇女角色的狭隘性以及她在家庭中的孤立地位。

接下来的两种符码分析，作者坦言，对"流行音乐"符码的分析是比较困难的，崇拜和敬仰是明星和听众之间永恒的主题，其中消费者的培养以及主流意识形态的维护可能是其最重要的任务。而在对"时尚和美容"符码的分析中，作者看到，尽管《杰姬》并不是一个专业的时装美容杂志，可是其对服饰、衣物、美容、化妆等话题还是非常关注的。"化妆盒"栏目就是女性化妆的指南和手册，它肩负着教育女性的目的，它会教导女孩子们如何选睫毛膏，如何修眉毛和刮腿毛，这些工作最后在朋友们的帮助下也变成了一项有趣的休闲活动，而这些居家活动则直接或间接地维持和再生产着家庭关系。时尚同样重要，对于女孩来说，外貌是至关重要的，其设计的目的就是讨好男朋友和老板，而且对当权者无害。"为了被爱和被仰慕，她必须发展自身危险的自恋情节。虚荣，你的名字是女人。"①

以上，作者带我们分析了《杰姬》中的独特符码，那么，《杰姬》到底给我们呈现了什么样的青春期女性气质意识形态呢？首先，《杰姬》设计、定义和关注的唯一焦点就是"个人生活"，把"个人"作为青春期女孩的首要重点来加以强调。毫无疑问，其他范畴都是等而次之的，罗曼司、时尚、美容和流行音乐则标注出女孩们的关注范围。其次，《杰姬》将"罗曼蒂克个人主义"作为青春期女孩最重要的精神气质。

---

① Juliet Mitchell, *Psychoanalysis and Feminism* (London：Paladin, 1974), p. 116.

《杰姬》女孩在追寻爱情的道路上并不孤单，她独自前行，只有在遇到问题的时候才会回身寻找《杰姬》的安慰和解决之道。作者认为，《杰姬》所具有的强大的意识形态特性必须引起女性主义者的高度重视，我们必须通过"文化干预"的方式来不断瓦解其意识形态堡垒，其中的一种方式就是让女性主义教师和青年领导者们来引导女孩们从事"解构"《杰姬》意识形态的工作，另外一种方法是另类的生产方式，也就是以与《杰姬》不同的方式，公开和坦诚地谈论性的问题。当然，最重要的是，作者认为，读者有权要求一种主动的青春期女孩形象，而不是那种《杰姬》所呈现的单一的、欺骗性的、固化的女孩形象。

第四节　家庭妇女与大众媒介

在 2007 年编辑出版的《当代文化研究中心选本》中，收录了多萝西·霍布森（Dorothy Hobson）的一篇文章，名为"家庭妇女与大众媒介"（Housewives and Mass Media）。该文实际上是霍布森 1978 年硕士论文的节选，霍布森硕士论文的标题为"工人阶级家庭妇女研究：女性气质，家庭生活和母性"，其中涉及媒介和女性问题的部分就是我们现在看到的这篇名为"家庭妇女与大众媒介"的摘编。

在这篇文章中，作者重点关照了在家庭妇女生活中起到越来越重要作用的两种大众传播模式：广播和电视。在这里，作者并没有把电视和广播作为妇女的休闲娱乐形式，而是把二者看作是妇女生活整体中密不可分的一部分来加以考察的，在作者看来，家庭妇女们既不像孩子，也不像男人们那样有着充裕和专门的时间去消费电视和广播节目，碎片化的消费模式使得妇女对二者的消费变成了其生活中无法剔除的一部分。而且，尽管二者在形制、内容、接收方式以及参与方式上并不相同，但是广播和电视，作为工人阶级家庭妇女主要参与的媒介方式来说，作者还是将二者放在一起来进行研究。作者的研究方法是磁带录音访谈和嵌入式观察，其研究包括了工人阶级女性们出嫁前和结婚后的两种不同的生活状态，反映的是工人阶级家庭主妇们一种类似于隔离的生活状态，以及无力改变现状的一种无奈；具体到媒介来说，作者指出，首先，这些媒介节目，无论是这些家庭妇女观看还是收听的，抑或是她们拒绝的，都增强了这些节目兴趣范围的性别差异；其次，这种性别差异是由家庭妇女的社会地位以及女性气质结构所决定的；再次，妇女的社会地位以及女性气质结构又反过来确保女性气质次于（或较不"真实"）男性们以工作和政治的世界为主的价值体系；最后，尽管这些男性价值体系对家庭妇女们来说是异质的、陌生的，但是对她们来说，同样也是非常重要的。[①]

"这里是你的朋友，来自广播一台的快乐声音。"（英国广播公司广播一台的广告语）

在开始对广播节目进行分析前，作者引用了一段广播一台的广告语作为开篇，同时作者还引用了广播一台负责人在一次节目周年访谈中所说的一番话。这位负责人在谈到他脑海中的观众形象时，举了两个例子。一个是在汽修厂工作的男性听众，以广播一台的音乐作为工作的背景音乐，和谐且有趣；另一个则是某个"可怕的"家庭妇女，也许前几年是某公司的秘书，现在则已经结婚生子，居然要求广播一台的音乐能带给她快乐和使她保持活力。两相对照，不难发现这位负责人对男性和女性收听节目的不同态度，男性收听节目，尽管同样是作为背景音乐，是和谐的、快乐的，而女性收听节目，则变成可怕的和无理的要求了，这个要求甚至与广播一台的广告语一致也是不行的。

作者分析认为，无论"可怕"与否，家庭妇女确实是广播一台的忠实听众，有些人甚至从一起床就全天开着收音机收听广播一台，当然其中还有一些受访对象更钟情于伯明翰当地的广播电台，而且由于家务劳作的"无结构性"这一特点，广播节目作为家庭主妇的忠实伴侣还提供了时间序列参照点的实用性功能，但是作者在访谈中发现，相对于节目内容来说，节目主持人才是家庭主妇们最关注的对象和最热门的话题，同样，作者也将关照的重心放在了家庭主妇们对节目主持人的反响上面。英国广播公司的广播一台于1967年创办，在白天时段，也就是家庭妇女主要的收听时段，以播放现代流行音乐为主，中间夹杂着音乐节目主持人（DJ）的串场，包括对节目的介绍、调侃、与观众的互动等，由于音乐类节目的特性，主持人是其中唯一的变量，这就使得主持

[①] Dorothy Hobson，"Housewives and Mass Media，" *CCCS Selected Working Papers*，Volume 2（Oxon：Routledge，2007），p. 312.

人成了最具魅力、最有人气的音乐节目元素。据 1977 年英国广播公司报道，随着广播一台的成立，节目主持人受到越来越多的媒介关注，几乎可以比肩皇室家庭所受到的关注度。[①] 同样，节目主持人也是家庭妇女们热议的话题。作者分析说，节目主持人在家庭妇女们的生活中，主要扮演了以下的一些角色：其一，伙伴角色。家庭妇女们在单调的近乎隔离的家庭生活中，孩子上学、丈夫上班，在一个人居家操持家务的情况下，有一个虚拟的、隔空的伙伴陪在身边，可以多多少少减轻孤单寂寞的感觉；其二，性幻想对象。在对帕特的访谈中，主持人是她谈得最多的，也是评价最高的。她认为，诺埃尔·埃德蒙兹是"极好的""可爱的"，即使犯了什么错误，也很招人喜爱。作者分析认为，之所以节目主持人会成为家庭主妇的性幻想对象，首先是因为家庭主妇们确实处在一个空虚寂寞的状态之中，其次是因为节目主持人确实在当时具有较高的声望，最后，也是最重要的一点，由于幻想对象是电波中的节目主持人，这种幻想足够安全和没有伤害。

托尼·布莱克本，广播一台的第一位节目主持人，同样在观众中享有很高的声望，而且就像作者所发现的那样，布莱克本就像肥皂剧《十字路口》一样，女性观众要么喜欢他，要么讨厌他，极少有人能无视他的存在。布莱克本本人也非常明了他在观众心目中的位置，而且也很清楚他的目标受众恰恰就是这些家庭妇女。与上面对帕特的访谈所显露出来的主持人特性不太相同的是，作者发现，在布莱克本身上，不仅有对家庭妇女的吸引之处，而且是，"如果你收听布莱克本的节目，你就会受到主持人喋喋不休、猛烈的攻击，这些唠叨无疑会增强那种劳动的性别分工的意识形态，同时也强调妇女应该安稳地待在正确的地方——家里"[②]。在 1977 年秋季的一次节目当中，当放到一首歌的时候，布莱克本迫不及待地站出来向家庭妇女们解释这首歌的主题，并且一再强调"没有什么事情比养育孩子更美好的了"。作者认为，对关于家庭生活的主流意识形态的增强，正是广播一台的媒介功能之一。

---

① Dorothy Hobson, "Housewives and Mass Media," *CCCS Selected Working Papers*, Volume 2 (Oxon: Routledge, 2007), p. 306.

② Hobson, "Housewives and Mass Media," *CCCS Selected Working Papers*, Volume 2 (Oxon: Routledge, 2007), p. 306.

综上所述，节目主持人不仅具有缓解压力的作用，他还有一个功用就是让听众认识到其实她并不孤单，此时此刻还有千千万万的听众和她在一起。与之类似的还有广播电台的"电话连线"节目单元，其中的一位受访者说，她很喜欢这个单元，就仿佛是她自己在那儿和大家一块儿交谈一样。但是，其实并非那么简单，作者认为，在减轻压力、减缓隔离感、提供外部联系的同时，实际上，"电话连线"节目确保了这种隔离状态的安全与稳固，有那么多人和你一样，你也就心安理得了。同时，似乎也达成了某种共识，这就是你的价值之所在，这就是你的梦想之所在。总而言之，按照作者的看法，不可否认的是，就像前面引用的那位不太友好的负责人所传递的信息那样，广播节目确实能够起到舒缓压力、愉悦身心的目的，但是，我们也不应该忽视广播节目在增强、维护主流意识形态方面所起的作用。由于篇幅所限，作者在其中对媒介所起到的意识形态放大器的作用并未详加分析，而是打算将之与观众对媒介信息的解码一起放在其后的博士论文中加以呈现。可惜，由于各种原因，作者并未完成其博士论文，取而代之的是我们在前面已经讨论过的《十字路口》一书的出版。

作者认为，与简单、轻松、背景式的广播收听相比，观看电视对家庭妇女来说，一方面是一种主动选择的过程，在这个过程中，她们不再像收听广播那样打开电台收听节目，只是偶尔换换台，她们会主动选择或拒绝观看特定的节目，会定义哪一种电视节目更符合女性气质或男性要求；另一方面在家庭妇女对电视节目的接受或拒绝过程中，也更加凸显了"真实"世界对于男性气质和女性魅力之间的分野以及相关节目的差异。作者对这个明显的差异用"两个世界"做了概括，一边是女性认可和接受的女性世界，另一边则是女性能够认识到其重要性，但是实际上对女性来讲是不会观看的异质性男性世界；女性世界主要包括喜剧系列、肥皂剧、美国电视电影、轻娱乐和智力秀节目、电影等，其特征主要是娱乐；男性世界则主要由符合新闻价值的新闻和时事节目、科学节目、政治或战争主题电影所构成。

对于参加访谈的家庭妇女来说，她们一般会尊重和接受丈夫们的选择，但是一般不会看这类节目，如果丈夫在观看类似的节目，她们宁愿选择做别的事情，也不会与丈夫一起观看。她们对新闻类节目的一般反应也通常是"哦，可能会看一点点"，或者是更坚决的"我从来不看新闻节目"。和政治、罢工等新闻类节目相比，有位访谈对象甚至说，她宁可看谋杀类新闻，案件如何发展、凶手是谁、事情的原委又是怎样的，等等，也许这样才更加符合她好奇的天性。下面是作者归纳出来的妇女对新闻节目的相关反响（见表5-3）。

表5-3

新闻		
政治 战争 工业麻烦	令人乏味的 男性主导的	使人沮丧的 做噩梦 睡不着觉

表5-3基本上反映了女性对新闻和时事类节目的认识和反应，虽然有的时候，家庭妇女可能会搞不清楚新闻报道的重点范围，但是这恰恰说明了她们对新闻类节目的拒斥。比如，罗琳说电视新闻里全是越南的时候，其实新闻的焦点是北爱尔兰，但是她表达的关于新闻类节目的观点却是足够清晰的，"越南"也演化成了战争的代名词。

一个故事或者事件之所以最后能成为新闻，是因为它具有所谓的"新闻价值"。如上所述，这些所谓的"新闻价值"实际上是男性意识形态主导的结果，家庭妇女们实际上对这类事物几乎没有什么兴趣，她们关注更多的是"家庭事务"，但是，这类节目很少能登上新闻的大雅之堂，即使上了新闻节目，一般大多也是异常行为或谋杀。作者认为，安（Anne）之所以对"谋杀"感兴趣，并不是因为她对这类血腥的事件感兴趣，恰恰相反，她对这类新闻而不是其他新闻类节目感兴趣，是因为她和这类事件有所关联，或者说，她能参与其中的讨论。就像上面所阐述的，她们认可并接受新闻类节目的重要性，但是就其自身来说，"女性世界"才是其真正的兴趣所在。

让我们走进家庭妇女的电视世界里，按照作者对受访者的记录，家庭妇女们的女性电视世界主要有以下三类：第一，"现实主义"。那些能够和她们自己的生活相关联的电视节目，比如说《加冕街》《十字路口》《雪松》等电视连续剧。第二，"幻想"。这些节目具有某种"想象性内容"，比如恐怖电影、美国电影或者电视电影，这些节目能对"现实"生活提供另一种选择。第三，轻松娱乐节目。主要包括智力问答节目、带有日常生活主题的竞赛类节目等。

作者重点分析了所谓的"现实"类节目，指出这些"现实"类节目其实和家庭妇女们的生活相去甚远，家庭妇女们之所以喜欢这类节目，是因为这类节目为女性观影者们提供了一个"出离其外"的超然观影位置，家庭妇女们既可以超然其外观看其中的纷纷扰扰，也会乐见各种问题、矛盾的解决。作者认为，就像我们前面提到的电台主持人和电话连线节目一样，随着问题的解决，一个权威人物也就随之出现在观影者面前。这个权威人物就像电台主持人一样提供了问题的权威解决方案，这实际上就和家庭妇女对电台节目的认同一样，与权威人物取得共识以后，实际上是再生产和加强了关于女性气质的意识形态偏见。

接着作者分析道，实际上，家庭妇女对新闻价值的拒斥并不彻底。尽管相关访谈中并未有受访者提出其对电视节目，尤其是喜剧类节目中暗含新闻和时事主题的不满，但是新闻和时事主题的各种经过加工或改造的版本在这些节目中是经常出现的；而且在家庭妇女们全天候地收听广播的过程中，实际上也是无法离开新闻的骚扰的，比如说广播一台的整点新闻，尽管它是在音乐声中播放的，然而，还是会引起家庭主妇们的注意。所以作者认为，首先，这些媒介节目，无论是这些家庭妇女观看和收听的，还是她们拒绝的，都增强了这些节目的兴趣范围的性别差异；其次，这种性别差异是由家庭妇女的社会地位以及女性气质结构所决定的；再次，妇女的社会地位以及女性气质结构又反过来确保女性气质次于（或较不"真实"）男性们以工作的和政治的世界为主的价值体系；最后，尽管这些男性价值体系对家庭妇女来说是异质的、陌生的，但是对她们来说，同样也是非常重要的。

综上所述，女性媒介研究的发展在中心的研究中占据了一个非常重要的位置，而且中心的女性媒介研究也不像一般人所认为的那样是极度不受重视或者始终处在一个边缘位置的，实际上，从我们上面的论述以及中心发展的实际情况来看，中心女性媒介研究的发展一直处在其发展路线图中一个非常重要的位置上，虽然因为中心研究任务的不断调整以及某些突发事件的发生而导致其并未受到中心的重点关注，但是仅从笔者关注的这个时段来看，女性媒介研究的成果应该是非常丰富且其关注视角也非常多元和广泛的。首先，从参与女性媒介研究的人员来看，既包括中心的第一位博士研究生特雷弗·米勒姆，还包括那些不知名的研究人员（《疗救婚姻》），以及中心媒介研究小组的成员以及女性研究小组的成员。此外还包括其他人员，比如保罗·威利斯和查尔斯·克雷彻等人。其次，从研究的对象来看，则几乎包括所有的媒介传播形态，比如说广告、新闻、女性杂志、彩色附录、卡通漫画、广播、电视、肥皂剧等。再次，从研究主题来说，既包括广告中的女性形象，还包括媒介报道中的女性运动员，以及受众研究等。最后从研究方法来看，它继承了中心跨学科、多样化的特征……总之，这段时间的女性媒介研究的状况是丰富多彩和富有张力的，它直接开启了中心在后霍尔时期或者说文化研究中女性媒介研究的面向，并引导了中心或者文化研究中女性媒介研究的蓬勃发展。

结　　语

从 1964 年当代文化研究中心（CCCS）在英国伯明翰大学成立，到中心元老纷纷离去、中心数度易名以及改中心为系等，中心一直极力保持其在大学教育体系中的位置。尽管如此，中心最终还是在 2002 年被校方以"考核不合格"为由关闭了，只留下几位老师和一些不知所措的学生，中心就这样被伯明翰大学无情地踢了出去。其实，中心自成立之初，这种被连根拔除的威胁就一直存在着，中间虽经过师生的共同努力，数次挽回了极度危险的局面（其中霍尔的离开也带有这方面的考虑），但是，这一天还是像宿命一般、在大家猝不及防的情况下到来了。从乐观的角度看，这倒也是当代文化研究中心的特色之一。中心在成立伊始，就由于目标过于"宏大"而被怀疑要抢别人的饭碗，从而受到社会学系和英语学院某些人的排挤和谩骂；在成立初期，中心租借了英语系和学校的办公场所，由于缺乏资金，只聘请了一位正式的工作人员负责中心的日常工作；中心只是依托伯明翰大学的艺术学院，学校并不负担其办学所需的经费，靠着企鹅出版社的两笔资金（1964—1976 年，共 12 年，每年 2400 英镑），弱小的 CCCS 终于能够被大学体系所接纳（1975 年）；尽管受到了这么多不公正、不友好的待遇，可是，中心的初衷却始终没有因为这些外部条件而发生改变。也许是时势使然，也许是中心学者们天生的草根精神、对弱小者的同情，中心的学者们一直坚持从一个"另类的"视角去看这个社会，看他们身边的人，留心他们身边的广播、广告、报纸、电视，关注他们身边的不平等现象、看似合理的解释、似乎是无懈可击的常识体系等。尽管霍尔一直强调其研究并不能给任何人做出任何的保证，但是其强烈的参与感和手术刀一般的洞察力与精湛的剖析能力，使得中心在这段时期走出了一条永远无法复制、无可取代的"霍尔道路",其中重要的组成部分就是对霍加特在就职演说中说过的,中心的研究方向之一,即对大众传播和媒介进行批判性评估,而其具体的研究对象则包括电影、电视、广播、电视剧、小说、新闻、杂志、连环画、广告、公共关系、流行音乐等。

中心在成立之初,就非常重视对各种理论资源的吸收和利用,尤其是在中心初建的那几年当中,中心的讨论会、研讨会邀请了众多的名家来与学生们交流互动,同时每个星期一中心会举办"理论研讨会",中心在这一天列出了众多的世界名家作品供学生阅读和集体讨论。正是初期这种扎实的理论创建和集体讨论的"非常规"学术制作模式,使得中心出品的研究作品与其他学术机构的正规出版物有着很大的区别。霍加特、威廉斯、霍尔等人都曾经从事成人教育工作,与底层人民的交流和接触,以及从成人教育中学习到的集体讨论教育模式,一直是中心媒介研究的重要特质和创造力的源泉。从中心早期对英国文学研究传统、左派利维斯主义以及马克思主义媒介研究的继承,到中心对结构主义、符号学、文化人类学、社会学、历史学等学科的承继和发扬,中心从来不会落入任何一个学科、任何一种理论的窠臼之中,做理论或者学科的奴隶。就像霍尔在金惠敏教授的访谈中所说的那样:"'你们要研究自己的问题,从中国现实中提取问题。至于理论嘛',这显然触及了霍尔或英国文化研究的一个基本精神,'其实并不怎么重要,重要的是你们自己的问题。对于理论,你要让它对你发生作用(make it work for you)。我的朋友霍米·巴巴说他的工作就是生产理论,而我呢,则是运用理论。我不生产什么理论,就是运用。'"① 从这里,不由得生发出一个重要的问题,那就是"中国能够做文化研究吗?"答案当然是肯定的。但是怎么做,如何做"文化研究",却是非常重要的。戴维·莫利在北京语言大学召开的文化研究论坛上所作的主题发言中曾经这样说道:"'媒介研究'分析框架是以西方发达民主国家的特殊背景为前提的,不能毫无批判地把它出口到其他环境中(比如当代中国),为保证这一点,对该学科进行'去西方化'是当务之急,这也是逐渐达成的

---

① 金惠敏:《听霍尔说英国文化研究——斯图亚特·霍尔访谈记》,《首都师范大学学报》(社会科学版)2006 年第 5 期。

共识。一些西方媒介理论只关注自己所在国家的问题，视野狭窄；也有一些正在兴起的媒介的'普世理论'，它们源于英美等国的特殊经验，仿佛来自这些富裕、稳定的民主国家连同其新教历史和帝国事务，能够代表全世界一样。"① 也许，这个世界确实存在着一些普遍的情感和普遍的价值观，但是媒介的"普世理论"的确不可能存在，也是一定不能让其存在的。我们从中心的媒介研究发展历史中就可以看到，中心的学者们所关注的都是切切实实发生在身边的媒介事件，他们从来不媚从也从来不会为了一个所谓的"普世理论"而改变他们对媒介意识形态的揭露，他们一直在为少数族裔、工人阶级的权益而高呼，他们不会为了理论的玄妙而放弃对丑陋的媒介现实的关照。霍尔尤其反对那种将现实与媒介研究区隔开来的美国式的媒介研究左派，如果他们当真"是建构上层结构的理论家……并已成功地将传播孤立看待，使其不受物质限制与压力的影响"② 的话，那将是非常危险的，因为文化本来就是日常生活的实践，如果这样的话，那么"理论建构与政治方案的多种问题，永远无法解决③。格雷厄姆·默多克也认为，要想发展和精炼任何一种形式的文化研究，我们目前则必须"将各种传播过程均涉及的两个部分——具体的物质部分与曲折的符号论述部分、经济的与文化的——打从构思阶段，就要让它们产生联系，而不是一面倒向任何一个部分"④。

中国目前电视媒介、网络媒介、手机媒介非常发达，有学者认为，现在已经是所谓的"后媒体"或曰"自媒体"时代。确实，现在中国的媒介环境与中心前期媒介研究所遭遇的媒介环境相比，有很大的变化，这不仅体现在国家、语言的差异以及相关媒介运营模式、播放内容、相关理念的差异上，而且体现在现时代的中国媒介环境有很多与前

---

① 大卫·莫利：《媒介理论、文化消费与技术变化》，张道建译，《文艺研究》2011 年第 4 期。

② Alan O'Connor, "The Problem of American Cultural Studies," *Critical Studies in Mass Communications*, 6 (4), 1989, p. 408.

③ Stuart Hall, "Cultural Studies and its Theoretical Legacies," *Cultural Studies* (London: Routledge, 1992), p. 284.

④ Graham Murdock, "Cultural Studies: Missing Link," *Critical Studies in Mass Communications*, 6 (4), 1989, pp. 436-440.

网络时代截然不同的媒介属性上。在这个时代，不仅是传统的电视媒介更加多元和发达，而且进入网络时代以后，尤其是现如今手机终端的智能化，一台手机就是一个电视、一台电脑、一部电台，你可以同时既是接收端又是发送端，以往在电视时代的那种只能被动接受、被动收看的弊端不复存在。那么在这样一个充分个人化、原子化的媒介时代，该如何进行媒介研究？或者说，我们能从中心前期的媒介研究中获得哪些理论和资源的支持呢？笔者认为，首先应该肯定的是中心前期媒介研究的一些核心素养，比如，理论为我所用、理论与实践的紧密结合等在这个时期也并不过时，而且，一个新的时代给中心媒介研究的理论和方法带来的既是挑战也是机遇。越是在这样的时期，我们越能体会到中心媒介研究所带来的益处。近期学界关于"媒介弱智""受众弱智"等的讨论越发激烈和尖锐，我们应该看到这种言说虽然言辞较为激烈，但是其期待带来某种改变的态度还是诚恳和热切的。针对这样的问题，笔者认为，这些文章已经提出了很多的解决方案，这里笔者只想以霍尔在《文化展望》研讨会上的结语作为本书的结束语，以说明文化研究对我们的媒介研究而言依然是一个重要的、行之有效的研究方式：

> 不管你们正在什么文化中操作，文化研究都将一直涉入，挑战传统角色、性别关系或主体性的传统界限等。在这层意义上，在这个广泛的挑战过程中，某种文化研究的广泛语言开始兴起。虽然它不是一个放之四海而皆准的语言，却是不同立场的人们可以协商相似性与差异性之间张力的语言。①

---

① Stuart Hall, "Communities, Nation and Culture," *Cultural Studies*, 7 (3), 1993, pp. 349-63.

参考文献

《马克思恩格斯选集》第 3 卷，人民出版社 1972 年版。

《毛泽东选集》第 1 卷，人民出版社 1991 年版。

本·阿格：《作为批评理论的文化研究》，张喜华译，河南大学出版社 2010 年版。

罗兰·巴尔特：《符号学原理》，李幼蒸译，中国人民大学出版社 2008 年版。

罗兰·巴特：《神话——大众文化阐释》，徐蔷蔷、徐琦玲译，上海人民出版社 1999 年版。

罗兰·巴特：《神话修辞术：批评与真实》，屠友祥、温晋仪译，上海人民出版社 2009 年版。

布雷克：《越轨青年文化比较》，岳西宽等译，北京理工大学出版社 1989 年版。

辞海编辑委员会编纂：《辞海》（6），上海辞书出版社 1999 年版。

福山：《历史的终结及最后之人》，黄胜强等译，中国社会科学出版社 2003 年版。

高玉华：《英语姓名词典》，外语教学与研究出版社 2002 年版。

郭庆光：《传播学教程》，中国人民大学出版社 1999 年版。

黄卓越：《过渡时期的文化选择》，广西教育出版社 1997 年版。

黄卓越：《文化的血脉》，中国人民大学出版社 2004 年版。

黄卓越：《英国文化研究·问题与事件》，三联书店 2011 年版。

霍克海默、阿多尔诺：《启蒙辩证法·哲学片断》，洪佩郁、蔺月峰译，重庆出版社 1990 年版。

金惠敏：《积极受众论》，中国社会出版社 2010 年版。

金惠敏：《媒介的后果——文学终结点上的批判理论》，人民出版社
　　2005 年版。

金惠敏：《全球对话主义——21 世纪的文化政治学》，新星出版社 2013
　　年版。

拉扎斯菲尔德、贝雷尔森、高德特：《人民的选择：选民如何在总统选
　　战中做决定》，唐茜译，中国人民大学出版社 2011 年版。

雷蒙德·威廉斯：《文化与社会》，吴松江、张文定译，北京大学出版
　　社 1991 年版。

李良荣：《西方新闻事业概论》，复旦大学出版社 2007 年版。

陆益龙：《定性社会研究方法》，商务印书馆 2011 年版。

马尔库塞：《单向度的人》，张峰译，重庆出版社 1988 年版。

马戎、周星主编：《21 世纪：文化自觉与跨文化对话》（一），北京大
　　学出版社 2001 年版。

埃德加·莫兰：《时代精神》，陈一壮译，北京大学出版社 2011 年版。

戴维·莫利：《电视、受众与文化研究》，史安斌译，新华出版社 2005
　　年版。

撒切尔：《通往权力之路：撒切尔夫人自传》，李宏强译，国际文化出
　　版公司 2009 年版。

施拉姆、波特：《传播学概论》，陈亮等译，新华出版社 1984 年版。

陶东风、和磊：《文化研究》，广西师范大学出版社 2006 年版。

陶东风：《文化研究精粹读本》，中国人民大学出版社 2006 年版。

陶东风：《文化研究读本》，南京大学出版社 2013 年版。

陶东风：《文化研究：西方与中国》，北京师范大学出版社 2002 年版。

王岳川：《媒介哲学》，河南大学出版社 2004 年版。

王岳川：《中国镜像：90 年代文化研究》，中央编译出版社 2001 年版。

文森特·莫斯可：《传播政治经济学》，胡正荣等译，华夏出版社 2000
　　年版。

希伦·洛厄里、梅尔文·德弗勒：《大众传播效果研究的里程碑》，刘
　　海龙等译，中国人民大学出版社 2009 年版。

夏征农、陈至立：《辞海》，上海辞书出版社 2009 年版。

新华通讯社译名室：《世界人名翻译大辞典》（上、下），中国对外翻译

出版公司 2007 年版。

谢金文：《新闻与传播通论》，复旦大学出版社 2006 年版。

薛毅主编：《西方都市文化研究读本》（第 1 卷），广西师范大学出版社 2008 年版。

亚里士多德：《修辞术·亚历山大修辞学·论诗》，颜一、崔延强译，中国人民大学出版社 2003 年版。

杨击：《传播·文化·社会：英国大众传播理论透视》，复旦大学出版社 2006 年版。

杨孔鑫：《谁改变了舰队街？英国报业的变迁》，正中书局 1996 年版。

张国良主编：《20 世纪传播学经典文本》，复旦大学出版社 2003 年版。

赵鼎生：《比较报纸编辑学》，人民日报出版社 2009 年版。

陆梅林选编：《西方马克思主义美学文选》，漓江出版社 1988 年版。

中国社会科学院语言研究所词典编辑室：《现代汉语词典》，商务印书馆 2012 年版。

周志强：《大众文化理论与批评》，高等教育出版社 2009 年版。

周志强：《阐释中国的方式：媒介裂变时代的文化景观》，中国电影出版社 2013 年版。

蔡骐、谢莹：《英国文化研究学派与受众研究》，《新闻大学》2004 年第 2 期。

蔡骐、谢莹：《文化研究视野中的传媒研究》，《国际新闻界》2004 年第 3 期。

陈新民：《解读戴维·莫利民族志受众研究》，《科学·经济·社会》2004 年第 2 期。

崔朝阳：《结构的、行为的和文化的——受众研究的三种传统》，《国际新闻界》1998 年第 1 期。

单波：《评西方受众理论》，《国外社会科学》2002 年第 1 期。

单波：《在主体间交往的意义上建构受众观念——兼评西方受众理论》，《新闻与传播评论》2001 年第 1 期。

郭镇之：《传播学、受众研究、接受分析》，《现代传播》1994 年第 3 期。

侯斌英：《文化研究视野下受众研究的嬗变》，《新疆大学学报》（哲学人文社会科学版）2006 年第 5 期。

胡明宇：《受众解读与媒介文本——文化研究派对受众的研究》，《当代传播》2002 年第 4 期。

黄卓越：《伯明翰文化研究学派后期的界定——斯图亚特·霍尔访谈录》，《中国图书评论》2007 年第 4 期。

黄卓越：《定义"文化"：前英国文化研究时期的表述》，童庆炳主编：《文化与诗学》2009 年第 1 辑，北京大学出版社 2009 年版。

黄卓越：《定义"文化"：威廉斯的文化概念》（上），崔志远、吴继章主编：《燕赵学术》2010 年春之卷，四川辞书出版社 2010 年版。

黄卓越：《文化研究：追忆与讨论——在伦敦访斯图亚特·霍尔》，《西北师范大学学报》（社会科学版）2007 年第 9 期。

黄卓越、邹赞：《"文化研究"若干问题再探——黄卓越教授访谈》，《吉首大学学报》（社会科学版）2013 年第 1 期。

黄卓越、邹赞：《追述与反思：伯明翰学派与文化研究——北京语言大学博士生导师黄卓越教授访谈》，《社会科学家》2009 年第 7 期。

金元浦：《谁在出售商品阅听人?》，《读书》1999 年第 7 期。

金惠敏：《听霍尔说英国文化研究——斯图亚特·霍尔访谈记》，《首都师范大学学报》（社会科学版）2006 年第 5 期。

孔令华：《论媒介文化研究的两条路径——法兰克福学派和英国文化研究学派媒介文化观差异之比较》，《新闻与传播研究》2005 年第 1 期。

刘宗义：《英国文化研究学派媒介理论述评》，《长春理工大学学报》（高教版）2009 年第 8 期。

梅琼林：《文化研究视野下的传播研究》，《北方论丛》2005 年第 5 期。

时统宇：《从法兰克福到伯明翰——电视批评理论的西方思想资源再析》，《现代传播》2002 年第 4 期。

史安斌：《〈电视、受众与文化研究〉译后记》，《国际新闻界》2004 年第 3 期。

史安斌：《大众传播与文化研究》，《当代传播》2003 年第 6 期。

宋双峰：《英国媒介批评的历史变迁》，《今传媒》2006 年第 11 期。

宋双峰：《英国媒介批评思想概述》，《今传媒》2006 年第 5 期。

汪振军：《走向媒介文化研究》，《新闻爱好者》（理论版）2008 年第 3 期。

王宁：《文化研究语境下的传媒现象分析》，《现代传播》1997 年第 6 期。

肖寒、胡疆锋：《伯明翰学派和英国文化研究——黄卓越教授访谈》，《中国图书评论》2007 年第 4 期。

杨华：《英国文化研究学派的媒介文化理论述略》，《新闻界》2005 年第 6 期。

张乔：《"多彩"的忧虑——英国的青少年犯罪与亚文化研究》，《社会》1992 年第 3 期。

张颐武：《文化研究与大众传播》，《现代传播》1996 年第 2 期。

赵斌：《英国的传媒与文化研究》（上、下），《现代传播》2001 年第 5 期。

周玉宁、刘蓓：《我对文学的未来是有安全感的：希利斯·米勒访谈录》，《文艺报》2004 年 6 月 24 日第 2 版。

程洁：《论戴维·莫利民族志受众理论及其在我国学界与业界的研究现状和启示意义》，西北大学 2008 年硕士学位论文。

陈璐璐：《CCCS 早期女性主义研究：以〈妇女走向前台〉为中心》，北京语言大学 2013 年硕士学位论文。

杜方伟：《论伯明翰学派的媒介文化理论》，河南大学 2007 年硕士学位论文。

黄望：《〈银幕〉理论与英国文化研究》，北京语言大学 2006 年硕士学位论文。

姜华：《大众文化理论的后现代转向》，黑龙江大学 2004 年博士学位论文。

李媛婧：《道德恐慌与社会控制》，北京语言大学 2007 年硕士学位论文。

刘敏：《基于戴维·莫利受众理论的手机电视受众分析》，中南大学 2009 年硕士学位论文。

刘瑞雪：《"凝视"理论：从被动到主动——70—80 年代英国女性主义媒介批评》，北京语言大学 2012 年硕士学位论文。

王卓慧：《伯明翰学派的电视观》，中国艺术研究院 2013 年博士学位论文。

吴鸿：《迪克·赫布迪奇及其通俗文化研究》，北京语言大学 2007 年硕士学位论文。

吴明靖：《戴维·莫利与媒介研究》，北京语言大学 2007 年硕士学位
论文。

肖剑：《安吉拉·默克罗比与伯明翰文化研究》，北京语言大学 2004 年
硕士学位论文。

谢莹：《论受众研究的"质化"传统》，湖南师范大学 2005 年硕士学位
论文。

徐德林：《英国文化研究的形成与发展——以伯明翰学派为中心》，北
京大学 2008 年博士学位论文。

杨东篱：《伯明翰学派的文化观念与通俗文化理论研究》，山东大学
2006 年博士学位论文。

于文秀：《"文化研究"思潮中的反权力话语研究》，黑龙江大学 2002
年博士学位论文。

张道建：《日常生活理论研究——以英国文化研究为重点》，北京语言
大学 2011 年博士学位论文。

张瑞卿：《F. R. 利维斯与英国文化批评》，北京语言大学 2011 年博士
学位论文。

张艳：《戴维·莫利的电视文化理论》，新疆大学 2010 年硕士学位
论文。

邹威华：《"文化霸权"与"接合理论"：斯图亚特·霍尔的文化理论研
究》，四川大学 2008 年博士学位论文。

邹赞：《重构"文化"的位置：英国文化主义研究》，北京大学 2012 年
博士学位论文。

Louis Althusser. *For Marx*. New York：Allen Lane，1969.

Roland Barthes. *Elements of Semiology*. New York：Hill and Wang，1968.

Roland Barthes. *Elements of Semiology*. New York：Jonathan Cape，1967.

Roland Barthes. *Mythologies*. New York：The Noody Press，1991.

Daniel Bell. *The End of Ideology*. New York：Free Press，1960.

Bernard Berelson. *Content Analysis in Communication Research*. Free Press，
1952.

James Carey. *Communication as Culture：Essays on Media and Society*. London：

Unwin Hyman, 1989.

Centre for Contemporary Cultural Studies, Fifth Report, 1969.

Centre for Contemporary Cultural Studies, First Report, 1964.

Centre for Contemporary Cultural Studies, Fourth Report, 1966-67.

Centre for Contemporary Cultural Studies, Second Report, 1965.

Centre for Contemporary Cultural Studies, Seventh Report, 1972-1974.

Centre for Contemporary Cultural Studies, Sixth Report, 1971.

Centre for Contemporary Cultural Studies. *Working Papers in Cultural Studies* 3, Nottingham: Russell, 1972.

Iain Chambers. *Popular Culture: The Metropolitan Experience.* Oxon: Psycology Press, 1986.

Kuan-Hsing Chen, David Morley. *Stuart Hall: Critical Dialogues in Cultural Studies.* Oxon: Routledge, 1996.

Kellow Chesney. *The Victorian Underworld.* Harmondsworth: Penguin, 1972.

Arthur Christiansen. *Headlines All My Life.* Heinmann, 1961.

Jon Cruz, Justin Lewis. *Viewing, Reading, Listening: Audiences and Cultural Reception.* Boulder, Colorado: Westview Press, 1994.

Ralf Dahrendorf. *Reflections on the Revolution in Europe.* New York: Random House, 1990.

John H. Goldthorpe, David Lockwood, Frank Bechhofer. *The Affluent Worker: Political Attitudes and Behaviour.* CUP Archive, 1968.

Ann Gray, Jim McGuigan. *Studying Culture: An Introductory Reader.* London: Edward Arnold, 1993.

Stuart Hall, Chas Critcher, Tony Jefferson, etc. *Policing the Crisis: Mugging, the State, and Law and Order.* London: Macmillan, 1978.

Stuart Hall, Tony Jefferson, etc. *Resistance Through Rituals: Youth Subcultures in Post-War Britain.* London: Routledge, 2003.

Dorothy Hobson. *Crossroads: The Drama of Soap Opera.* London: Methuen, 1982.

Richard Hoggart. *Speaking to Each Other.* Vol. 2, New York: Oxford University Press, 1970.

P. Kimble. *Newspaper Reading in the Third Year of the War.* London: G. Allen & Unwin, Limited, 1942.

Q. D. Leavis. *Fiction and the Reading Public.* London: Chatto & Windus, 1932.

Seymour Lipset. *Political Man.* London: Heinemann, 1963.

Curtis MacDougal. *Interpretative Reporting.* New York: Macmillan, 1968.

Marshall McLuhan. *Understanding Media: The Extensions of Man.* Massachusetts: The MIT Press, 1994.

Angela McRobbie. *The Uses of Cultural Studies.* London: SAGE, 2005.

Trevor Millum. *Images of Women: Advertising in Women's Magazine.* London: Chatto & Windus, 1975.

Juliet Mitchell. *Psychoanalysis and Feminism.* London: Paladin, 1974.

Edgar Morin. *New Trends in the Study of Mass Communication.* Birmingham: Swift Print, 1968.

David Morley, Charlotte Brunsdon. *The Nationawide Television Studies.* London: Routledge, 1999.

David Morley. *Television, Audiences and Cultural Studies.* London: Routledge, 1992.

Myrdal and Klein. *Women's Two Roles.* Oxon: Psychology Press, 1998.

Trevor Pateman. *Television and the February 1974 General Election.* London: British Film Institute, 1974.

Nicos Poulantzas. *Class in Contemporary Capitalism.* London: NLB, 1975.

James Procter. *Stuart Hall.* London: Routledge, 2004.

Wilbur Lang Schramm, Donald F. Roberts. *The Process and Effects of Mass Communication.* Urbana: University of Illinois Press, 1971.

A. C. H. Smith, Elizabeth Immirzi, Trevor Blackwell. *Paper Vvoices: The Popular Press and Social Change, 1935-65.* New Jersey: Rowman and Littlefield, 1975.

Alan Shuttleworth. *Television Violence, Crime Drama and the Analysis of Content.* Centre for Contemporary Cultural Studies, Birmingham, 1975.

Edward Thompson. *Writing by Candlelight.* London: Merlin, 1980.

Raymond Williams. *Communications*. Harmondsworth: Penguin, 1962.

Albert Bandura, Dorothea Ross, and Sheila A. Ross. "Imitation of Film-mediated Aggressive Models." *Journal of Abnormal and Social Psychology* 66, 1963, pp. 3-11.

Albert Bandura, Dorothea Ross, and Sheila A. Ross. "Transmission of Aggression through Imitation of Aggressive Models," *Journal of Abnormal and Social Psychology* 63, 1961, pp. 575-582.

Bryn Jones. "The End of the Affair: The Windsors and the Front Page," *Working Papers in Cultural Studies* 3. Nottingham: Russell, 1972.

Charles Curran. "The Problem of Balance." *British Broadcasting*. London: David & Charles, 1974, p. 190.

Charlotte Brunsdon, "A thief in the Night: Stories of Feminism in the 1970s at CCCS." *Stuart Hall: Critical Dialogues in Cultural Studies*. London: Routledge, 1996, p. 275

Charlotte Brunsdon. "'Crossroads': Notes on Soap Opera." *Screen*. 22 (4), 1981, pp. 32-37.

Dave Morley. "Reconceptualising the Media Audience: Towards an Ethnography of Audiences." CCCS stenciled paper, No. 9, 1974.

Dave Morley (1976). "Industrial Conflict and Mass Media." CCCS Stencilled Occasional Paper, No. 8.

David Morley. "Changing Paradigm in Audience Studies." *Remote Control: Television, Audiences, and Cultural Power*. London: Routledge, 1991.

Dorothy Hobson. "Housewives and Mass Media." CCCS Selected Working Papers, Volume 2, Oxon: Routledge, 2007.

F. R. Leavis. "Mass Civilization and Minority Culture." reprinted in Education and the University, Cambridge: Cambridge University Press, 1979.

Frank Webster. "Sociology, Cultural Studies and Disciplinary Boundaries." *A Companion to Cultural Studies*. Oxford: Blackwell, 2001.

George Gerbner. "Ideological Perspectives and Political Tendencies in News Reporting." *Journalism Quarterly* 41 (4), 1964.

Germaine Greer. *The Female Eunuch*. London: Paladin, 1970.

Graham Murdock. "Political Deviance: The Press Presentation. " *The Man-ufacture of News*. London: Constable, 1973.

Hall, Stuart (1973). "Encoding and Decoding in the Television Discourse. " CCCS stenciled paper, No. 7.

Hall, Stuart (1975). "TV as A Media and Its Relation to Culture. " CCCS stenciled paper, No. 34.

Iain Chambers, Lidia Curti, John Clarke, Stuart Hall, Ian Connell, Tony Jefferson. "Marxism and Culture. " *Screen* 18 (4), 1977, pp. 109-119.

Johan Galtung & Mari Ruge. "The Structures of Foreign News. " *Journal of Peace Research* 2 (1), 1965, pp. 64-90.

John Downing. "Some Aspects of the Coverage of the Class and Race in the British News Media. " Ph. D. Thesis, LSE, 1975. Cf. Dave Morley (1976). "Industrial Conflict and Mass Media. " CCCS Stencilled Occasional Paper, No. 8.

John Mepham. "The Theory of Ideology in Capital. " Radical Philoso-phy. No. 02, 1972. Cf. Dave Morley (1976). "Industrial Conflict and Mass Media. " CCCS Stencilled Occasional Paper, No. 8.

Lee Bridges. "Book Reviews : Policing the Crisis: Mugging, the State, and Law and Order" By Stuart Hall, Chas Critcher, Tony Jefferson, John Clarke and Brian Roberts. London, MacMillan, 1978, *Race & Class* 20. 1978.

Paul Hirst. "Some Problems of Explaining Student Militancy. " *BAS Confer-ence*. Durham, 1970.

Paul Rock. "News as Eternal Recurrence. " in Stanley Cohen and Jock Young eds. *The Manufacture of News: Deviance, Social Problems and the Mass Media*. London: Constable, 1973.

Pierre Bourdieu. "Cultural Reproduction and Social Reproduction. " *Knowl-edge, Education, and Cultural Change: Papers in the Sociology of Educa-tion*. London: Tavistock, 1973, pp. 71-84.

Rachel Powell (1965). "Possibilities of Local Radio. " CCCS Occasional Paper, No. 1.

Raymond Bauer. "The Obstinate Audience: The Influence Process from the Point of View of Social Communication." *American Psychologist* 19 (5), 1964.

Raymond Williams. "The Magic System." *New Left Review* I (4), 1960.

Richard Hoggart and Stuart Hall. "Against Commercial: What Shall We Do with BBC?" *Spectator*, No. 7097, 3 July, 1964, p. 11.

Richard Johnson (1983). "What is Cultural Studies Anyway?" CCCS stenciled paper, No. 74.

Robert Merton, Patricia Kendall. "The Focused Interview." *Journal of American Journal of Sociology* 51 (6), 1946, pp. 541-557.

Roland Barthes. "The Rhetoric of the Image." *Working Papers in Cultural Studies* 1. Nottingham: Partisan, 1971, p. 43.

Rosalind Coward. "Class, 'Culture' and the Social Formation." *Screen* 18 (1), 1977, pp. 75-106.

Stephen Heath. *Screen*. Summer, 1974, p. 108.

Stephen Heath. Signs of The Times. Cambridge, 1970.

Stuart Hall. "A 'Reading' of Marx's 1857 Introduction to The Grundrisse." CCCS stenciled paper, No. 1, 1973.

Stuart Hall. "A World at One with Itself." *New Society*, No. 403, 18 June 1970, pp. 1056-1058.

Stuart Hall. "Cultural Studies and Its Theoretical Legacies." *Cultural Studies*, London: Routledge, 1992.

Stuart Hall. "Cultural Studies: Two Paradigms." *Media, Culture & Society* 2 (1), 1980, pp. 57-72.

Stuart Hall. "Culture, the Media and 'Ideological Effect'." *Mass Communication and Society*. London: Edward Arnold, 1977, pp. 315-48.

Stuart Hall. "Encoding and Decoding in the Television Discourse." CCCS stenciled paper, No. 7, 1973.

Stuart Hall. "Leisure, Entertainment and Mass Communications." *Leisure and Society*. Prague, No. 2, 1970.

Stuart Hall. "Reflections upon the Encoding/Decoding Model: An Interview with Stuart Hall. " *Viewing, Reading, Listening*: *Audience and Cultural Reception.* Oxford: Westview, 1994.

Stuart Hall, Richard Hoggart. " The Uses of Literacy and the Cultural Turn. " *International Journal of Cultural Studies* 10 (1), 2007, pp. 39-49.

Stuart Hall. " The Determinations of News Photographs. " *Working Papers in Cultural Studies* 3. Nottingham: Russell, 1972.

Stuart Hall. " The Rediscovery of ' Ideology ': Return of the Repressed in Media Studies. " *Culture, Society and Media.* London: Methuen & Co. Ltd, 1982.

Stuart Hall. " The Social Eye of Picture Post. " *Working Papers in Cultural Studies* 2. Nottingham: Russell, 1972.

Stuart Hall. " Introduction to Media Studies at the Centre. " *Culture, Media and Language*: *Working Papers in Cultural Studies.* New York: Rouledge, 1996.

Stuart Hall. " The Toad in the Garden: Thatcherism among the Theorists. " in Cary Nelson and Lawrence Grossberg eds. *Marxism and the Interpretation of Culture.* Urbana and Chicago: University of Illinois Press, 1988.

Stuart Hall, Ian Connell and Lidia Curti. " The ' Unity ' of Current Affairs Television. " *Working Papers in Cultural Studies 9*, Nottingham: Russell, 1976.

Sunday Telegraph, 1 November 1972.

Terry Lovell. " Cultural Studies. " *Screen* 14 (3), 1973, pp. 115-22.

Umberto Eco. " Articulations of the Cinematic Code. " *Movies and Methods*: *An Anthology*, Volume 1. California: University of California Press, 1976, pp. 590-607.

Umberto Eco. " Rhetoric and Ideology in Eugene Sue ' s ' Les Mysteres de Paris '. " in I*nternational Social Science Journal*, Vol. XIX, No. 4, 1967.

Walter Benjamin. " The Author as Producer. " *New Left Review*, 1986, pp. 45-60.

Wedgwood Benn. *The Guardian*, 19 October 1968.

致　　谢

"一篇读罢头飞雪，但记得斑斑点点，几行陈迹。"

多年的读书生涯即将画上一个句号。有不舍，有遗憾，更多的则是感动。在北京语言大学，在人生难得的岁月里，留下了我前行的脚步。2009 年独自由疆入京参加入学考试的情景仿佛就在昨天，有太多的感慨和思绪。在这里，最要感谢的人是我的授业恩师黄卓越教授，黄老师学贯中西、治学态度极其严谨，为人却非常低调。在黄老师门下，我学会了很多做人、做事的道理。感谢黄老师带我走进学术之门，您的理性光辉和严谨的治学态度将是我一生的宝藏。

另外，感谢一直以来不断帮助我成长的陈戎女教授、李庆本教授、沈建青教授和刘志友教授；感谢北京语言大学研究生院"联合培养"项目的负责老师，是你们让我有了这个宝贵的机会远赴英伦学习和收集资料。

此外，还要特别感谢的是王岳川教授、金惠敏教授、陶东风教授、曹莉教授以及周志强教授，感谢你们在百忙之中前来指导我的论文答辩。

有人说："黄门，是一个神奇的存在。"我深以为然，在此，我要感谢张道建师兄、邹赞师兄、张瑞卿师姐一直以来无私的帮助；感谢王行坤、杨凤岸、段慧、张文瑜、陈晨、丁珂文、李楷谨、翟郑楠伴我度过的欢乐美好的北语时光。

感谢我的父亲母亲、岳父岳母，你们无私的爱一直是我前行的动力。

最后，要特别感谢的是我的妻子，李红丽女士。感谢你这么多年来对我无微不至的关怀，感谢你这么多年来对我的大力支持，感谢你这么多年来一直无怨无悔，默默承受的一切。

感谢所有关心、帮助我的人！